黑龙江住房和城乡建设发展报告

发展报告

——"十三五"回顾与"十四五"展望

ANNUAL REPORT ON HOUSING AND URBAN AND RURAL CONSTRUCTION OF HEILONGJIANG

主　编／王爱丽

执行主编／李若冰

副主编／王　钢　孙浩进

社会科学文献出版社
SOCIAL SCIENCES ACADEMIC PRESS (CHINA)

主要编纂者简介

王爱丽　黑龙江省社会科学院副院长，二级研究员。现为省级领军人才梯队社会学专业带头人，省优秀中青年专家，省文化名家，国务院政府特殊津贴获得者。担任中国社会学会副会长、中国社会学会生活方式研究专业委员会常务副会长兼秘书长、省社会学会副会长兼秘书长等职。主持国家社科基金项目1项，国家社科基金重大项目子课题2项，省社科基金项目3项（重大委托1项），省部级项目20余项。出版学术著作10余部，在《社会学研究》等国家级、省级刊物上发表论文60余篇。曾获省社科优秀成果一等奖3项、二等奖4项，国家级学会一等奖1项。

李若冰　黑龙江省寒地建筑科学研究院党委书记、院长，博士，研究员级高级工程师。主要从事经济管理、建设工程管理、科技项目管理的研究工作。近年来，主持或参与完成科研项目30项，重点在区域经济发展规划、城乡生态空间规划、智慧城市、城镇大数据、绿色建造及城乡环境治理等方面进行了研究工作。承担研究课题20项，科研成果先后荣获省部级与行业科技进步奖7项，主持编制省级地方技术法规近10部。主持编写《黑龙江省住房和城乡建设发展报告》等专著4部，发表文章10余篇，参加国内外重要科技交流活动50余次。

王　钢　黑龙江省城乡建设研究所（省村镇建设发展中心）所长、研究员级高级工程师，哈尔滨市呼兰区政协委员。兼任中共黑龙江省住建行业协会商会联合党委书记、黑龙江省建设教育协会理事长。担任主编、主审先后出版高等院校教材 5 部,作为主要起草人、主要审核人先后制定地方标准 7 项,曾获得黑龙江省城乡建设科学技术一等奖 3 项、三等奖 1 项,1 项课题获得黑龙江省科学技术成果证书。

孙浩进 吉林大学理论经济学博士,现任黑龙江省社会科学院经济研究所所长、研究员、硕士生导师,东北农业大学博士生导师,黑龙江省级领军人才梯队(发展经济学)带头人,黑龙江省社会科学院马克思主义理论一级学科带头人,黑龙江振兴发展研究院首席专家。被评为中宣部"文化名家暨四个一批青年英才",国务院政府特殊津贴专家、"龙江学者"、省级领军人才梯队带头人、全省"六个一批"理论人才、全省新型智库高端人才、省委文化产业专家组专家、哈尔滨市决策咨询委员会专家。

序

杨春青*

习近平总书记在十九大报告中指出："增进民生福祉是发展的根本目的。必须多谋民生之利、多解民生之忧，在发展中补齐民生短板。"

"十三五"时期，黑龙江省住建系统在省委省政府的坚强领导下，坚持用习近平新时代中国特色社会主义思想武装头脑、指导实践、推动工作，毫不动摇把党的领导贯穿住建工作各个领域和环节，始终把实现好、维护好、发展好广大人民根本利益作为工作的出发点和落脚点。2016～2020年，黑龙江省在保障和改善民生上下功夫。全省改造城镇棚户区62.7万套、老旧小区51.9万户、农村危房43.7万户，向30万户住房困难居民发放租赁补贴31亿元，188万余名困难群众居住条件得到改善。新建改造水热气老旧管网1.1万公里，新建城市道路1600余公里，新建桥梁115座。2016～2020年，黑龙江省在坚持生态优先发展上下功夫。全面完成建成区44条黑臭水体治理，全省设市城市和县城污水处理率分别达92.81%和91.86%，分别比"十二五"末提高8.4和5.7个百分点，全省县级以上城市生活垃圾无害化处理率达到99.3%，比"十二五"末提高35.7个百分点。新增国家园林城市3个。2016～2020年，我们在促进房地产市场平稳健康发展上下功夫。全省完成房地产开发投资4510亿元，商品房销售面积达9250万平方米，房地产业税收达1080亿元，占全省税务收入的17.2%。全省完成建

---

* 杨春青，黑龙江省住房和城乡建设厅党组书记、厅长。

筑业总产值 6837 多亿元，施工面积约 1.1 亿平方米，实现利税 490 多亿元。推广绿色建筑 5176 万平方米、装配式建筑 209 万平方米。2016～2020 年，我们在坚持简政放权上下功夫。行政许可事项由 52 大项减少为 11 大项，工程项目审批制度改革成效显著，审批效率明显提升，全省 125 个县（市、区）房屋交易网签备案数据全部实现联网，行业发展环境持续优化，内生动力和市场主体活力显著提升。

展望"十四五"，全省住建系统将以习近平新时代中国特色社会主义思想为指导，全面贯彻党的十九大和十九届二中、三中、四中、五中全会精神，坚持稳中求进总基调，立足新发展阶段，贯彻新发展理念，着力完善住房保障体系，推动房地产市场平稳健康发展，深入实施城市更新和乡村建设行动，推动建筑业转型升级，持续推进"六个住建"目标建设，打造"八大提升工程"，努力在推动全省住房城乡建设高质量发展上取得新突破。力争以城镇普通商品房供给为主体、满足多层次住房需求的住房市场体系逐步完善，以公租房保障为主、城镇棚户区和农村危房改造为支撑、共有产权住房为补充的住房保障体系逐步健全，"稳地价、稳房价、稳预期"目标基本实现。稳步提升城镇供排水、供热、燃气、道路、园林绿化等专项规划编制水平，老旧市政设施更新改造步伐加快，市政设施安全隐患及发生事故明显减少，城镇高质量发展承载能力全面增强。生活污水收集效能明显提升，城市黑臭水体基本消除，垃圾分类实现减量化、资源化，污水垃圾治理效能充分释放，绿色宜居环境建设体制更加健全。数字化、网络化、智能化管理系统更加完备，"互联网＋监管"能力大幅增强，建筑 BIM、城市 CIM 等新技术应用能力不断提升。

乘风破浪潮头立，奔跑追梦正当时。站在开启第二个百年奋斗目标新征程的重要关口，全省住房和城乡建设系统将更加紧密地团结在以习近平同志为核心的党中央周围，在省委省政府正确领导下，锐意进取，攻坚克难，奋勇争先，为夺取全面建设社会主义现代化国家新胜利、谱写新时代全省住房城乡建设事业高质量发展新篇章而不懈奋斗！

摘　要

　　"十三五"期间，黑龙江省住房和城乡建设系统认真落实习近平总书记在深入推进东北振兴座谈会上的重要讲话和对黑龙江省重要讲话重要指示精神，坚决贯彻落实习近平总书记对住房和城乡建设工作的重要批示精神，紧紧围绕全面振兴、全方位振兴、"六个强省"发展目标，紧扣绿色发展主题抓全局、紧扣科学规划引领抓体系、紧扣民生供给需求抓重点、紧扣市场秩序规范抓环境、紧扣放管服再深化抓效能、紧扣技术标准落实抓安全、紧扣信息化手段抓监管、紧扣行业数据生成抓基础，各项工作成效显著。尽管黑龙江省在住房与城乡建设发展中取得了较大成就，但仍然存在较多不足之处，如：城乡、区域建设不平衡不充分发展问题仍很突出。绿色城市建设指标体系还不够完善，绿色生产和生活方式尚未形成，污水垃圾治理能力不足，农村人居环境仍然存在突出短板。棚户区和老旧小区存量较大，城市基础设施建设滞后于城市发展。住建行业法律法规和技术标准还不够完备，行业乱象依然存在。城市建设管理监管方式和手段落后，信息化程度不高，规范化、精细化、智能化管理水平有待提升。"十四五"期间，黑龙江省在住房和城乡建设领域深化改革与创新发展的道路上应当坚持补短板、惠民生、防风险、增供给、建设施、优环境、促转型、抓整改，努力推动全省住房城乡建设高质量发展。

　　"十三五"期间，在省委省政府以及省住建厅等相关部门的科学部署、正确领导下，黑龙江省房地产业稳健发展，保障性住房建设稳步推进，绿色节能环保建筑逐年增加，城乡人民居住水平与居住环境大幅提高和改善。尽管2020年突然暴发的新冠肺炎疫情给房地产业带来了一定的影响，但是黑龙江省委省政府带领全省人民积极抗击疫情，最大限度地减少疫情的影响，较快进行复工复产，保障了黑龙江省人民安居乐业，为"十三五"的收官画上了圆满的句号。总体上来看，"十三五"期间，黑龙江省房地产业的稳步发展，居民住房条件的显著改善，为全面建成小康社会提供了强有力的保障。"十四五"时期，是我国实现第二个百年梦想、开启新征程的开局之五年，对我国建成现代化强国起着承上启下的关键作用，黑龙江省房地产业将围绕国家大政，黑龙江省委省政府决策布局，进一步完善住房供给多元化体制机制，大力培育劳动密集型产业，以产聚人、兴城，强化绿色发展理念，促进环保节能多功能智能型产品开发，加大政策支持力度，促进房企科技创新，深化房地产资本市场改革，创新金融产品，加强新消费理念宣传，提升居民住房消费科学度，统筹在经济社会高质量发展的前提下健康有序平稳发展。

黑龙江省坚决贯彻中央的宏观调控政策和省委省政府的重大决策，把城乡建设发展作为推进黑龙江省经济发展和改善民生的重点，在促进城乡建设整体水平提高、优化营商环境改革成效明显的同时，加快建立城乡建设统筹发展的协调机制，努力提高城乡建设规划设计质量，不断完善城乡建设的市场运作机制，较好地完成了"十三五"期间确定的各项住房发展目标和任务。"十四五"时期，黑龙江省将把有效投资摆在更加突出的位置，加快基础设施投资补短板，大力推进"百千万工程"和"百大项目"建设。积极发挥规划引领项目的先导作用，编制完成全省快速铁路、高速公路、国际航空枢纽和干支线机场、城乡垃圾污水处理、水利、天然气管网等重点规划。在财政收支矛盾突出的情况下，坚持财政支出向民生领域倾斜。确保企业退休人员养老金按时足额发放。坚持绿色发展理念，加快推进绿色住建，形成绿色发展方式和生活方式。坚持以人民为中心的发展思想，加快推进和谐住建，促进群众诉求和民生难题有效解决。坚持"五细"工作要求，加快推进匠心住建，促进行业发展水平不断提升。坚持运用法治思维，加快推进法治住建，提高依法行政意识和能力。坚持信息化建设，加快推进智慧住建，促进治理体系和治理能力现代化。

关键词： 城镇住房　房地产市场　高质量发展　住房和城乡建设

目 录 ⤵

I 总报告

II 住房篇

III 城乡建设篇

IV 管理篇

总 报 告

黑龙江住房与城乡建设深化
改革与创新发展研究

李若冰*

摘　要：　"十三五"期间，黑龙江省立足保障民生需求，坚持绿色发展理念，加强基础设施建设，深化体制机制改革，优化营商环境，住房与城乡建设事业平稳发展，行业管理成绩显著。本报告对"十三五"期间黑龙江省在住房和城乡建设领域深化改革与创新发展所取得的阶段性成就进行了阐述，指出发展中存在的主要问题，并为下一步发展提出形成绿色发展方式和生活方式、促进群众诉求和民生难题有效解决、促进行业发展水平不断提升、提高依法行政意识和能力等可行性对策和建议。

关键词：　城乡建设　绿色发展　保障民生

---

* 李若冰，黑龙江省寒地建筑科学研究院党委书记、院长，博士，主要研究方向为经济管理、建设工程管理、科技项目管理。

"十三五"期间，黑龙江省住房和城乡建设系统认真落实习近平总书记在深入推进东北振兴座谈会上的重要讲话和对黑龙江省重要讲话重要指示精神，坚决贯彻落实习近平总书记对住房和城乡建设工作的重要批示精神，紧紧围绕全面振兴、全方位振兴、"六个强省"发展目标，紧扣绿色发展主题抓全局、紧扣科学规划引领抓体系、紧扣民生供给需求抓重点、紧扣市场秩序规范抓环境、紧扣放管服再深化抓效能、紧扣技术标准落实抓安全、紧扣信息化手段抓监管、紧扣行业数据生成抓基础，各项工作成效显著。

一 "十三五"期间取得的主要成就

（一）保障民生需求，打造民心工程

一是脱贫攻坚危房改造成效显著。加大政策创新，狠抓改造进度和标准落实，全省共完成建档立卡贫困户住房安全保障 11.99 万户，超额完成建档立卡贫困户危房改造任务目标。重点对象危房改造任务开工 7.82 万户，竣工 7.7 万户，其中海伦市农危房改造工作被国务院列为激励对象给予资金奖励。推行施工监理和质量安全管理责任制度，有效防范化解重大风险，落实落靠生产安全监管责任，建筑领域发生生产安全事故率、死亡率同比均大幅降低。

二是保障性安居工程建设顺利推进。黑龙江省人民政府办公厅印发了《关于进一步完善棚户区改造工作的意见》，全省棚改项目开工 15.85 万套，全部基本建成。争取国家补助 116.21 亿元，发行棚改专项债 196.74 亿元，保障了棚改资金需求。加快解决棚改逾期未回迁安置问题，完成回迁安置 2.31 万户。盘活闲置公租房 8300 套，完成实物配租 7125 户，发放租赁补贴 13.2 万户。城镇老旧小区项目开工改造 6.6 万户，哈尔滨、佳木斯、黑河等地分别改造 92 万平方米、13.76 万平方米、48.93 万平方米。全省在加紧建设的同时开展了保障性安居工程执法检查，确保工程质量。

三是城乡环境污染得到治理。深入推进污水处理提质增效三年行动，污水治理能力明显提升，开展项目整体招商，开工建设污水处理项目85个，新建改造排水管网750公里，完成投资34亿元。垃圾治理能力明显提升，开工生活垃圾焚烧发电项目11个、餐厨治理项目10个，完成投资21.1亿元。哈尔滨市双城区、肇东市生活垃圾焚烧发电项目和牡丹江市餐厨垃圾处理项目建成投入使用，新增生活垃圾无害化处理能力1000吨/日、餐厨垃圾处理能力100吨/日。农村生活垃圾治理试点工作成效明显，10个县、59个乡镇和189个行政村的农村生活垃圾治理试点工作全面推进，鸡西、双鸭山所辖县（市）实现村庄保洁全覆盖。全省农村室内改厕开工6.58万户。

（二）坚持绿色发展理念，高质量发展扎实稳步推进

一是推进建筑能效提升。编制了《居住建筑节能65%设计标准》，扩大了强制执行绿色建筑范围。加强新建建筑节能从设计、施工到竣工验收的全过程监管，推进新建建筑全面执行更高水平的节能标准。推动既有建筑节能改造、超低能耗建筑试点示范。加强目标考核，将建筑节能和绿色建筑完成情况纳入省政府对各市（地）能耗总量和强度"双控"以及控制温室气体排放目标责任考核体系。

二是加快发展绿色建筑。印发了《黑龙江省绿色城镇建设评价指标体系》，修订了《黑龙江省节约能源条例》和《黑龙江省绿色建筑行动方案》，首次将发展绿色建筑、实施大型公建节能后评估制度写入法规，以强制执行绿色建筑项目为重点，强化层级监督，确保实施质量。开展绿色城区、绿色校园、绿色医院创建，促进绿色建筑区块化发展，引导房地产开发项目执行绿色建筑标准，打造绿色小区，全省完成绿色建筑项目共计2310万平方米。

三是稳步推进装配式建筑发展。推进实施《黑龙江省装配式建筑产业基地和示范项目管理办法》，完善有关技术标准，指导各地出台具体政策措施，宣传推广使用装配式建筑部品部件，加快培育产业基地，推进试点示范工程建设，全省实施示范项目3个，约3.46万平方米。

四是提高建筑设计水平。发挥全省勘察设计行业信息化服务平台作用，实施市场动态监管。研究制定消防、人防、气象技术审查配套政策，启动施

工图数字化审查，规范审查流程，提升审查效率。推进 BIM 技术在建筑设计、造价、监理、施工、运营维护等领域的应用，制定发展规划，完善审批、交付、验收、评价等技术标准体系，推进试点示范和专业人员培训。

（三）加强基础设施建设，城镇承载能力明显增强

启动了城镇供水水质、污水污泥和垃圾治理能力提升三年专项行动，新建改造供水厂项目 34 个，新建改造供水管网 870 公里，城镇供水水质明显提升，哈尔滨、双鸭山、七台河等地率先启动二次供水整合改造工程，惠及居民 37 万户。启动城乡固体废物治理布局规划编制，加强餐厨废弃物管理，哈尔滨等试点城市积极推进生活垃圾分类。2019 年完成供热老旧管网改造 1212.8 公里，城镇供热能力明显提升，哈尔滨智慧供暖试点正式投入运行。统筹推进城市路网规划建设，新建改造城市道路 690 公里。加快推进哈尔滨地铁工程建设，运营总里程 31.78 公里。组织编制了全省市政基础设施规划项目库，与中国银行黑龙江省分行、建设银行签订了战略合作协议，为项目建设提供融资支持。

（四）深化体制机制改革，加强制度建设

一是精简机构提高管理效能。深入推进政府机构改革，按照"精简机构、调整职能、优化管控、提高效率"的原则，对省住建厅机关内设机构的设置、定员、职数进行了重新梳理，压缩了职能交叉部门，合并了单一职能部门，内设机构由原有的 17 个精简为 14 个，使机关内设机构职责更加明晰，分工更加科学合理，建立办事高效、运转协调、行为规范的行政管理体系。深化省直事业单位机构改革，聚焦事业机构重复设置、编制资源配置不科学、事业市场"两头占"等制约事业单位发展的关键问题，着力精简压缩事业单位机构编制规模，促进事业单位转换机制、转变职能，全省住建系统直属事业单位由原有的 12 个精简为 4 个，巩固夯实了事业单位机构改革成果，省直事业单位布局结构得到进一步优化，公益服务质量和效率明显提升。

二是建筑业改革稳步推进。召开了全省推动建筑业全面深化改革暨促进

民营经济发展大会，印发了《关于促进建筑业改革发展的实施意见》，建设全省工程项目监管平台和农民工工资代发平台，提升信息化管理水平。对依法保留的保证保障金采取工程担保方式，降低企业制度性成本。推进省直勘察设计行业"事改企"改革，印发《关于提升全省建筑设计水平的指导意见》，充分发挥建筑设计引领作用。调整建设工程造价编制办法，完善了工程建设计价标准体系。开展工程质量提升行动和建筑施工安全专项治理行动，全省工程质量稳中受控，没有发生较大及以上安全事故。

三是法治建设加快推进。深化"放管服"改革，进一步简政放权，大幅压缩行政权力事项和行政许可事项。加大普法力度，推进严格公正文明执法，制定了《住建系统行政监督实施办法》，开展住建领域扫黑除恶专项斗争。加大房地产和建筑市场违法违规行为查处力度，对存在违法违规行为的企业和个人给予罚款、撤销和降低资质等级、限制在省内承揽工程、记入不良信用记录和"黑名单"等处罚，公布失信及违法违规房地产开发企业名单，努力营造公平、有序、诚信的发展环境。

四是保持房地产市场平稳运行。加强房地产市场分类调控、科学调控，落实城市主体责任，强化部门协同配合，综合分析研判房地产市场形势，多措并举促进房地产市场平稳发展，房地产开发投资、商品房销售平均价格、房地产业税收均平稳增长。因城施策消化商品房库存，完善住房供给体系，起草了《关于加强住房制度建设的指导意见》，加快房屋租赁交易服务管理平台建设，印发了房屋租赁合同示范文本，规范房屋租赁交易行为。充分发挥住房公积金作用，加大对中低收入家庭和自由职业者（含农民工）租房购房的支持力度，发放个人住房贷款 218.2 亿元，提取 273.9 亿元。

（五）开展专项整治，营商环境持续优化

扎实推进工程建设项目审批制度改革，印发实施方案和 13 个配套方案，审批最长时限不超过 120 个工作日。改造政务服务管理信息系统，推进"最多跑一次"，采取快递邮寄证书、由限时办结转为即时办结，实行即来即办、窗口直接办理等措施，减少群众"跑路"次数，除因需专家履行评

审程序的行政许可事项外，其余行政许可事项均实现"最多跑一次"和"不见面审批"。持续优化住房公积金缴存、提取、贷款机制，公积金提、贷实现"办事不求人"。加大行业治乱力度，按照"六有"（任务、节点、台账、查案、宣传、成效）目标，开展房地产开发企业和经纪机构等的专项整治。印发《住建系统整顿机关作风优化营商环境考核办法》，在系统内部开展规划管理、房地产中介机构、建筑市场秩序、城管执法和公职人员勾结"黑中介"等的专项整治。加强评价考核，对县级及以上城乡规划、房地产、住房公积金等行业主管部门开展网络评价评议。

（六）创新监管手段，大力推进信息化建设

启动"电子政务平台"信息系统，加快全省住建系统"互联网＋政务服务"一体化建设。推进省级数字城管综合监管和应急指挥平台建设，加强行政执法监督，推进行政处罚属地化改革，各市县完善城市管理基础数据库，加快推进数字化城管平台建设，着力提高城市信息化、智能化管理水平。推进各地住房公积金中心完成综合服务平台建设，加快与相关部门互联互通，实现部门间信息共享，为缴存单位和职工提供高效便捷服务。建设电子招投标监管系统，确保招投标过程监管全覆盖，加强对国有资金投资项目招投标活动监管。正式启用全省工程项目信息化监管平台和农民工工资代发平台，在建项目全部纳入平台管理，施工现场实现信息化管理，提升监管效能，保障从业人员特别是农民工的合法权益。构建以信用为核心的建筑市场监管体系，建立健全守信激励和失信惩戒机制，实行差异化监管，对诚信企业在承揽工程、评优评先等方面给予支持和激励，对失信企业和人员在招投标、市场准入等方面予以限制。

"十三五"期间，尽管黑龙江省在住房与城乡建设发展中取得了较大的成就，但仍然存在较多不足之处，如：城乡、区域建设不平衡不充分发展问题仍很突出。绿色城市建设指标体系还不够完善，绿色生产和生活方式尚未形成，污水垃圾治理能力不足，农村人居环境仍然存在突出短板。棚户区和老旧小区存量较大，城市基础设施建设滞后于城市发展。住建行业法律法规

和技术标准还不够完备，行业乱象依然存在。城市建设管理监管方式和手段落后，信息化程度不高，规范化、精细化、智能化管理水平有待提升。"十四五"期间，黑龙江省在住房和城乡建设领域深化改革与创新发展的道路上应当坚持补短板、惠民生、防风险、增供给、建设施、优环境、促转型、抓整改，努力推动全省住房城乡建设高质量发展。

二 "十四五"期间创新发展的对策建议

（一）坚持绿色发展理念，形成绿色发展方式和生活方式

一是在"三供"供给上坚持绿色。加强城市净水厂升级、市政供水管网更新改造，持续推进供水水质提升。加快解决城市供水二次污染问题，全面实施二次供水设施改造，大力推进供水单位统建统管二次供水设施，实现从出厂水到龙头水的系统化管控。加快推进城镇供热老旧管网改造，在学校、政府机关、企事业单位率先推行燃气、电、可再生能源等清洁供暖方式。加快推进智慧供暖试点项目运行评估。合理布局规划门站（供气站）、加气站、城镇燃气管网等，推进天然气普及应用。

二是在环境面貌改善上坚持绿色。提升城镇生活污水收集和处理效能，加大管网排查和新建改造，完成重点镇及重点流域镇污水收集处理设施建设。加快推进污水整体招商项目落地，确保早开工、早投运。加快推进城乡生活垃圾处理设施打捆招商，按布局规划确定的焚烧发电项目和餐厨治理项目要尽快落地，已开工项目尽快形成实物工作量。完成存量垃圾治理。全力推进农村生活垃圾治理设备配置和村级分拣中心、垃圾转运站等设施建设，全面完成农村非正规垃圾堆放点整治。加大黑臭水体治理力度，已完成主体工程并消除黑臭的城市，做好生态修复、活水保质等后续工程。完善城市园林绿化专项规划，实现300米见绿、500米见园，不断增加城镇绿化覆盖面积。

三是在建造方式应用上坚持绿色。引导房地产开发项目推行住宅全装

修，延长住宅建设产业链条，提升住宅供给品质。推广绿色建筑，提升绿色建筑设计面积占新建建筑面积比例。加快推进装配式建筑全产业链建设，逐步扩大强制实施范围。加快应用"固废变砂"、超低能耗建筑等新技术。复制推广试点项目成功经验，推进海绵城市建设。变革工程建设组织形式，政府和国有投资房屋建筑、市政工程项目优先采用工程总承包、全过程工程咨询服务，实现对工程项目全生命周期一体化管理，节约投资成本，缩短建设周期。

四是在生活方式养成上体现绿色。推进绿色城市建设，加快推进生活垃圾分类，市（地）实现公共机构生活垃圾分类全覆盖，所有县（市、区）、建制镇全面启动生活垃圾分类工作。持续开展"春风、冬清"行动和城市大扫除，加强建制镇环境整治。加强历史建筑和传统村落保护，开展历史文化街区划定和历史建筑普查认定。

（二）坚持以人民为中心的发展思想，促进群众诉求和民生难题有效解决

一是促进房地产市场平稳健康发展。落实城市主体责任，加强购地资金审查，落实项目资本金制度，严格执行预售标准，防范房地产市场风险。强化舆论引导和预期管理，确保市场稳定。各地要因地制宜、因城施策，制定本地城镇住房发展规划。建立健全住房供应体系，着力提高商品住房供给质量，大力发展住房租赁市场，积极扶持租赁企业发展，提高租赁服务水平。推进全省统一的网签备案管理系统建设，加快新建商品房、存量房、租赁房屋、抵押房屋网签备案，实现与国家和省实时联网。健全房地产市场监测指标体系，加快推进监测系统建设，对各地实行月度监测、季度评价、年度考核。加强同专业机构合作，深度分析研判房地产市场形势，定期发布本地房地产市场运行情况报告，引导市场理性发展。

二是扎实推进保障房建设。健全住房保障体系，以政府为主提供基本住房保障，继续推进城镇棚户区改造，加大公租房保障力度，因地制宜发展共有产权房，多渠道满足住房困难群众的基本住房需求。做好棚改项目债券申

报，提前开展征收拆迁、手续办理等工作，确保棚改项目早安排、早开工、早建成。严格落实《关于进一步完善棚户区改造工作的意见》，切实提升棚改规划设计水平。加大公租房保障力度，保障公共租赁住房补贴发放。建立棚改逾期未回迁安置问题整治长效机制，纳入台账跟踪督办。

三是加快推进老旧小区改造。建立改造项目公示和调度制度，科学合理组织实施，鼓励支持采取工程总承包方式实施老旧小区改造，确保如期完成改造任务。进一步提高项目谋划水平，科学编制年度改造计划，强化项目前期摸底，完善改造信息内容，引入全过程咨询服务，吸引社会资本参与。深入推进"共治、共建、共享"理念，支持物业服务企业参与改造或提前进驻，推动形成业主、物业服务企业、社区共同参与管理和改造的机制。

四是加强城市公共秩序整治。着眼建立长效机制，加大露天烧烤整治、占道经营监管、私搭乱建查处、渣土运输管理等工作力度，规范城市街道两侧牌匾广告设置，加强市场摊区规范化管理，推动流动商贩入市经营，着力营造整治有序、环境美观、人民满意的城市生活环境。

五是防范化解住建领域重大风险。坚持底线思维，认真落实防范措施和化解标准。加强城镇供排水、供气、供热、道路桥梁、环卫设施和城市公园等风险排查和隐患治理，降低重大风险发生率。着力化解信访难题，积极解决群众合理诉求，紧盯信访积案，梳理问题台账，实行领导包案，采取因人施策、一案一策，有效解决信访积案。

（三）坚持"五细"工作要求，促进行业发展水平不断提升

一是精准施策促进转型发展。持续推进建筑业供给侧结构性改革，增强企业核心竞争力，提升建筑业产业带动力和经济贡献力，促进建筑业持续健康发展。加快培育龙头骨干企业，落实放宽施工企业承揽工程规定，支持本地建筑业企业做大做强。全面落实工程担保制度，降低制度性成本，激发市场主体活力。加强承发包管理，坚决遏制人为提高招投标门槛，限制潜在投标人资格等不公平竞争倾向，提高省内重大项目本省企业参与度。加强重点省市交流和市场动态研判，积极为企业"走出去"牵线搭桥，拓展省外

市场。

二是精细管理保证质量安全。牢固树立生命至上、安全第一理念，落实企业安全生产主体责任，强化重大安全风险管控，加大隐患排查整治力度，推进建筑施工安全标准化、信息化建设，严厉查处质量安全事故和违法违规行为，坚决遏制重特大安全事故，确保全省建筑施工安全事故数量、死亡人数"双下降"。加强消防设计审验监督指导，配强技术力量，开展业务培训，满足职能承接需要。

三是打造市政设施精品工程。推进城市道路桥梁新建及维修养护，消除安全隐患，确保城市道路桥梁安全运行。加快推进城市停车设施建设，以政府专项债券支持停车场建设为契机，加快建设集约化停车设施，出台优惠政策，吸引社会资本参与。加强停车设施运营服务管理，制定服务规范和标准，推进政府机关、公共机构和企事业单位停车设施对外开放共享。加快哈尔滨地铁 2 号线一期和 3 号线二期建设，积极谋划地铁 4 号、5 号线建设。加快推动大庆市轻轨建设规划编制报批。精准统计行业基础数据，开展城镇房屋和各类市政设施基础数据大普查。

四是加快推进人才培养。提升干部专业能力，强化专业知识学习，着力提升专业能力、专业素养、专业精神，提高解决行业发展重点难点问题的能力水平。严格执行"六步工作法"，即调查研究、决策部署、组织实施、监督检查、成效评价、结果运用。养成认真细致的良好作风，确保各项工作一抓到底、抓出成效。发扬"工匠精神"，组织加强技能培训、开展技能鉴定，切实提高建筑工人技能素质，逐步建立技能培训、技能鉴定和使用相衔接的管理机制。建设全省住建领域培训就业指导服务平台，及时发布技能人才供需信息，促进行业就业。

（四）坚持运用法治思维，提高依法行政意识和能力

一是进一步优化营商环境。推进工程建设项目审批制度改革向县（市、区）延伸，实现全流程审批时间减至 100 个工作日以内。做好建设工程消防设计的审查验收，规范审查验收的内容和程序，加强技术服务机构和从业

人员管理。精简审批事项，优化审批流程，公开各类涉及市场主体的政务服务、权责、中介服务和证明等事项清单。全面推广告知承诺制，权限内建设工程企业和房地产二级企业资质延续审批实施告知承诺制。持续开展行业专项整治工作，规范整顿房地产市场、建筑市场和公用事业服务领域秩序，始终保持高压严查态势，严厉打击房地产开发企业和中介经纪机构违法违规行为，严厉打击建筑施工企业围标串标、违法分包等问题。健全信用评价体系，将严重失信企业及其法人代表纳入"黑名单"管理，限制市场经营。强化与政法机关配合，认真排查涉黑涉恶问题线索，及时转办移交。加大行业治乱力度，切实杜绝侵害群众利益、破坏市场秩序的行为。

二是提高依法行政能力。强化法治思维，抓好普法教育，牢固树立"办事依法、遇事找法、解决问题用法、化解矛盾靠法"的法治理念。规范重大行政决策程序，以规范的程序、科学的决策维护重大公共利益和百姓合法权益。对因行政决策失误、工作不细不实产生的损害公共和群众利益行为，探索实施公益诉讼。提升行政执法监督水平，推进行政执法公开、行政执法全过程记录、重大行政执法合法性审查"三项制度"建设。在全社会树立文明规范的城市管理执法队伍形象。规范征收补偿行为，确保程序正当、行为规范、过程公开和结果透明。加快推进"物业管理条例""城乡生活垃圾分类管理条例"等行政立法进程，修订《黑龙江省城市道路管理条例》。推动"智慧供热技术标准""物业服务基础服务标准""供热经营服务导则""城镇生活垃圾分类技术标准"等行业标准出台。

黑龙江省房地产业发展"十三五"回顾与"十四五"展望

程遥 刘欣*

摘　要： "十三五"期间，在黑龙江省委省政府的正确领导、科学部署，省住建厅及各级相关部门认真贯彻落实下，黑龙江省房地产业总体上发展平稳，发展质量逐年提升，全省人民实现了"住有所居"的目标。与"十二五"相比，"十三五"以来房地产宏观调控政策效果明显，房地产开发投资大幅理性回归；保障性安居工程与农村泥草房、危房改造顺利推进，全面实现住房小康；绿色环保建筑逐年增多，房地产业向高质量发展转变速度加快；污染治理收效显著，城乡居民居住水平和环境大幅提高改善。但是，当前黑龙江省房地产业仍然面临诸多问题。本报告主要分析了"十三五"以来黑龙江省房地产业的发展状况，提出了目前存在的主要问题与解决措施，并预测了"十四五"期间黑龙江省房地产业的发展趋势。

关键词： 房地产业　新居民　绿色发展

---

* 程遥，黑龙江省社会科学院经济所副所长、研究员，主要研究方向为房地产、城市经济；刘欣，黑龙江省社会科学院研究生学院区域经济学专业硕士研究生，主要研究方向为区域经济、房地产。

一 "十三五"以来黑龙江省房地产业稳健发展

"十三五"以来，在省委省政府以及省住建厅等相关部门的科学部署和正确领导下，黑龙江省房地产业稳健发展，保障性住房建设稳步推进，绿色节能环保建筑逐年增加，城乡人民居住水平大幅提高、居住环境大幅改善。尽管2020年突然暴发的新冠肺炎疫情给房地产业带来了一定的冲击，但是黑龙江省委省政府带领全省人民积极抗击疫情，最大限度地减少疫情的影响，较快进行复工复产，保障了黑龙江省人民安居乐业，为"十三五"的收官画上了圆满的句号。总体上来看，"十三五"期间，黑龙江省房地产业的稳步发展和居民住房条件的显著改善，为全面建成小康社会提供了强有力的保障。

（一）房地产开发投资理性回归

"十三五"以来，在国家政策的指导下，黑龙江省房地产业宏观调控效果显著，房地产开发投资相较"十二五"期间趋于理性。2016～2020年，黑龙江省共计完成房地产开发投资额4565.77亿元（见表1）。相较"十二五"期间全省的开发投资额6685亿元，同比下降了约31.7%。

表1 2016～2020年黑龙江省房地产业发展状况

单位：亿元，万平方米

项目	2016年	2017年	2018年	2019年	2020年	合计
投资额	864.84	815.60	944.40	944.40	982.92	4565.77
房屋新开工面积	2006.31	2219.72	2494.74	2446.11	2221.97	11388.85
房屋竣工面积	2375.61	1651.17	1203.46	1204.08	1437.98	7872.30
商品房销售额	1121.04	1459.72	1320.31	1268.18	1064.20	6233.45
商品房销售面积	2117.29	2255.81	1913.25	1684.50	1494.36	9465.21

资料来源：中国房地产业协会：《中国房地产统计年鉴（2020）》，企业管理出版社，2020。

"十三五"期间,房地产企业开发投资较为稳定,房屋新开工面积在11388.85万平方米左右,约为"十二五"期间的一半;房屋竣工面积约为7872.30万平方米,相较"十二五"期间大幅下降。同时,"十三五"以来,居民的住房消费热情逐步下降,商品房销售面积逐年下降。截至2019年末,商品房销售面积共计7970.85万平方米。2020年受疫情影响,商品房销售进一步收缩,虽然下半年出现了复苏迹象,但同比也出现下滑,"十三五"期间商品房总销售面积为9465.21万平方米。

(二)住房小康社会全面实现

2020年不仅是"十三五"的收官之年,也是全面建成小康社会的决胜之年。住房关系国计民生,实现住房小康是实现全面建成小康社会的必由之路。黑龙江省委省政府高度重视保障性安居工程与农村泥草房、危房改造工程的推进情况。"十三五"期间,黑龙江省保障性安居工程建设效果显著,农村危房改造提前并超额完成任务,已全面实现住房小康社会。棚户区改造工程成就显著。据统计,2016~2019年,黑龙江省开工房屋共计约58万套,基本建成率高,特别是2017年,棚户区改造开工21.04万套,基本建成28.2万套,基本建成率高达175.2%(见表2)。货币化安置力度也不断加大,2017年和2018年,货币化安置力度都在60%以上,保障了棚户区居民的基本住房条件。

表2　2016~2019年黑龙江省棚户区改造建设

项目	2016年	2017年	2018年	2019年
开工套数(万套)	20.8	21.04	13.02	2.83
开工率(%)	102	102.8	113.3	—
基本建成套数(万套)	19.9	28.2	14.88	—
基本建成率(%)	132	175.2	141	—
投资金额(亿元)	279	326	179	—

资料来源:《黑龙江省住房和城乡建设厅工作报告》。

"十三五"期间，农村危房改造任务计划开工 335493 户，实际完成 359587 户，共计完成投资 160.91 亿元（见表3），超额并提前完成任务。农村居民的住房安全得到了保障，住房条件大幅全面改善。

表3 2016～2020 年全省农村危房改造任务完成情况

单位：户、亿元

年份	计划开工数	实际完成数	完成投资
2016	103451	124000	48.20
2017	68900	68900	36.00
2018	49178	49850	24.39
2019	90300	92836	43.60
2020	23664	24001	8.72
合计	335493	359587	160.91

资料来源：《黑龙江省住房和城乡建设厅工作报告》。

"十三五"期间，黑龙江省保障性安居工程和农村泥草房、危房改造工程顺利推进，每年都超额完成计划，彰显了以人民为中心的发展理念。

（三）住宅绿色发展全面推进

房地产业向绿色环保方向转变是实现房地产业持续高质量发展的重要保障。"十三五"期间，黑龙江省加速推广环保绿色建筑，积极引导房地产业向绿色高质量发展转变。各级政府部门为贯彻执行绿色建筑评价标准，对绿色建筑进行评价标识，推动建立了绿色建材协调管理机制。相关法律法规与行政条例也不断完善。2016 年，相关部门出台了《城市融雪剂》《黑龙江省城市道路清雪规范》等 9 部地方标准。2018 年相关部门修订了《黑龙江省节约能源条例》，正式将发展绿色建筑写入法规。在政策的大力扶持、政府的积极引导下，住宅绿色发展迅速推进。黑龙江省住建厅报告显示，2016～2019 年，全省共完成绿色建筑面积为 2773 万平方米。尤其是 2019 年，完成绿色建筑面积达 1750 万平方米，其中哈尔滨、大庆分别完成绿色建筑面积为 919 万平方米、153 万平方米，绿色建筑发展取得了实质性突破，为黑龙江省房地产业高质量、可持续发展夯实了基础。

（四）城乡人民居住水平和环境大幅提高改善

"十三五"以来，黑龙江省城乡居民居住水平大幅提高、居住环境大幅改善，房屋建筑质量显著提高。2017 年，全省公共建筑节能改造面积为 82 万平方米。在国家政策支持和调整的背景下，许多地市自行筹资进行了建筑节能改造工作。根据省住建厅工作报告，2016 年齐齐哈尔、伊春、铁力等市县完成改造面积约 406.8 万平方米；2017 年鹤岗、鸡西、伊春等市县完成改造面积达 290 万平方米。建筑新材料应用推广力度加大，房屋设计也向高科技智能化稳步推进。城乡居住环境显著改善，尤其是农村人居环境，城乡污染治理工作成效显著。2016 年制定了《农村生活垃圾治理方案》和《村庄垃圾治理规划》，推出了多种垃圾治理模式，对农村垃圾治理做出了进一步指导。2017 年黑龙江省农村人居环境治理继续推进，全省共有 5 个村入选全国改善农村人居环境示范村，8 个镇被命名为国家级特色小镇。城乡排污问题治理能力显著提高。2019 年，黑龙江省开工建设 85 个污水处理项目，投资额达 34 亿元。污水处理提质增效三年行动效果明显，污水治理水平大幅提高。城乡垃圾治理工作稳步推进。2019 年共投资 21.1 亿元用于生活垃圾焚烧项目和餐厨治理项目。农村生活垃圾治理试点工作也全面推进。

二 黑龙江省房地产业发展现存的主要问题

"十三五"期间，黑龙江省房地产业总体发展较为稳健，不过依然存在一些短板制约着房地产市场的健康发展。

（一）住房多元化供给制度机制需进一步完善

"十三五"期间，黑龙江省住房种类日渐多元化，保障性住房建设加快，老旧小区改造逐步完成。住房供给主体也日趋丰富。但是住房多元化供给机制仍然不够完善，主要表现在以下几个方面。第一，住房结构不合理。居民收入水平与住房消费息息相关。根据居民的收入水平，可以将住房需求主体大致分为以下三类。家庭月收入高于当地商品房每平方米平均价格的家庭，可以认为具有完全的住房支付能力。这部分家庭可以通过分期贷款或者家庭储蓄购买住房。更高收入家庭可能对住房的功能、装修、设计的要求更加多样化，会购买住房当作投资。中低收入人群具有不完全的住房支付能力，他们对住房具有一定舒适度的要求，但是不能支付完整住房的价格。完全没有住房支付能力的人群，需要满足基本生活条件的住房。收入分层导致需求分层，住房供给也应当建立起合理的分层供给体系。中低收入群体占总人口的比例较高，但是目前新建楼盘仍以中高档、大户型住房为主，忽视了中低收入群体的住房需求。第二，住房租赁市场发展缓慢。租赁市场发展缓慢的原因有很多，包括长期以来的政策、传统观念等。长期以来的政府政策对于住房租赁市场有一定的打压。住房产权与许多公共服务挂钩。租赁住房会在教育、医疗等多方面遇到限制。对于发达城市来说，利用租购不同权可以"挤走"外来务工人员，以缓解城市承载过多人口的压力。但是住房租赁市场因此遭受了很多阻碍，发展缓慢。第三，住房供给主体单一。目前，政府是保障性住房供给主体，老旧小区的改造出资也主要来源于政府。租赁住房的供给主体也主要集中在居民个人和公租房。各类住房的供给主体，来源渠道都较为单一。

（二）资源型、边远城镇房地产亟须有效调控与利用

黑龙江省边远地区及资源型城市等收缩型城镇存在大量住房闲置、住房利用不合理的状况。收缩型城镇经济发展缓慢，产业振兴乏力，居民可支配收入较低。同时，生活条件与住房条件较差，人口大量流失，导致住房需求下降。以鹤岗为例，房价虽然仅为每平方米 2000 元左右，但是依旧很难找到买家，大量住房闲置，造成了社会资源的浪费。2020 年，突如其来的新冠肺炎疫情也为居民敲响了警钟。居民在消费上将更加谨慎，以增强抵御风

险的能力，可能会将可支配收入用于刚性支出和储蓄。需求的进一步下降，对于这些原本就供给过剩的城镇房地产市场来说，更是雪上加霜。因此，如何处理好收缩型城镇的闲置房产，将其充分盘活，是一个必须重视的问题。

（三）环保节能精装修住宅需进一步强化

近年来，房地产开发企业开发的房地产大多是毛坯房，环保节能的精装修住宅较少。一是房屋在设计上不够科学。使用的环保节能材料和高科技材料少。因为环保节能材料和高科技材料价格相对较高，大多数企业还是采用传统建筑材料。二是精装修住宅较少。精装修住宅的风格难以满足消费者多样化的需求是房地产企业的主要顾虑，所以企业主要出售的仍然是毛坯房。但是，用户自己装修，不确定性较大。部分用户在装修时，随意设计，甚至破坏原有的房屋结构，不但会引发邻里纠纷，还会造成许多不必要的建筑浪费，甚至可能大大缩短房屋寿命，为日后的居住埋下隐患。因此，房企需要在充分考虑消费者多元需求的基础上，推出环保节能、设计合理、美观实用的精装修住宅，进一步开拓精装修住宅的市场。

（四）房地产企业产业化科技化发展需提升

黑龙江省房地产业的科技化水平目前仍需要进一步提升，应逐步实现向数字化转型。从房地产的建造、装修到营销，都应该逐步融合现代科技。当前，大数据、人工智能和5G技术等处于迅猛发展时期，应当把握住当下新基建的机遇。黑龙江省海绵城市、智慧人居、智能社区等新理念的普及率较低，新技术的应用范围也较窄。未来房地产业的发展一定是向着科技化、智能化和复合化的方向发展。此次暴发的疫情也成了房地产业转型升级的催化剂。一方面是房地产的升级。疫情使人们的需求发生变化。线上办公逐渐普及，居民居家时间更长。因此部分居民的租赁需求转变成购房需求，而且对住房的品质的要求也越来越高。需求变化势必带来市场的变化，拥有自主研发能力，率先推出高科技、高品质住房的企业一定会抢占更多的市场份额。除了推出高科技住房产品、打造智慧人居之外，新技术也应当运用到房企的日常管理运营中，实现全面的数字化转型。此次疫情也加快了企业的运营和服务向数字化转型的过程，人们大都居家办公生活，线上购物发展迅速，许多房企也开发了线上运营新模式。房地产企业应该加快科技创新的步伐，加大研发力度，投身新一轮的科技热潮，带动产业整体的转型升级。

（五）房地产资本市场欠发达

房地产业具有建设经营周期长、耗资大、中间涉及的环节多等特性。从获取土地、房屋设计、施工建设到售房交付，每一个环节都必须获得大量的资金支持，属于典型的资本密集型产业。一旦某个环节的资金供应不到位，后续的几个环节便可能陷入停滞。所以融资无异于房地产业的支柱。目前黑龙江省房地产企业的融资主要来源于两方面，一方面是房屋销售资金的回笼，另一方面是银行信贷。部分大型房地产业依靠债券进行融资，少数企业通过民间渠道进行融资。目前很多房地产企业面临融资难题，除了疫情导致销售资金回笼不畅之外，房地产资本市场不够活跃也是一大诱因。原因有以下几点。其一，房地产融资周期长，且数额庞大。从投资者的角度看，周期长、回报慢的投资产品并不是很好的选择。而且数额庞大也将很多中小投资者拒之门外。其二，融资渠道单一。中小型房地产业的融资渠道目前还是集中于银行信贷。其他各类融资渠道受阻较大。股权融资要求企业具有一定的规模和利润，政策要求较为严格。债券融资市场性不强，投资者购买意愿较弱。房地产企业发行的债券只能在二级市场上进行流通，受限颇多；在国外被广泛使用的信托融资，目前在我国也没有建立起相应的、较为完善的体系，政府没有出台针对信托行业的具体管控措施，国内也缺乏信托人才，投资者在选择信托基金时也会比较谨慎。其他融资渠道受阻，银行信贷也不容乐观。部分发达地区坏账率上升，商业银行对房地产开发企业的贷款限制变得更加严格，黑龙江省房地产企业受到波及。除去部分在商业银行总行可贷款名录上的房地产企业，其他房地产企业基本上无法从商业银行渠道获得贷款。其三，受国家政策影响较大。房地产业作为国民经济支柱产业，受国家政策管控影响较大。受疫情影响，短期内政府可能会适当放宽土地政策以缓解房企的资金压力。但是长期来看，为抑制房价的上涨，融资政策依然会继续收紧，房地产企业的融资壁垒会持续加深。

（六）房地产调控政策有待进一步细化提升

黑龙江省内各个地区房地产市场运行情况差异较大，区域分化明显。总体上看，省会哈尔滨市房地产的施工、竣工和销售面积占全省的50%以上，但哈尔滨市内各区的发展状况也差异较大。据统计，2015年，哈尔滨市区的住房库存占全市库存的90%以上。针对省内各地区差异较大的现实，房地产的调控政策也应当进一步细化。可以鼓励各级地方政府进一步细化房地产宏观调控政策，结合当地的具体实际情况，制定并落实不同的调控措施，使其更具有针对性。

（七）人们住房消费观念需提升转变

据调研，由于传统观念根深蒂固，黑龙江省居民的住房消费心理尚不成熟，存在许多不合理的消费行为。首先是超前消费的观念。超前消费、"早买早享受"的消费主义，吸引人们拿未来收入做筹码，提前购入可能超出自己负担能力的房产。部分消费者不能量入为出，没有准确评估未来可能遇到的风险就背上了巨额房贷。其次是"重购轻租"的观念。在住房需求市场中，人们更倾向于买房而不是租房，这也是黑龙江省住房租赁市场发展较为缓慢的重要原因之一。究其原因，其一是中国传统文化的影响。中国传统文化以家庭为核心，重视安居乐业，认为"有恒产者有恒心""有土斯有财"。其二是投资房地产可能获得超高回报率的诱惑。改革开放以来，我国经济发展迅速，由于历史原因压抑了几十年的住房需求短时间得到释放，房地产价格迅速攀升，不少人靠炒房获得巨额回报，同时因我国资本市场不发达，投资渠道少，人们将房地产作为首要保值增值产品以求躲避通货膨胀风险。其三是攀比从众心理。目前，大部分人仍倾向于拥有自己的住房，结婚需要买房，部分无意购买住房的人可能出于攀比从众心理购置房产，也有很多人为给后代遗留财产而购房或投资房地产。

三 "十四五"时期黑龙江省房地产业展望

"十四五"是我国实现第二个百年梦想，开启新征程的开局之五年，对我国建成现代化强国起着承上启下的关键作用，黑龙江省房地产业将围绕国家大政及黑龙江省委省政府决策布局、统筹，在经济社会高质量发展的前提下健康有序平稳发展。相关展望如下。

（一）黑龙江省房地产投资将进一步理性回归

"十三五"期间，黑龙江省的房地产开发投资逐渐趋于理性。依据目前的情况分析，受新冠肺炎疫情影响，住房消费和供给也会受到一定程度的冲击。从消费方面看，疫情的持续会对经济增长产生影响，尽管2020年下半年经济已经逐步复苏，但是经济增长依旧缓慢，人们收入水平亦会不同程度的下降。疫情使人们开始为风险储蓄，因此住房需求会减少，居民的购房需求可能在一段时间内受到抑制。不过，从长远看，新冠肺炎疫情必将减弱、消失，中国经济将迎来全面复苏，人民对于美好生活的追求、对于更加优越的住房居住环境的需求仍然会得到释放，进而促进房地产的开发投资。从供给方面看，新冠肺炎疫情可能使房地产开发商对市场预期有较大变动，加之"十三五"期间房地产市场大幅收缩，销售资金回笼不畅，融资渠道受阻。多重限制可能使企业调整目标定位，采取保守策略，进一步缩减开发投资规模，将发展计划暂定在保本微利、维持基本运营的状态。因此，总体上预计，"十四五"期间，黑龙江省的房地产业会进一步理性回归。

（二）房地产开发布局将围绕新型城镇化展开

党的十八大提出，要走一条新型城镇化道路。新型城镇化道路就是一条以人为核心的城镇化道路。未来的城镇化，将不再是简单粗放式的房地产化，而是把更多的目光聚焦在人的身上。在新型城镇化和人口流迁不断加速的背景下，"新居民"的概念应运而生。"新居民"主要指外来非户籍人口，包括高校毕业生、外来务工人员及其子女、农村转移劳动力等。户籍的限制，加上新居民流动性较大，往往面向新居民提供的住房条件也较差。但是随着经济的发展，新居民不再像过去一样只身外出就业，而是举家搬迁，定居的意愿也逐渐加强。这些因素共同决定了新居民住房需求发生改变。传统的雇主向雇员提供单身公寓的住房供给模式已经不能满足新居民拥有自己或家庭独立住房的需求。基于提高城镇化质量的需要，未来黑龙江省房地产业的布局将顺应这一趋势，围绕新型城镇化展开，着力解决新居民长期居住的需要，发展二手房及房屋租赁市场，根据需求针对性地提供保障性住房，加快推进租购同权，为新居民在黑龙江省安居乐业提供切实保障。

（三）房地产商品将向环保、多功能、智能型高质量发展

绿色建筑、智慧人居将是未来房地产业发展的大方向。疫情期间，人们外出受限，居家时间增多，推动了人们对住房需求的升级，势必会加速房地产品向更高的质量转变。而且，当下科技发展迅速，正处于新一轮科技革命的关键时期。在疫情与科技变革的双重作用下，黑龙江省房地产业预计在"十四五"期间将加快转型升级的步伐。房地产商品将融合更多的新技术，例如物联网、无线通信、蓝牙和射频技术、人工智能、新风系统等，加快构建绿色智能高科技的住宅体系。

（四）以哈尔滨为龙头的城市群建设将不断发展和完善

在新冠肺炎疫情的影响下，未来几年内人口流迁会受到一定程度的限制。近些年，黑龙江省人口外流严重，其中包括很多在外省就业的农业转移人口以及年轻人。疫情期间，由于出行受到限制，加上部分企业资金链断裂，部分人短期内失业，失去了收入来源。为了保障这部分人的生活，黑龙江省委省政府预计出台相应政策，加大县城镇、节点镇、工商贸镇、旅游镇等城镇建设，以此来促进外出就业人口就近创业置业，即就地、就近城镇化，可以在一定程度上缓解人才人口流失严重的问题，促进当地经济发展。除此之外，大城市也出现了过度拥挤、交通堵塞、公共服务资源紧缺、人口

超出城市承载力等问题。为了解决这些问题，未来也会加强大城市，例如哈尔滨等大城市周边的卫星城市的建设，让周边小城市承担部分功能，从而达到优化城市空间布局的功效。同时，以哈尔滨为龙头，以绥化、大庆、齐齐哈尔、牡丹江、佳木斯等为中心城市的城市群建设将更为积极、协调地开展。

四　对策建议

"十四五"是中国实现第二个百年奋斗目标的开局之五年，为满足广大人民对美好生活"住房"的需求，促进黑龙江省房地产业高质量、平稳健康可持续发展，应采取以下对策建议。

（一）进一步完善住房供给多元化体制机制

收入不同的群体对于住房的需求也不相同，因此建立与之相对应的住房供给多元化体制机制是满足各类群体多元化需求的根本途径。完善多元化住房供给体制机制，首先是做好顶层设计。一方面需要对市场需求进行深入的调查研究。黑龙江省各市县区经济发展相对不平衡，房地产市场上的需求情况差别较大。因此，应当对各地区的住房需求进行深入调查研究，根据研究结果规划各类住房占比。另一方面应根据住房需求科学合理地提供各类住房。制定符合经济发展规律的动态收入标准，严格申请保障性住房的审核标准，加大对违法违规获取保障性住房、廉租房等行为的处罚力度，做好监管工作。其次是积极引导发展租赁市场。发展租赁市场对于吸引新居民在就业地定居具有一定促进作用。新居民主要由无住房支付能力或者具有不完全住房支付能力的群体组成，他们对住房条件具有一定的需求又不具备购买住房的经济实力。发展住房租赁业是保障新居民"住有所居"、改善新居民居住条件的有效措施，也是推进新型城镇化建设的重要举措。广州市 2017 年就已经展开了租购同权的试点工作，黑龙江省也应当加快推进租购同权，解决非户籍人口的公共服务问题，降低外来人口的生活成本。同时增加开发租赁住房的土地供应，加大建设相应配套基础设施的力度，灵活运用闲置房产，积极支持住房租赁业的发展。最后，进一步推进供给主体多元化，开拓多种供给渠道。可以借鉴发达国家的经验。德国除了个人出租住房以外，投资商、住房合作社都可以申请补贴或无息贷款建造租赁住房。黑龙江省在发展建设租赁住房时可以借鉴德国的住房租赁模式，采取多种举措鼓励社会资本参与租赁住房和保障性住房建设。可以缩短投资回报周期，允许在楼体建设基础商业设施等，以此吸引更多的社会资本参与到住房的供给中来。

（二）大力培育劳动密集型产业，以产聚人兴城

由于地理位置、气候环境和历史因素等，黑龙江省的经济发展相对缓慢，人才外流严重，尤其是资源型城市、边远城市。资源型城市、边远城市的产业大多为传统产业，产业结构较为单一，新兴接续替代产业发展慢，难以接续，经济发展乏力、人口大量外流、住房需求减少。当地政府应当采取灵活措施来解决问题。首先要明确城市的产业定位。资源型城市、边远城市要发展资本密集型与技术密集型产业相对来说较为困难，也不符合当下的客观需要。目前最适合发展吸纳就业人口较多的劳动密集型产业。尤其是在疫情影响下，失业人口增多，急需更多的就业岗位。所以，资源型城市、边远城市应该把目光聚焦于劳动密集型产业。其次要合理利用闲置房产。政府可以低价购买或租赁闲置房产，将其作为新型城镇化的资本，低价出售给外来务工人员。以较低的房地产价格为立足点，吸引更多农民工、大中专学生、专业技术人才等到本地落户，促进就近城镇化发展。实现以产聚人，以人兴城。最后要整合闲置房产资源，充分利用当地生态环境好、空气新鲜、山水秀丽等资源禀赋，大力发展旅游业、健康养老产业、休闲度假产业等，发展特色经济。经济发展了，就业机会增多，人口自然回流，进而实现产兴、人旺、城壮大。

（三）强化绿色发展理念，促进环保节能多功能智能型产品开发

房地产业向低碳化转型，不仅是实现房地产业高质量发展的必经之路，更是当前国家战略的需要。黑龙江省房地产业向低碳化转型，一是要加强

绿色发展理念的宣传。绿色环保低碳的概念也应贯穿产业链的方方面面。除了应当继续推广绿色建筑和现有建筑的节能改造工作之外，也应当对消费者加大绿色理念宣传力度，使消费者将环保节能住宅作为主要选择，并成为房地产业开发绿色产品的坚实后盾。另外，还需重视农村地区的绿色环保理念宣传工作。农民为了节约成本，往往使用廉价的高耗能材料，许多农村建筑都达不到国家建筑节能标准。二是政府可以对房企进行税费减免和补贴等。环保智能型产品的成本较高，通过政府税费减免及补贴减少企业的成本压力，促进环保节能智能型产品的开发。三是大力进行绿色环保新材料研发创新。黑龙江省可充分发挥利用哈工大、哈工程等知名高校的科研、科技创新优势，促进它们与企业融合联通，研发房地产业最需要、最适用、最普遍的环保新材料，促进房地产业向科技含量高、绿色环保、"四节"层级发展。

（四）加大政策支持力度，促进房企科技创新

黑龙江省的房地产业发展已经步入了供需大致平衡的时代，加上疫情的影响，居民的住房需求也进行了相应的升级。因此，房地产业和建筑业也要随之对产品进行升级，加快房地产业的科技化进程。一是要加大对房企科技创新的政策支持，鼓励引导房地产业向高科技化转型。二是要加强新技术的深度应用，尤其是人工智能。习近平总书记指出，要发挥人工智能的"头雁"效应，加深人工智能在各个领域的应用。房地产业也应当进一步加深包括人工智能在内的新技术的应用。从建筑设计到装修营销，都应进一步加大科技含量，融入更新的科技理念和技术手段，全面提升产品的价值。

（五）深化房地产资本市场改革，创新金融产品

当前，黑龙江省房地产业融资渠道窄，资本市场不发达。"十三五"期间，商品房销售情况不甚乐观，现金流不足是房地产企业存在的共同问题。解决房地产企业的融资问题，开拓融资渠道，创新金融产品，需要政府和企

业协同参与。一是政府可以适度放宽金融政策，为房地产企业的融资创造便利条件，促进房地产资本市场发展，缓解房企融资压力。二是企业方面可以创新营销渠道，采用线上方式进行销售或租赁闲置房产，例如开发专属App，与第三方销售平台或流量较大的主播进行合作。三是房地产企业应制定合理的融资计划并进行动态调整，采取灵活多样的融资组合，发展融资租赁或私募基金，寻求更多的融资可能，以分散融资风险。四是政府和企业可以合力打造逐步完善的信托融资体系。目前，不动产信托投资基金公开市场全球市值可达 30000 亿美元，依据过去 20 年的数据，年化收益率在 11% 以上。不动产信托投资基金就是将流动性较差的不动产资产或权益转化为公开上市交易的金融产品。2020 年 4 月，中国证监会和国家发展改革委联合发布了《关于推进基础设施领域不动产投资信托基金（REITs）试点相关工作的通知》，REITs 试点也正式起步。不动产投资信托基金流动性强、收益高，降低了投资门槛，可以集中中小投资者手中的闲散资金，将其用于大型房地产的融资，填补了房地产企业的资金缺口，开拓了房地产企业新的融资渠道，是解决房地产企业融资困难的重要途径。但是目前仍需要政府继续完善相关政策和法律法规。相关领域也缺乏专业人才。房地产企业可以与信托机构进行合作，共同培养专业的信托人才，以满足信托行业的发展需要，逐步完善信托融资体系。

（六）完善房地产调控政策，因地因时制宜

近几年来，国家的房地产调控政策不断完善和细化，"因城施策"即为科学决策的实例，但有些地方做的还不到位，应加以强化。作为边疆大省，黑龙江省的房地产调控政策更应当因时因地制宜，针对不同地区的房地产发展状况制定不同的调控政策，进行分类指导。一是加强研究分类调控。抽调专家学者成立调查小组，对各个地区进行深入调查研究，基于实际情况和房地产业的发展规律，制定出适合该地域房地产业发展的规划。内容包括该地区房地产的总体布局，各种房地产品的比例等。二是因地因时合理调控房价。对于房价的调控也应针对不同地区的房价走势实行差异化调控，不能搞

"一刀切"。既要保证房地产开发企业有一定的利润，也要保证购房者在合理价格区间内购得满意之房，促进房地产市场购销顺畅、平稳发展。三是科学供地。土地是房产开发供给的基石。疫情过后，居民购房需求或将进一步释放，省会城市哈尔滨房价可能会反弹较大，边远收缩型城镇房价可能会进一步下跌。对于涨幅较大的地区，调控应继续收紧；对于房价下跌、去化周期长的地区，可以适当削减或停止土地供应，减少房屋新开工面积，商品房的销售仍然以去库存为主。

（七）加强新消费理念宣传，提升居民住房消费科学度

消费观念、消费心理引导着人们的消费行为，进而影响市场的需求。因此，改变居民的消费观念、树立正确的住房消费观，对于房地产业的健康发展、推行租购并举的住房制度具有深远的意义。一是引导居民用发展的眼光看问题，一方面房地产建筑业在不断发展，住房的品质和周边环境处于不断变化发展之中，购入的住房可能很快就不再满足家庭的需求；另一方面，居民自身的收入具有很大不确定性，当下人才流动速度不断加快，未来可能遭遇的风险需要正确评估，巨额贷款买房，一旦经济波动导致房贷难还，将严重影响日常工作和生活。二是推广层层递进的购房理念。居民应该根据自己的财产状况和收入水平，合理评估自己的购房能力。从租赁住房到购买住房，从购买二手房到购买新房，从购买面积较小的简装住房到购买面积较大的精装住房，逐步过渡，而不是追求一步到位。三是有效改变"结婚必须拥有完全产权房"的传统观念。应广泛发动媒体宣讲"六个钱包购房"对家庭、家族经济生活及社会的不良影响。四是加大"租购同权"宣传及执行力度，真正做到使子女入托、入学、升学、考学等社会公共服务完全"租购同权"化，如此将极大减轻年轻人经济负担，有效促进"共有产权房"、租购并举房地产市场发展。

参考文献

翟国辰、陈柏安：《公共事件影响下中国不动产发展新思路——基于美国不动产投资信托基金的分析》，《中国房地产》2020 年第 24 期。

中国房地产企业协会：《中国房地产统计年鉴（2020）》，企业管理出版社，2020。

钟庭军：《多主体供应、多渠道保障的德国住房租赁市场》，《中国房地产》2019 年第 34 期。

黑龙江城乡建设"十三五"
回顾与"十四五"展望

孙浩进　张帆*

摘　要：　"十三五"期间，黑龙江省城乡建设事业坚持以习近平新时代中国特色社会主义思想为指导，深入贯彻落实习近平总书记在深入推进东北振兴座谈会上的重要讲话和考察黑龙江的重要指示精神，坚决贯彻中央的宏观调控政策和省委、省政府的重大决策，把城乡建设发展作为推进黑龙江省经济发展和改善民生的重点，在城乡建设整体水平提高、优化营商环境改革成效明显的同时，加快建立城乡建设统筹发展的协调机制，努力提高城乡建设规划设计质量，不断完善城乡建设的市场运作机制，较好地完成了"十三五"期间确定的各项住房发展目标和任务。

关键词：　城乡建设　城乡规划　城镇住房　城乡一体化

一　2016~2020年黑龙江城乡建设发展回顾

（一）城镇居民简陋住房问题有效改善

2016～2020 年，黑龙江城镇居民简陋住房问题得到有效改善，有序推

---

* 孙浩进，黑龙江省社会科学院经济所所长、研究员，硕士生导师，理论经济学博士，主要研究方向为马克思主义政治经济学、发展经济学、区域发展政策；张帆，黑龙江省社会科学院马克思主义研究所研究实习员，主要研究方向为区域经济发展、乡村振兴。

进保障性住房建设。截至 2019 年末，黑龙江省获得国家补助资金共 414.08 亿元，省级补助资金共 17.54 亿元，满足了棚改资金需求。配合财政厅指导各地发行，向国开行、农发行共申请棚改专项债 1262.04 亿元；拓宽了融资渠道，缓解了棚改资金压力。全省棚改已开工 80.45 万套，基本建成 80.78 万套。2016～2018 年开工率分别为 102%、102.8%、113.3%，2016～2018 年基本建成率分别为 132.0%、175.2%、141.0%。"十三五"时期，全力推进四煤城采沉区棚改，鹤岗市、鸡西市采沉区棚改推进速度较快，与此同时，齐齐哈尔、佳木斯、黑河、鸡西等市县改造量大并顺利完成任务。"十三五"时期，省委省政府等多部门为推进城镇居民住房建设，多次出台相关文件。2016 年，黑龙江会同五部委印发了《关于提高全省保障性安居工程项目行政许可效率工作的指导意见》，简化办事流程，提高项目审批效率。2017 年，省委省政府印发了《关于进一步加强城市规划建设管理工作的实施意见》。2018 年，省政府办公厅印发《进一步加强棚户区改造工作的意见》。2019 年，严格落实省政府办公厅印发的《关于进一步完善棚户区改造工作的意见》。

（二）脱贫攻坚危房改造任务全面完成

2016～2020 年，黑龙江省农危房改造有力推进。2016 年，完成泥草（危）房改造 12.4 万户，超额完成 4000 户，完成投资 44 亿元。当年，通过多渠道筹措资金获得国家补助 8.15 亿元，省级补助 2 亿元。2017 年精准改造建档立卡贫困户危房 7.1 万户，完成投资 36 亿元，佳木斯、齐齐哈尔市梅里斯区、桦川、望奎等市县推进力度大、改造效果好。同年争取中央财政补助资金 9.84 亿元，省级财政补助资金 6.79 亿元。2017～2018 年，全省共完成建档立卡贫困户住房安全保障 11.99 万户，超额完成省委确定的两年完成建档立卡贫困户危房改造任务目标。海伦、青冈作为深度贫困县，仍坚持改造标准，群众满意度较高。2019 年全省 4 类重点对象危房改造任务开工 7.82 万户、开工率 103%，竣工 7.7 万户、竣工率 102%，海伦市农危房改造工作被国务院列为激励对象给予资金奖励。

（三）城镇承载能力明显增强

2016～2020年，黑龙江省城镇承载能力越发增强，黑龙江各地市进一步推进城镇建设的重要工程项目。2016～2018年，全省开复工"三供三治"项目793个，完成投资269.48亿元。2016年，黑龙江召开项目市场化推进会议，发布PPP项目105个，计划投资147.2亿元。截至2019年底，全省中心城市改造供热老旧管网6008.8公里。城市轨道交通规划建设加快实施，2016年，哈尔滨市地铁3号线一期试运营，1号线三期、2号线一期、3号线二期工程全面开工建设，2018年，继续推进哈尔滨地铁2号线一期、3号线二期工程建设，2019年，加快哈尔滨地铁2号线一期和3号线二期建设，积极谋划地铁4号、5号线建设。2016～2019年，完成地铁项目总规模141.42公里，完成投资85.15亿元。加强地下管网改造建设，加快推进城市地下综合管廊建设。2016年，哈尔滨市作为全国试点城市，已投资17.7亿元，开工建设26公里。2017年地下综合管廊完成主体施工23.6公里。地级以上城市23条黑臭水体整治项目全部开工，完成整治14条。2018年，黑龙江启动了城镇供水水质、污水污泥和垃圾治理能力提升三年专项行动，2019年，黑龙江扎实推进供水水质提升三年行动，城镇供水水质明显提升，新建改造供水厂项目34个，新建改造供水管网870公里，完成投资16亿元，哈尔滨、双鸭山、七台河等地率先启动二次供水整合改造，惠及居民37万户。2016年，哈尔滨、伊春、大庆等6个城市编制完成海绵城市专项规划，新建改造项目8个共182万平方米。2017年哈尔滨、鸡西等市县投资力度大，项目建设速度快。2019年住建领域10项百大项目全部开工，完成投资129.04亿元。

（四）农村人居环境整治深入推进

2016年，制定了《农村生活垃圾治理方案》和《村庄垃圾治理规划》，提出多种垃圾治理模式。乡镇和村庄共清运处理垃圾370万吨；2017年，有序推进农村垃圾治理试点，排查非正规垃圾堆放点185处；

2018 年，认真推进落实《农村人居环境整治三年行动实施方案（2018—2020 年）》，在全省开展"三清理"专项行动，解决农村"脏、乱、差"问题。省政府办公厅印发了《农村生活垃圾治理专项实施方案（2018—2020 年）》《农村室内户厕改造及室外公共厕所建设专项实施方案（2018—2020 年）》，全省农村室内改厕开工 6.58 万户；2019 年，垃圾治理能力明显提升，开工生活垃圾焚烧发电项目 11 个、餐厨治理项目 10 个，完成投资 21.1 亿元。加快特色城镇建设。2016 年，宁安市渤海镇、甘南县兴十四镇、漠河县北极镇被认定为第一批"中国特色小镇"；2017 年，全省有 5 个村入选全国改善农村人居环境示范村，有 3 个乡镇和 8 个村被住建部命名为美丽宜居镇、村，8 个镇被命名为国家级特色小镇，52 个省级特色小镇培育对象正式公布。2016 年，全省村内道路及边沟建设完成投资 6 亿元，修建明沟暗渠 569 公里、改建卫生厕所 5298 座、新修道路 1264 公里，其中硬化道路 1077 公里；2017 年，鸡西市结合改房改水同步推进改厕，实施效果好，农民满意度高；2019 年污水治理能力明显提升，深入推进污水处理提质增效三年行动，开工建设污水处理项目 85 个，新建改造排水管网 750 公里，完成投资 34 亿元。

（五）房地产市场保持平稳运行

2016 年至 2019 年 11 月底，全省完成房地产开发投资 3493.4 亿元，完成房地产税收 883.6 亿元。2016～2017 年，全省完成房地产开发投资分别占固定资产投资的 8.3% 和 7.4%；2016～2019 年，完成房地产税收占全省地方税收的比重分别为 29%、28.7%、14.2%、14.2%。强化质量安全检查，持续开展"工程质量治理两年行动"，安全生产和质量管理继续保持平稳态势。2016 年，商品房销售面积为 2117 万平方米，同比增长 6%，实现自 2013 年以来首次连续 8 个月同比增长；商品房销售额为 1121 亿元，同比增长 9.1%。2017 年，建筑业实现增加值 885 亿元。2018 年，黑龙江省起草了《关于加强住房制度改革的指导意见》，全省商品房库存达 4108 万平方米，比 2017 年底减少 161 万平方米，去化周期达 17.9 个月。其中商品住宅库存为 2172 万平方米（23.3 万套），比 2017 年底减少 292 万平方米（2.9 万套），去化周期达 11.4 个月。加强房地产市场调控，落实城市主体责任，强化部门协同配合，多措并举促进房地产市场平稳发展。2019 年，建筑业总产值预计达 1150 亿元，实现增加值 850 亿元；完成绿色建筑面积为 1750 万平方米，其中哈尔滨、大庆分别完成绿色建筑面积为 919 万平方米、153 万平方米。全省商品住宅库存为 2410 万平方米，去化周期达 16.3 个月。

二 黑龙江城乡建设发展中存在的主要问题

（一）绿色城市建设指标体系还不够完善

"十三五"时期，黑龙江省坚持绿色发展理念，加强基础设施建设，在住房和城乡建设领域深化改革与创新发展并取得了阶段性成就，但城乡区域建设不平衡不充分问题仍然存在。绿色城市建设指标体系不够完善，绿色生产和生活方式尚待有序形成。加强"三供"供给的绿色化，门站（供气站）、加气站、城镇燃气管网等布局不够合理。城镇生活污水收集和处理效能仍需加强。生活垃圾分类工作需加大力度继续推进。

（二）棚户区和老旧小区存量较大

截至 2019 年 11 月底，黑龙江开工改造城镇老旧小区项目 220 个、503 万平方米、5.9 万户，哈尔滨、佳木斯、黑河分别改造 92 万平方米、13.76 万平方米、48.93 万平方米。虽然黑龙江省人均住房面积水平并不低，但存量旧房面临改善居住功能、更换配套设施的艰巨任务。目前，黑龙江仍存在大量老旧小区，多建成于 2000 年以前，配套设施不全、公共设施落后、环境脏乱差。而黑龙江受供热期较长、低气温等不可抗拒因素影响，目前面临项目建设进度缓慢以及受到资金筹措渠道较少等因素困扰，棚户区和老旧小区存量仍然较大。

（三）城市基础设施建设滞后于城市发展

"十三五"时期，是国家加大基础设施领域补短板的重要机遇期、窗口期，在此期间，黑龙江在市政基础设施建设方面抓住了战略机遇，积极争取国家政策，市政基础设施建设的现代化程度显著提升。但在城市基础设施建设中仍存在缺乏整体规划的现象，市政基础设施建设缺乏统一规划思想，或建设项目受制于管理者观念影响等问题，市政基础设施短板仍然存在。在市政基础设施建设后，缺乏针对性的管理与养护。市政基础设施建设资金投资不足，投融资比例低。大部分居民居住条件已经达到甚至超过小康水平，但还有部分住房的设施与功能不完善，少数居民居住过于拥挤，部分区域城市基础设施和配套设施不完善、居民生活不便利。

（四）城市建设管理信息化程度低

"十三五"期间，黑龙江省不断推进信息化城市建设工作，强化机制建设，深化公开内容，加强信息发布、解读和回应，不断完善和提升信息化治理能力。但由于传统重工业发展惯性思维和路径依赖比较严重，数字化转型内生动力不足，缺乏支撑数字化发展的必要条件。资金、人才的缺乏造成城市的自主研发能力弱。新型智慧城市建设尚未开展，规范化、精细化、智能化管理水平有待提升。信息化手段利用不足，"信息孤岛"现象明显，信息壁垒、服务壁垒还未完全打通，尚不能支撑数字化办公、数字化管理及行业发展。由于资金和管理条件的限制，黑龙江省城镇住房建设的信息化在技术上缺少统一的规划和设计，在管理上缺少完善的安全策略和规章制度，尚未形成一套完整的信息安全保障体系，在网络资源整合与后续资金投入上仍需加大力度。住房发展信息化水平有待加强。

（五）房地产市场发展不平衡

"十三五"时期，在"三期叠加"大背景下，黑龙江房地产市场面临结构转型、区域发展不平衡、经济发展步入新常态等的挑战。此外，黑龙江省住房保障机制还不适应新型城镇化发展的需要，机构不健全、人员不到位、经费不落实等问题制约了保障房的后续管理和健康发展。供需矛盾问题仍然存在，配置出现区域性错位。黑龙江省各地市的存量住房还存在小区管理缺失、物业水平有待提升等相关问题。小区公建配套缺失或配备不齐全，社区服务体系不健全，服务主体单一、服务内容匮乏。哈尔滨市首位度高，集聚效应明显，在商品住房销售、存量住房买卖、租赁市场等方面存在较大差异化，住宅用地供应结构不均衡，住房供应量、库存量不均衡，住房市场活跃度不均衡。绿色居住建筑覆盖率仍较低，高水平建筑节能技术推广存在较大困难，使用普及率有待提升。

三　"十四五"时期进一步促进黑龙江省城乡建设发展的主要思路与实施路径

（一）以绿色发展理念构建绿色发展方式和生活方式

1. 在"三供"供给上坚持绿色发展

多部门合力推进供水水质提升三年行动，加强城市净水厂升级、市政供水管网更新改造。加快解决城市供水二次污染问题，全面实施二次供水设施改造，理顺管理体制机制，大力推进供水单位统建统管二次供水设施，实现从出厂水到龙头水的系统化管控。编制完善供热专项规划，加快推进城镇供热老旧管网改造，在学校、政府机关、企事业单位率先推行燃气、电、可再生能源等清洁供暖方式。

2. 在环境面貌改善上坚持绿色发展

持续推进污水处理提质增效三年行动，提升城镇生活污水收集和处理效能，加大管网排查和新建改造，确保完成年度计划目标。全力推进农村生活垃圾治理设备配置和村级分拣中心、垃圾转运站等设施建设，全面完成农村非正规垃圾堆放点整治，达到销号验收标准。打好黑臭水体治理攻坚战。确保2020年底地级城市区黑臭水体整治全部完成。

3. 在建造方式应用上坚持绿色发展

推广绿色建筑，绿色建筑设计面积占新建建筑面积比例力争达到50%。政府投资项目率先采用装配式建造方式，哈尔滨、齐齐哈尔、佳木斯等较大城市明确装配式建筑发展目标，加快推进装配式建筑全产业链建设，逐步扩大强制实施范围。加快应用"固废变砂"、超低能耗建筑等新技术。复制推广试点项目成功经验，推进海绵城市建设。

4. 在生活方式养成上体现绿色发展

出台《黑龙江省绿色城市建设评价指标体系》，明确城市评价建设和管理各项指标值，推进绿色城市建设。加快推进生活垃圾分类，全面启动生活垃圾分类工作。持续开展城市大扫除，加强建制镇环境整治。加强历史建筑和传统村落保护，开展历史文化街区划定和历史建筑普查认定。

（二）对城镇老旧小区进行科学合理改造和长效维护

1. 改造任务稳步推进

突出黑龙江省各地市棚户区改造的民生属性，坚持将城市主城区脏乱差的棚户区作为改造重点，尽力而为、量力而行，科学确定棚户区改造年度目标任务，稳步推进"十四五"期间的棚改工作，通过拆旧建新、改扩翻建等多种方式，让更多住房困难群众早日住上新居。保持棚户区改造政策的稳定性和持续性，稳定社会预期。严格落实棚户区改造配套设施与安置住房同步规划、同步报批、同步建设、同步交付使用。严格棚户区改造规划管控，加强棚户区改造住房供应的精细化管理，指导各地市合理确定容积率等规划指标。结合城市更新、产业转型升级等布局安置房源，促进人口有序疏解。坚持棚户区改造和"城市双修"结合，保护好具有龙江历史文化传统和特色的街区和建筑，留住城市记忆，重塑城市活力。

2. 安置方式因城施策

棚户区改造应因地制宜，充分考虑和结合群众意愿，采取货币安置和资产搭配相结合的形式，支持各地在棚户区改造中以项目为载体，由政府搭建平台，通过"限房价、竞地价"的土地出让方式建设商品住房，定向提供给安置对象。在黑龙江省各地市落实分类管理施策，在住房市场供应充分、房价较为平稳的城市，棚户区改造以货币安置和实物安置相结合为主。住房市场供不应求、房价上涨较快的城市，棚户区改造应相应地增加实物安置比例，促进保障和市场有机结合、动态互补。

3. 资金筹集多措并举

加大全省棚户区改造融资力度，保障重点项目建设。引导黑龙江省各地市积极利用好棚改专项债及国家金融支持政策，既防止地方政府隐性债务增加，又适时加快推进改造。鼓励和引导民间资本通过直接投资、间接投资、参股等多种方式参与棚户区改造。支持符合条件的市场化实施主体发行企业债券或中期票据，鼓励发行"债贷组合"企业债券。

4. 加快推进老旧小区改造

各地要建立改造项目公示和调度制度，科学合理组织实施，鼓励支持采取工程总承包方式实施老旧小区改造，确保如期完成改造任务。进一步提高项目谋划水平，科学编制年度改造计划，强化项目前期摸底，完善改造信息内容，引入全过程咨询服务，吸引社会资本参与。深入推进"共治、共建、共享"理念，支持物业服务企业参与改造或提前进驻，推动形成业主、物业服务企业、社区共同参与管理和改造的机制。

（三）完善市政基础设施建设打造市政设施精品工程

推进城市道路桥梁新建及维修养护，消除安全隐患，确保城市道路桥梁安全运行。加快推进城市停车设施建设，以政府专项债券支持停车场建设为契机，加快建设集约化停车设施。出台优惠政策吸引社会资本参与。哈尔滨等大中城市依据城市总体规划和综合交通体系规划，编制完成城市公共停车场专项规划和近期实施方案。加强停车设施运营服务管理，制定服务规范和标准，推进政府机关、公共机构和企事业单位停车设施对外开放共享。加快哈尔滨地铁 2 号线一期和 3 号线二期建设，积极谋划地铁 4 号、5 号线建设。加快推动大庆市轻轨建设规划编制报批。精准统计行业基础数据，开展城镇房屋和各类市政设施基础数据大普查。

（四）坚持信息化建设加快推进智慧住建能力现代化

1. 推进数据化房产

推进房地产市场监测系统建设，整合涉房信息和资源，提升对房地产市场运行情况的分析研判能力。加快房地产市场、住房保障、物业管理等信息系统建设，力争实现房屋全生命周期管理。

2. 推进智能化城管

搭建全省供热信息化监管平台，实时监测企业运行数据，线上办理供热服务投诉，促进供热服务质量提升。建立污水处理厂在线监测信息系统，实时监测污水处理厂运行和达标排放情况。

3. 推进信息化监管

加快建筑信息模型（BIM）技术在勘察、设计、施工和运营维护全过程的集成应用，完善 BIM 技术应用的配套标准规范体系。推进施工图数字化审查。推进质量安全监管信息系统建设，构建危大工程信息化管理平台，加大工程项目监管力度。推进施工现场信息化管理，落实劳务工人实名制和工资银行代发制度。建设全省工程承发包电子化监管系统，建立围标串标预警机制。

4. 推进智能化执法

建设全省住建系统行政执法管理系统，建立行政执法依据数据库，归集汇聚日常检查、行政许可、行政处罚、行政强制等行为数据，实现行政执法标准统一、数据共享、部门协同、结果公开。推动实现行政执法事项全覆盖、行政执法公示、行政执法过程全记录、重大执法决定法制审核和行政执法数据可共享、可分析、可回溯。

5. 推进信息化政务

依法依规进行政务公开和答复。加快推进各类行政许可审批网络化，实行企业资质、职业资格、牌匾广告、道路占用、园林绿化、垃圾排放网上申报受理审批，将"见面"审批大幅度改为"不见面"审批。实现 24 小时自助办理资质事项变更等。整合执业人员注册审批流程。加强住房公积金管理信息化建设，完善综合服务平台功能，进一步提高公积金提取和贷款办理效率。建立住建领域信访信息系统，拓宽信访投诉举报渠道。

（五）支持房地产企业转型发展

1. 继续强化房地产市场监管

整顿住房销售和租赁市场秩序，规范住房开发、销售、中介等行为。全面推行交易合同网签备案制度，实施新建商品住房和存量住房销售合同网签备案全覆盖，健全住房租赁合同登记备案制度。强化商品住房预售资金监管，逐步将存量住房交易资金纳入监管范围。严禁期房转让，有条件的项目逐步有序实现现房销售。加强房地产企业资金监管，防范金融风险。

2. 优化新建商品住宅供应结构

针对黑龙江省"十四五"期间商品房市场高质量需求的实际，重点优化住房供给结构、质量，增加功能型住房供给，满足群众多层次住房需求。实施住宅用地分类供应管理，完善和落实差别化税收政策、信贷政策，研究建立住宅政策性金融机构，支持居民合理住房消费。

3. 激发存量商品住宅市场活力

要充分发挥市场在全省住房资源配置中的决定性作用，坚持租购并举，通过市场满足多层次住房需求。完善住房保障制度，更好地发挥政府作用。充分调动市场存量房源，发展住房租赁市场，提供保障性住房，提高住房资源的使用效率。

4. 加大住房租赁市场培育力度

黑龙江省金融机构要落实住房租赁信贷支持政策，加大对机构和企业建设、购买租赁住房开展租赁业务的金融信贷支持力度。支持符合条件的房地产开发企业和住房租赁企业发行债券、不动产证券化产品，引导企业研究探索房地产投资信托基金，进一步拓展住房租赁企业融资渠道、改善直接融资的政策环境、降低企业债务负担和杠杆率。加大对个人租赁住房特别是长期租赁金融信贷的支持力度，实行灵活多样的贷款方式，满足居民租赁住房需求。

四　黑龙江省城乡建设发展趋势预测与展望

通过全省各部门的共同努力，黑龙江省以习近平新时代中国特色社会主义思想为指导，全面贯彻党的十九大和十九届二中、三中、四中全会及中央经济工作会议精神，深入落实习近平总书记在深入推进东北振兴座谈会上的重要讲话和对黑龙江省重要讲话重要指示精神，紧扣全面建成小康社会目标任务，从"五大安全"战略高度，坚持稳中求进的工作总基调，坚持新发展理念，坚持以供给侧结构性改革为主线，坚持以改革开放为动力，推动高质量发展，坚决打赢三大攻坚战，全面做好"六稳"工作，统筹推进稳增长、促改革、调结构、惠民生、防风险、保稳定，着力解放思想、着力优化营商环境、着力集聚各类人才，加快建设"六个强省"，保持经济运行在合理区间，确保全面建成小康社会和"十三五"规划圆满收官，加快推进黑龙江省城乡建设全面振兴、全方位振兴。

展望"十四五"时期，黑龙江省拟把有效投资摆在更加突出位置，加快基础设施投资补短板，大力推进百千万工程和百大项目建设。积极发挥规划引领项目的先导作用，编制完成全省快速铁路、高速公路、国际航空枢纽和干支线机场、城乡垃圾污水处理、水利、天然气管网等重点规划。在财政收支矛盾突出的情况下，坚持财政支出向民生领域倾斜。确保企业退休人员养老金按时足额发放。坚持绿色发展理念，加快推进绿色住建，形成绿色发展方式和生活方式。坚持以人民为中心的发展思想，加快推进和谐住建，促进群众诉求和民生难题有效解决。坚持"五细"工作要求，加快推进匠心住建，促进行业发展水平不断提升。坚持运用法治思维，加快推进法治住建，提高依法行政意识和能力。

住 房 篇

黑龙江城镇住房供给体系研究

程 遥 赵小天*

摘 要： "十三五"期间黑龙江省不断探索、积极创新、加强监管，住房供给种类日渐丰富、供给主体多元化发展、利用互联网数字化管理，构建以政府为主提供基本保障、以市场为主满足多层次需求的住房供给体系。但仍然存在住房供给结构整体设计不到位、住房供给整体政府主导性较强、对于新居民的住房需求没有精准对接等问题。本报告对黑龙江省住房供给体系的现状及问题展开分析后，提出要加强整体设计、因地统筹规划，积极引导社会资源参与到住房供给中来，健全住房供给管制调控政策等对策，以促进建立长效机制构建住房多层次稳定供给体系。

关键词： 住房供给体系 新居民 租购并举 供给侧改革

---

* 程遥，黑龙江省社会科学院经济所副所长、研究员，主要研究方向为房地产、农业农村经济；赵小天，黑龙江省社会科学院研究生学院产业经济专业硕士研究生。

2020 年是全面建成小康社会、实现第一个百年奋斗目标的收官之年。住房问题是民生问题中的重要内容之一，习近平总书记在党的十九大报告中明确提出了"坚持房子是用来住的、不是用来炒的定位，加快建立多主体供给、多渠道保障、租购并举的住房制度，让全体人民住有所居"。自改革开放以来，随着经济社会的发展和改革开放的不断推进，黑龙江省的住房供给体系也在不断地改进与发展。

一 黑龙江省城镇住房供给体系发展现状

住房供给体系是指住房供给的系统机构，包括住房供应来源、住房供应主体、住房供应对象、住房供应机制和住房供应的方式方法等。"十三五"期间，黑龙江省不断探索、积极引导、加强监管，逐步构建以政府为主提供基本保障，以市场为主满足多层次需求的住房供给体系，形成低端有保障、中端有市场、高端有约束的住房供给格局。[①]

（一）黑龙江省住房供给体系演变

黑龙江省的住房供给体系，从 20 世纪 90 年代前的实物配给方式，到 1998 年提出经济适用房及限价房重点发展改变原有的实物配给方式逐步推进住房市场化改革，2007 年后注重保障性住房建设。住房供给体系由单一政府提供的"保障轨"发展为主要市场提供的"市场轨"，进一步探索及借鉴先进经验发展为"双轨制"。"十三五"时期，黑龙江省的住房供给体系，整体延续了"十二五"时期的住房供给体系。2017 年十九大报告中提出了"加快建立多主体供给、多渠道保障、租购并举的住房制度"。表 1 为住房供给体系演进历程。

---

① 涂力磊：《建立长效机制：构建住房多层次供给体系》，《金融博览（财富）》2017 年第 1 期。

表1 住房供给体系演进历程

时间	政策文件	住房供给体系
20世纪90年代前	福利住房制度进行实物分配	全面覆盖的保障性住房体系
1994年	《城镇经济适用房住房建设管理办法》	城镇住房供给双轨制：经济适用房供给体系与商品房供给体系相结合
1994年	《关于深化城镇住房制度改革的决定》	
1998年	《关于进一步深化城镇住房制度改革加快住房建设的通知》	经济适用房与限价房重点发展，廉租房、商品住房并行的三层次住房供给体系
2003年	《关于促进房地产市场持续健康发展的通知》	
2007年	《国务院关于解决城市低收入家庭住房困难若干意见》	普通商品住房为主逐步发展保障性住房的阶段
"十二五"时期	《国民经济和社会发展"十二五"规划纲要》	以政府为主提供基本保障、以市场为主满足多层次需求的住房供给体系
2017年	十九大报告	建立多主体供给、多渠道保障、租购并举的住房供给与保障体系

资料来源：根据国家相关文件整理。

2019年末，全国住房和城乡建设工作会议提出"建立以公租房、政策性租赁住房和共有产权住房为主体，并结合推进城镇棚户区改造和老旧小区改造的住房保障体系基本框架"进一步明确和完善了住房保障体系机构与内容。黑龙江省住房供给体系如图1所示。

（二）住房供给种类日渐丰富

从住房供给的角度来看，黑龙江省住房供给种类在"十三五"期间逐渐丰富。第一，商品房供给总量充足，去库存效果明显。据统计，截至2018年末，黑龙江省的商品房库存共4056万平方米，其中的商品住宅库存约22.8万套共计2127万平方米。黑龙江省的城镇人均住房面积到2019年初达到了32.6平方米。至2019年底，黑龙江省全省的商品房住宅库存为2410万平方米（约23.8万套），比2015年末的4689万平方米减少了

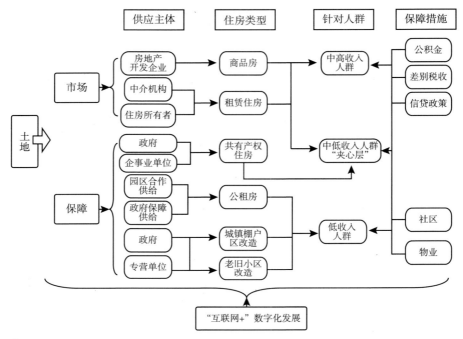

图1 黑龙江省住房供给体系

资料来源：作者根据《黑龙江省住房和城乡建设厅工作报告》整理绘制。

2279万平方米，去化周期为16.3个月，去化周期处于合理范围内。黑龙江省2015～2019年的房地产开发住宅情况如表2所示。

表2 2015～2019年黑龙江省住宅开发情况

项目	2019年	2018年	2017年	2016年	2015年
房地产开发住宅投资额(亿元)	687.83	647.77	554.70	597.96	681.15
住宅施工面积(万平方米)	8216.36	7683.95	7432.11	7746.05	8784.98
住宅新开工面积(万平方米)	1775.59	1857.00	1677.77	1541.95	1475.92
住宅竣工面积(万平方米)	940.93	920.53	1205.94	1757.09	2126.82
住宅竣工套数(套)	—	99243.00	133632.00	195343.00	244367.00
别墅、高档公寓、新开工房屋面积(万平方米)	—	13.62	39.22	44.21	24.78
别墅、高档公寓竣工套数(套)	—	301.00	1057.00	1254	2309

资料来源：中国房地产业协会：《中国房地产统计年鉴（2020）》，企业管理出版社，2020。

第二，加强保障性住房建设供应。表3为2016～2019年黑龙江省棚户区改造的建设及完成情况。在公租房方面，黑龙江省在2016年基本建成公租房0.27万套；2018年分配公租房36.9万套，其中盘活闲置公租房8300套，分配率达94.5%；在2019年公租房完成实物配租7125户，发放租赁补贴至13.2万户。

表3　2016～2019年黑龙江省棚户区改造建设完成情况

年份	棚户区改造开工套数（万套）	开工率（%）	基本建成套数（万套）	基本建成率（%）	完成投资额（亿元）	货币化安置率（%）
2016	20.8	102	19.9	132	279	43.50
2017	21.4	—	—	—	—	—
2018	13.02	113.3	14.88	141	179	63.40
2019	2.83	—	—	—	—	—

资料来源：根据2016～2020年《黑龙江省住房和城乡建设厅工作报告》整理。

第三，城镇老旧小区改造逐步推进。老旧小区的改造主要从2019年开始推进，不仅能够改善黑龙江省39.49万户城镇居民的居住环境，也能够提高居民整体的生活水平。表4为2018～2020年黑龙江省老旧小区改造计划及完成情况。

表4　2018～2020年黑龙江省老旧小区改造计划及完成情况

年份	小区数（个）	涉及栋数（栋）	改造面积（万平方米）	涉及户数（万户）	投资额（亿元）
2018（全年,完成）	—	—	—	—	14.8
2019（计划）	457	2368	1144.98	13.93	20
2019（截至11月末,完成）	220	—	503.00	5.90	—
2020（计划）	1147	5954	3280.96	39.49	120
2020（截至7月末,完成）	502	—	—	—	—

资料来源：根据2017～2020年《黑龙江省住房和城乡建设厅工作报告》整理。

第四，积极培育和发展住房租赁市场及二手住房市场。建设住房租赁管理平台，开展住房租赁情况统计，促进住房租赁市场信息化、规范化发展。

第五，发展探索共有产权住房，积极支持各地市制定管理办法，推动共有产权住房发展。

（三）住房供给主体多元化发展

黑龙江省努力探索，积极引导各类市场主体参与住房供给。第一，对于中高收入人群主要由房地产开发企业提供商品房供给。第二，对于中等收入人群以及低收入人群，由用工单位即雇主提供、开发商自持租赁住房、二手房市场的供应，以及政府或政府与企业合作的公私合作模式供应的保障性住房有机结合的多主体供应。第三，积极引导规范房地产中介组织。加强对中介机构的检查与监管。2018年黑龙江省全省上下检查各地市的中介机构共764家，其中存在问题的有194家，37家立即整改、135家下达整改通知。第四，老旧小区改造，多主体参与、出资。黑龙江省的老旧小区改造资金来源主要有国家、省级、地方、专营单位，同时积极引导物业单位、居民出资。第五，积极引导企事业单位，如国有企业、科研院所、高校等充分利用自有土地参与共有产权住房的建设。

（四）物业管理及服务水平提高

第一，物业管理体制不断完善。哈尔滨、齐齐哈尔、牡丹江等地推进构建了"市、区、街道、社区"的四级物业管理体系，物业监督管理逐渐基层化，街道、社区对于物业的监督管理作用不断加强。第二，对物业的监督管理不断加强。物业服务的招投标管理以及对于住宅专项维修资金的使用管理不断加强；哈尔滨市引入第三方评价试点工作并逐渐推广。第三，推进"互联网＋物业"工作，实现智能化、数字化发展。指导省房协物专委，依托黑龙江雅天网络科技有限公司，加快推进"互联网＋物业"工作，各地合计覆盖管理面积约4500万平方米；南极国际社区、大庆滨海花园、哈尔滨群力家园、梧桐花园等72个智慧社区已经建设完成，覆盖管理面积为1400万余平方米，共7.6万余户居民。推进省级物业管理示范项目，发挥带头模范作用，促进全省物业管理服务质量和管理水平不断提升。

（五）"互联网＋"住房管理信息化发展逐步推进

在数字化转型推动东北新旧动能转换、信息数据成为核心生产要素的时期，住房的供给也逐步推进"互联网＋"融合，进行数字化、信息化发展。第一，商品房、二手住房网签建设运行。在 2016 年，黑龙江省全省推广房地产市场信息系统，积极推进信息系统的建设工作，在 2017 年初全省的 78 个市县已经全部完成新建商品房网签建设，并稳步推进开展网签业务。对于二手房的网签建设工作，在 2017 年初也有 63 个市县已经完成。目前省级的平台已经与哈尔滨市系统链接运行。第二，住房租赁管理平台建设逐步推进。学习武汉的先进经验与黑龙江省建设银行共同搭建住房租赁管理平台，为租赁双方提供信息服务，房屋中介信息与数据均加入到管理平台中，提高了住房租赁的信息管理水平。截至 2019 年初，齐齐哈尔等 9 个地级市已经完成 4 个子系统建设并逐步推进运行。第三，保障性住房的申请审批数字化。黑龙江省逐步建立公开住房档案和收入信息管理系统，中低收入家庭的申请、审核、公示、配租的制度规范化，保障对象的认定、退出更加客观。同时推进公租房信息系统建设。公租房等保障性住房能够通过"哈尔滨本地宝"等微信公众平台跳转至黑龙江政务服务网进行申请办理，房源租金配租摇号等信息均可在微信中便捷查询。第四，老旧小区改造进程、改造名单持续更新。通过微信公众平台的方式便于市民充分了解老旧小区的改造进程以及具体内容。第五，推进"互联网＋物业"工作。2017 年 11 月召开的黑龙江智慧物业发展论坛，倡导物业的发展与"互联网＋"相融合，提高物业整个行业的科技含量与创新能力，并已经逐步展开推进。

二 黑龙江省住房供给体系存在的主要问题

"十三五"期间，黑龙江省的住房供应体系从供给的总量、供给种类、供给主体、信息化水平等方面都有了较大的改进与提升，但是仍然存在以下不足之处，需要加强改进。

（一）住房供给结构整体设计不足

第一，住房立法不完善。日本、德国、新加坡等住房供给整体发展较好的国家，均有较为完备的住房相关法律体系。目前我国的住房立法方面尚不完善，中央至地方对于住房的供给以相关的政策文件为主。第二，住房供给体系结构不稳定。黑龙江省乃至全国的住房供给种类变化频繁。如前文所述，根据中国近 20 年来对于住房供给体系的回顾，我国城镇住房供给体系出现了几次较大的变革，同时对于住房种类的探索全国各个地区也不断地进行创新，没有一个较为统一和稳定的住房供给结构。第三，住房类型结构不合理。如普通商品房、小产权房、房改房、集资房、经济适用房、公租房、廉租房、限价商品房、共有产权住房、人才住房等，住房种类的变动会使城市居民对于住房的供给缺乏稳定的预期，从而不利于房地产业的稳定与健康发展。第四，户型结构不合理。目前新建住房多以中档及高档住房为主，小户型及低端的商品住房供给量较小。

（二）住房供给对象未精准对接

"十三五"以来，黑龙江省的城镇化进程逐步加快。表 5 为 2016～2019 年的黑龙江省人口规模及常住人口城镇化率。表 6 为 2016～2019 年黑龙江省常住人口年龄结构。

表 5　2016～2019 年黑龙江省人口规模及常住人口城镇化率

单位：万人，%

	2019 年	2018 年	2017 年	2016 年
常住人口数	3751.3	3777.1	3788.7	3799.2
城镇常住人口数	2284.5	2267.6	2250.5	2249.1
城镇户籍人口数	1771.2	1788.8	1797.6	1825.5
常住人口城镇化率	60.90	60.10	59.40	59.20

资料来源：2016～2019 年《黑龙江省国民经济和社会发展统计公报》。

表6　2016~2019年黑龙江省常住人口年龄结构

单位：万人

年份		2019	2018	2017	2016
常住人口年龄构成	0~14岁	387.5	400.7	406.9	416.0
	15~64岁	2848.0	2887.1	2926.0	2942.5
	65岁及以上	515.8	455.8	455.8	440.7

资料来源：根据《2019黑龙江省国民经济和社会发展统计公报》与《2019黑龙江统计年鉴》整理。

城镇化的发展带来了许多的"城镇新居民"，即进入城镇工作和生活的外来人口。据2010年统计，黑龙江省的农民工外出情况为跨省流动人口占总外出人口的34.36%、县（市）流动人口占35.15%、地（市）跨县流动人口占10.27%、省内跨地（市）流动人口占20.22%，即跨省流动人口占比为34.36%而省内流动人口占比为65.64%。据《中国流动人口发展报告》指出，跨省流动比例越高的城市，稳定居住意愿与自购住房的比例就越低。据此分析，黑龙江省的流动人口中主要以省内流动为主，跨省流动相对较低，也就是说稳定居住意愿与自购住房的比例相对较高。第一，"城镇新居民"的稳定性、长期性、多样性的住房需求逐渐增加，以用工主体提供住房的传统方式有待改进。据《2008—2017年农民工检测调查报告》数据，外出农民工从用人单位处获得住宿比例约为46.1%，雇主提供住房的这种方式已经成为流动人口住房的主要来源渠道。但是流动人口的年龄结构以及外出务工人员的居住结构发生了变化，使住房的需求类型更为多样化。第二，就业的方式与居住的意愿发生改变，不同地市的住房供需方式需要改变。《中国流动人口动态监测调查（CMDS 2017）》中显示了不同行业农村户籍流动人口的主要住房类型，如表7所示。随着经济的发展、产业结构的优化升级，新居民的住房需求也在不断地改进变化。

（三）住房供给多元化发展不足政府主导性强

第一，住房供给制度与体系由政府决定。住房供给的类型、方式方法、

表7　中国不同行业农业户籍流动人口的住房类型

单位：%

住房类型	制造业	建筑业	批发零售业	交通运输、仓储和邮政业	住宿餐饮业	居民服务和其他服务业	其他	小计
租住私房—整租	44.4	46.5	56.7	51.0	55.9	48.6	37.1	49.2
租住私房—合租	13.3	14.0	9.7	11.3	12.1	11.5	8.8	11.6
单位/雇主房（不包括就业场所）	21.4	8.7	2.2	5.6	10.3	9.4	18.3	11.1
就业场所	2.3	4.2	4.9	1.0	4.2	2.8	1.1	3.3
自购商品房	12.4	14.8	20.2	20.9	12.1	18.8	22.8	16.1
自购小产权住房	1.5	2.5	1.9	3.4	1.4	2.2	3.7	2.0
自购保障性住房	0.7	1.1	0.7	1.1	0.7	1.1	2.7	0.9
政府提供公租房	1.2	0.8	0.4	0.9	0.5	1.1	1.1	0.9
自建房	1.7	5.5	1.7	3.4	1.6	2.6	2.1	3.1
借住房	0.8	1.0	1.3	1.2	0.9	1.5	1.9	1.2
其他非正规居所	0.3	1.1	0.4	0.2	0.4	0.5	0.5	0.6
合计	100	100	100	100	100	100	100	100

资料来源：《中国流动人口动态监测调查（CMDS 2017）》。

机制等往往是由政府决定的。第二，商品房的土地供给由政府提供。虽然商品房的提供以市场为主，但是土地作为住房提供的基础由政府审批提供。第三，保障性住房主要由政府提供。保障性安居工程在城镇住房方面主要涉及的是保障性住房建设以及棚户区改造。其中保障性住房的提供方式有政府直接提供、公私合作提供以及货币化补偿。庞坤鹏从公共价值理论的角度出发，主要考虑公平性、效率性、居民参与度、可持续性、对当地的城乡面貌改进程度、对经济发展的拉动效果、实施效果受到自然环境的影响程度、政府部门的积极性等方面，运用层次分析法分析得出货币化安置方法总体上优于公私合作模式以及政府直接提供的方式。[①] 在推进保障性安居工程之初，哈尔滨市就采用了公私合作的供给模式，随着保障性安居工程的逐步推进，

---

① 庞坤鹏：《黑龙江省保障性安居工程提供模式研究》，硕士学位论文，哈尔滨工业大学，2017。

各地逐步扩大货币化安置模式的规模，但是在经济发展相对落后、自然环境相对较差的地区，如大兴安岭地区以及黑河地区出现了收到货币补偿后人口外流的情况。绥芬河市率先采用了"房票"这种间接的货币补偿安置方式。但是黑龙江省的其他地市尤其是三、四线城市普遍采用政府直接提供的方式。从黑龙江省各地保障性住房的供给情况来看，政府一直是保障性住房供给的主体。第四，老旧小区改造主要以政府出资为主。居民思想观念以及黑龙江省二手房市场发育不充分造成的居民对于老旧住房的未来预期价格较低，使黑龙江省的老旧小区在改造过程中普遍存在居民不愿意出资参与的情况而主要是政府提供资金。

（四）住房租赁市场不成熟

受传统观念影响，居民选择、供给侧长期以来的"重售轻租"、公共政策的支持、租购不同权等原因，黑龙江省直至中国的住房租赁市场发展一直处于边缘化，整体发展不够成熟。[①] 第一，缺乏完备的住房租赁法律制度。第二，租赁住房的供给渠道单一。主要通过居民个人出租的住房以及公租房两方面进行提供。社会利益补贴政策还不够完善，对于住房租赁的税收补贴往往只集中于公租房以及个人租赁，而对于租赁机构几乎没有补贴。专业化、规模化的租赁机构发展不充分。第三，住房租赁市场规模较小且房屋大部分为老旧小区或者环境较差的房屋。第四，"租购同权"设想没有探索落实。很多社会的其他稀缺资源、社会利益与公共服务，如教育、医疗等均与住房挂钩，购买住房所获得的公共服务大于租赁住房所获得的公共服务。

（五）住房供给调控手段有待完善

第一，黑龙江省对于住房调控以行政手段为主，经济手段运用较少，并且调控政策之间的联动性不强。住房供给体系是一个系统的范畴，除了住房供给体系中所包含的住房供给的来源、主体、对象、机制以及方式方法等，

---

① 曹张炎：《城市住房供应体系及其地价的研究》，硕士学位论文，南京师范大学，2018。

还涉及与其发展状况相适应的金融、财税以及土地政策等。要以综合的措施逐步推进住房的有序有效供应。第二，住房供给的调控主要以增量调控为主，对于存量住房的调控政策比较有限。第三，对于住房供给中的调控政策主要集中于商品住房以及保障性住房，对于住房租赁市场以及二手房市场的调控相对薄弱。在商品住房的调控方面则以调控房地产价格为主，对于住房供给体系的整体考虑较少。

（六）城镇住房供给质量不高、监管不严

第一，住房居住环境条件有待提升。虽然截至 2019 年初黑龙江省的人均住房面积达到了 32.6 平方米，但是仍然存在由于过去的开发方式带来的整体建筑质量较差、品质较低等问题。对于新技术、新理念的应用不足，不具有绿色、节能、环保等特征。第二，新建住房质量有待提升。老旧小区的房屋质量经过了时间的检验仍然保持较高水平，仅仅是出现管道老化、屋顶防水材料老化等问题。但是现在个别新建住房，在入住两三年后就开始出现顶层漏水、房屋墙体开裂等各种问题，随着土地价格的逐渐上涨，住房楼层数的逐渐增多，拆迁的成本逐渐上涨。但是部分的新建住房质量并不能保障长期的居住，这是对于资源的浪费，也是未来发展的隐患。第三，小区管理不规范，物业服务水平有待提高。从整体上看，物业服务体系不健全，提供服务的主体比较单一，服务的内容也比较贫乏。同时存在新建住宅小区的物业服务水平相对较高，但随着小区整体需要维修管理的费用逐渐提升，出现了一些物业跑路以及办事效率低下甚至不办事的情况。第四，房地产市场违法违规问题有待进一步解决。虽然黑龙江省的房地产市场管理不断加强，但市场主体违法违规问题依然存在，危害群众利益的问题时有发生。在 2017 年的"党风政风热线"活动中，群众反映问题共 170 件，其中反映物业问题的就有 94 件，占反映问题总量的55.3%。第五，征地拆迁管理不规范。主要是县级的征收拆迁管理程序不够规范，主体不规范易引发群众信访问题。

三 建立长效机制、构建住房多层次稳定供给体系的对策建议

习近平总书记强调指出，"从我国国情看，总的方向是构建以政府为主提供基本保障、以市场为主满足多层次需求的住房供应体系"①。黑龙江省要全面贯彻"五大发展理念"以及高质量发展的要求，坚持"房子是用来住的，不是用来炒的"定位，有针对性地逐步解决目前在住房供给中存在的问题。分类调控、因城施策，促进黑龙江省住房供给体系健康发展。

（一）以地方发展为导向规划住房发展

住房的发展规划是指导一座城镇住房市场在中长期稳定发展的重要依据，德国、新加坡等房地产市场较为稳定健康的国家均制定了适合本国国情的住房发展规划以及与之配套实施的法律法规及政策制度。要构建住房多层次稳定的供给体系，首先就要以地方的发展为导向做好地方的住房发展规划。第一，以本地的需求为依据确定住房供给的规模以及时序。黑龙江省的"百大项目"带动地区的发展，黑河哈尔滨新区的经济特区、资源型城市的沉陷区等应该纳入考虑范围。在确定土地供给状况的情况下，综合分析城镇居民的住房需求，包括城镇"新居民"的住房需求、城镇居民的改善性住房需求，以及棚户区改造的住房需求、引进人才的住房需求，还应该考虑到存在一定的投资以及投机性需求。结合城镇化导向、支付能力和现有存量住房、市场环境，最终制定适应地方发展的住房发展规划。第二，以问题为导向确定住房供给与发展的主要任务。各地住房的供给中存在不同的问题，商品房供应的结构、房屋质量、保障性住房供给方式等，需要根据各地存在的

---

① 《坚持市场化改革方向　政府补好位——习近平谈加快推进住房保障和供应体系建设》，经济参考网，2013年10月31日，http://jjckb.xinhuanet.com/2013-10/31/content_473666.htm。

突出问题来确定不同的任务。第三，在政府保障基本居住权的基础上，合理的界定各方供应主体的职责。①

（二）促进住房供给体系与新型城镇化相适应

城镇化的重要内容与方式之一就是农业转移人口的市民化。黑龙江省的流动人口以省内流动以及周边省份的农业转移人口为主，近年来外出的农民工在工作地购置房屋的比例逐渐上升。第一，积极引导市场机制在新居民住房供给中的决定性作用。对于住房支付能力较强的"新居民"，应该主要依靠市场购买商品住房或租赁商品住房。第二，积极引导用工单位提供低成本住房或补贴，提高包括住房在内的综合薪资福利水平。雇主通过自有住房、单位自筹自建的宿舍、租赁住房及在生产经营场所为员工提供住房。在工业园区，多企业可以共同合作，以供应园区内公租房的方式提供住房。第三，探索政策性租赁住房，政府积极"补位"，保障"新居民"公平享有基本住房权利。对于居住和就业较为稳定且满足政府直接提供保障要求的"新居民"，可以申请政府提供的公租房或部分地区提供的政策性商品住房。借鉴北京、上海、广州、深圳，尤其是同在东北地区的沈阳等地区的政策性租赁住房试点经验，以解决"新居民"的住房问题为导向，积极探索政策性租赁住房供给。第四，对于不符合政府直接保障条件且支付能力较差的"新居民"，要积极引导社会机构提供公租房或低租金的住房。

（三）积极鼓励引导社会主体多元参与

第一，市场主要提供购买的商品住房、租赁的商品住房，以及租赁的农房等。第二，用工主体即雇主的自有住房、租赁住房，自筹自建的职工宿舍、工棚以及在生产经营的场所内为员工提供住房。第三，鼓励合作供应的方式提供住房供给。产业园区、劳动力就业的集中区域，由园区内企业合作供应的园区内公租房。政策激励、法律保障鼓励有条件、有能力且愿意加入

---

① 张璐、焦怡雪：《基于城镇新居民需求的住房供给策略》，《住区》2020 年第 3 期。

的社会组织提供住房的供给，尤其是参与保障性住房的供给。建立呈梯度的保障性住房供给体系、完善供给方式。第四，引导居民出资，积极参与老旧小区的改造。加强思想宣传，提高居民对于住房及周边环境的主人翁意识。同时多措并举发展二手房及租赁住房市场，提高居民对老旧住房未来收益的预期。第五，提升物业管理及服务水平。推进物业管理重心下移，逐步建立"市、区、街道、社区"四级物业服务管理体系，充分发挥街道和社区在物业管理中的积极作用。

（四）积极培育和发展住房租赁及二手房市场

第一，完善住房租赁市场的法律法规，保障租赁主体利益。第二，创新租赁住房的土地供给方式。2017 年 8 月，《利用集体建设用地建设租赁住房试点方案》发布，并在北京、上海、合肥等 13 个城市实施。周江提出了以年租金的方式支付租赁住房供地。[①] 第三，改进税收金融政策支持多主体参与多渠道供给。对住房租赁机构等提供优惠的税收等政策促进租赁机构与平台的发展。在金融方面，发展 REITs 等金融工具加强金融创新；对达到一定规模的租赁机构，提供租赁权质押贷款；支持专业化租赁机构发行企业债券；给予租赁机构装修改造贷款支持，通过贷款贴息、优惠利率等形式降低其资金成本。[②] 多渠道筹集租赁住房房源，盘活闲置住房，整合存量住房资源。培育规模化、专业化的住房租赁中介。第四，改善对于租赁住房的公共服务。2017 年 7 月广州市率先提出了"租购同权"。2020 年 5 月 28 日表决通过的《中华人民共和国民法典》中增设了"居住权制度"，这为"租购同权"的发展奠定了法律基础。积极探索"租购同权"发展，改善租赁住房的基本公共服务。第五，完善住房租赁平台建设。在已经初步建立的住房租赁网络信息平台的基础上，逐步推进与各部门的信息系统联动，推动实现全量房源的纳入统计，提高对于住房租赁市场的治理水平与治理能力。

---

① 周江：《房地产市场运行分析》，《中国金融》2015 年第 2 期。
② 王艳飞、谢海生、金浩然：《国内住房租赁市场供给侧结构性改革研究》，《经济研究参考》2018 年第 7 期。

（五）多种调控手段相结合，构建系统性供给体系

第一，以土地供给为基础，创新土地供给方式。土地是城镇住房建设中最为重要的生产要素，土地市场与住房市场紧密相连，要建设系统性的住房供给体系需要以构建一个完善的建设用地的供给体系为基础。第二，促进金融与房地产业的有机结合，保障住房市场的发展。无论是住房的供给侧还是需求侧，金融的创新与发展均可以为其提供支持。企业的自有资金、银行贷款、预收款是目前黑龙江省房地产业主要的资金来源与融资模式。在风险合理的范围内创新住房相关金融产品，促进城镇住房供给。第三，将财政税收政策作为补充。加大农民工进城购房支持力度，为实行购房低息贷款做好后续保障，逐步扩大住房公积金的缴存面。第四，加强宣传和信息传达。注重宣传的作用，很多贫困人口伴随着信息和知识的匮乏，由于对信息的了解渠道有限，很多时候好政策是有的，但是这样的人群并没有真正享受到这样的政策。加强宣传，建立合理的住房消费模式，除了对保障性住房政策申请渠道等的宣传外，也要加强对数字化租赁平台数字化房屋统计的平台的宣传，以及对住房消费观念的宣传。

（六）建立健全住房管理制度，加强市场监管

整顿规范市场秩序，规范开发、销售、中介等行为。第一，加强房地产市场监测。建立和完善新建商品房和二手房网签交易系统建设，加强对房地产市场运行情况及发展趋势的分析研判。第二，加强房地产行业信用体系建设，规范中介行为。加快建设中介机构的综合管理平台，同时注重构建中介机构及其从业人员的征信数据管理。对出现违规失信等问题的中介机构及房地产企业加大处罚力度。第三，加强对于新开发住房的质量验收与监管。第四，建设交易平台，规范交易流程，加强信息的互通共享。开展全省商品房销售价格行为检查，遏制高端房价格上涨，加大对开发商囤积土地的查处力度。第五，完善保障性住房的供给流程与审批，加强过程中的动态监管。保证保障性住房的质量，实现保障精准对接，同时完善保障性住房的退出机制。

参考文献

刘锋：《我国城镇住房供给体系的历史沿革与趋势研究》，《北方经济》2018 年第 11 期。

刘双良、石丽婷：《优化保障性住房的准入退出机制》，《人民论坛》2017 年第 34 期。

马智利、高丽、李亦婷：《城市租赁住房土地供给模式设计——基于农业转移人口》，《中国房地产》2020 年第 24 期。

秦虹：《培育专业化机构租赁　引领租赁市场规范化发展》，《城乡建设》2018 年第 5 期。

易成栋、高璇、刘威：《中国城镇住房制度改革的效果——总体改善、阶层分化以及对房屋普查、人口普查等数据的实证分析》，《中国房地产》2018 年第 15 期。

曾飞、许志勇：《以供给侧改革推动住房租赁市场健康发展》，《人民论坛·学术前沿》2019 年第 24 期。

郑婷兰、范恩海：《构建山西省城镇多层次住房供应体系的对策建议》，《建筑经济》2011 年第 1 期。

周凌、赵民：《构建多层次的城镇住房供应体系——基于厦门市实证分析的讨论》《城市规划》2008 年第 9 期。

黑龙江城镇保障性安居工程研究

栾美薇*

摘　要： 保障性安居工程政策自2008年实施以来，在改善和提高中低收入群体住房条件方面起到积极作用，在增加住房的有效供应、拉动内需、扩大就业、调控房地产市场、推动经济平稳较快发展等方面也起到了积极的促进作用。本报告针对保障性安居工程的现状展开分析，在资金筹措、公平分配、保障制度等方面提出完善黑龙江城镇保障性安居工程的对策建议。

关键词： 城镇住房　安居工程　保障性住房

住房问题是关系到老百姓切身利益的重大民生问题。近些年来，随着房地产市场的蓬勃发展，商品房价格急速上涨。急剧攀升的房价远远超出了城镇中低收入群体的经济承受能力，这部分居民的住房刚性需求和改善居住环境的愿望长期被压制，逐渐演变成日益尖锐的社会矛盾，严重影响了社会的和谐稳定。保障性安居工程建设是政府行使其二次分配职能以满足城镇中低收入群体基本住房需求的重要手段，是关系老百姓切身利益的重大民生举措。

---

* 栾美薇，黑龙江省社会科学院经济所助理研究员，主要研究方向为区域经济、劳动经济学。

一 黑龙江城镇保障性安居工程基本情况

根据《国民经济和社会发展第十三个五年规划纲要》（以下简称《十三五规划》）要求，2016 年至 2019 年底，全国开工改造各类棚户区住房 2141 万套，已超额完成"十三五"时期的 2000 万套棚改目标任务，逾 4600 万居民改善了住房条件。黑龙江省认真贯彻执行国家《十三五规划》安排，积极推进保障性安居工程，把改善人民群众住房作为头等大事来抓，全力推进棚户区改造，不断增强人民群众获得感、幸福感、安全感。

（一）保障性安居工程项目进展情况

按照《黑龙江省城镇保障性安居工程建设管理办法》的有关规定，城镇保障性安居工程是指以公共租赁住房为主的保障性住房建设和为改善城镇居民基本居住条件而实施的棚户区改造工程（见表 1）。

表 1　保障性安居工程完成情况

年份	开工数量（万套）	开工率（%）	基本建成（万套）	基本建成率（%）	货币化安置率（%）	完成投资（亿元）
2018	23.0	113.3	14.9	141.0	63.4	179.0
2017	21.4	102.8	28.2	175.2	66.0	326.0
2016	20.8	102.0	19.9	132.0	43.5	279.0

资料来源：黑龙江省住房和城乡建设信息网。

在回迁安置方面，截至 2020 年 8 月，有 13 个项目未完成整改，涉及哈尔滨、牡丹江等 8 个市县，根据回迁情况的不同，制定相关解决途径，及时调整整改方式，采取异地选房安置或货币补偿安置方式解决问题。

（二）保障性安居工程资金投入情况

为有序推进保障性住房建设，采取多项措施，最大限度地加大各级财政资金投入力度。2019 年配合省发改委、财政厅下达中央补助资金 37.7 亿元，配合财政厅指导各地发行棚改专项债 121.04 亿元。2020 年 6 月棚改已安排资金 162.72 亿元，其中中央财政补助资金 14.84 亿元、中央预算内配套基础设施补助资金 4.64 亿元全部下达；一般债券 108.94 亿元、专项债券 34.3 亿元也于 8 月底前完成投入。明确规定将省市县三级财政一般预算超收部分、土地出让净收益、住房公积金增值收益、国家代地方发行债券等，按照相应比例统筹用于保障性安居工程建设。同时，严格执行保障性安居工程建设所涉及的各项税收优惠政策。

（三）保障性安居工程质量检测情况

在住房工程质量监管方面，严格执行法定建设程序和工程建设标准，加强对勘察、设计、施工、监理、验收等全过程的质量管理。严格执行建材进场检验和复检制度，坚决杜绝不合格材料用于住宅工程建设。加强住宅工程质量监督检查，强化质量责任落实。全面实行住宅工程质量分户验收，保证住宅工程结构安全和使用功能质量。严格执行住宅工程永久标牌制度，参建单位法定代表人、关键岗位执业人员负终身质量责任。建立保障性住房建材和部品部件采购、供应终身质量责任追究制度。

（四）保障性安居工程管理、监督体制机制不断完善

公平分配是大规模实施保障性安居工程建设的"生命线"，黑龙江省对于保障性安居工程公平分配环节，严格规范准入、审核、轮候、分配、退出等各项制度，加强分配运营管理。联动多部门，建立健全住房情况动态监管机制，制定公平合理、公开透明的保障性住房配租配售政策和监管程序，严格规范准入、退出管理和租费标准。按照 2019 年 3 月发布的《关于印发黑龙江省棚改突出问题防范及专项整治工作方案的通知》内容，各市（地）结合本地区实际情况，合理确定保障对象和保障标准。在此基础上，由个人提出申请，严格按照街道办事处初审、公示，住房保障部门审核，民政部门审核，最后返回住房保障部门公示的"三审两公示"审核流程，确定符合

条件的保障对象。采取"公开摇号、评分排序"等方式进行配租配售，分配房源、分配过程、分配结果要向社会进行公开。完善经济适用住房和限价商品住房上市交易收益分配机制，消除牟利空间。建立健全保障性住房管理服务机构，提升住房保障管理人员素质，加强规范化管理。同时，对保障家庭实行动态管理，按户建立住房档案，采取定期走访、随机抽查等方式，及时掌握保障家庭的成员、收入、住房变动等情况。对已经不符合保障条件的家庭应及时清退，确保房源的有效配置。

二　黑龙江城镇保障性安居工程取得的成绩

城镇居民住房品质不断提高，居住环境进一步改善，社区绿地和娱乐休闲空间有效增加，公共设施配套更加齐全。一是根据居民意愿和城市政府财政支持能力，有序推进老旧小区改造更新。发挥市场机制作用，推动老旧小区设施和环境的适老化改造，增加养老服务设施供给，增加无障碍设施，为老年人、残疾人生活、出行提供方便和安全保障。优先安排贫困、高龄、失能等老人家庭设施改造，进一步完善老旧小区加装电梯工作机制，持续推动老旧小区加装电梯，缓解老年人上下楼难的问题。黑龙江省 2000 年之前建成需要改造的城镇老旧住宅小区 8090 个、住宅楼房 28494 幢、建筑面积 1.4 亿平方米，涉及住户 192.8 万户。按照国家和黑龙江省的安排部署，黑龙江省从 2019 年下半年开始，全力推进城镇老旧小区改造工作，全省有 75 个市县报送了老旧小区改造项目，共涉及改造项目 1147 个、5954 幢、3281 万平方米，惠及群众近 40 万户。推动适老宜居社区建设，新建居住区要充分考虑适老化需求，严格执行无障碍及适老化相关技术标准规范，将养老服务设施建设纳入居住区配套，统筹建设适老化的公共服务设施特别是医疗卫生和文化设施，加强养老服务设施节能宜居改造，为老年人提供安全、便捷、舒适的生活环境。二是物业管理提质扩面，物业服务工作在标准化、规范化和专业化进程中迈上了新台阶。提升居住区内外环境品质。建立健全居住区环境卫生维护标准化、规范化、常态化管理模式，营造干净卫生、整洁有序、优美文明的居住环境。适度留白增绿，打造道路微循环系统，加强居住区道路两侧停车管理。完善污水处理、垃圾处理及公共厕所等配套设施。三是完善住房基本公共服务配套设施，保障性安居工程是惠民政策的实施路径之一，对当前和今后的社会发展、民生保障都起到积极作用。统筹规划和合理布局公共交通、学前和基础教育、卫生医疗、养老服务、商业配套、绿地公园、儿童游乐等公共服务设施，打造"15分钟社区生活圈"，全面提升居住品质。

三　黑龙江城镇保障性安居工程存在的问题

（一）融资困难

由于黑龙江省保障性住房筹建的资金供给主体单一，资金供需的缺口较大是保障性住房建设过程中最大的瓶颈之一。从保障性住房资金供需两方面来看，首先是需求方面，随着我国保障性住房覆盖面的扩大，资金需求也会越来越大。其次，从现有的保障性住房建设资金供给方角度来看，由于财政收入增长速度有限，政府拨款不可能大幅增加；土地出让金关乎房价的涨跌和房地产市场的平稳，短期内也不会有太大的上调；信贷资金的投入取决于收益，而保障性住房的性质定位决定了其不以高收益为建设目的，因此，信贷资金在一定程度上也不会向住房保障领域有太多倾斜。

（二）征收行为不规范

针对地方政府征收行为不规范，棚改征收实施主体不合法，违规由开发建设单位代替政府房屋征收部门组织实施征收；因征收实施主体未履行法定征收程序，信息不公开、评估不合理、补偿安置不到位、不按约定条件补偿、非法强拆等，造成棚改项目出现征收补偿纠纷问题，相关部门对征收行为需要重视，针对不同情况需完善相应的规规范行为。

（三）保障性安居工程质量安全检查有待加强

针对因未按照工程设计图纸和施工技术标准进行施工的项目，可能存在项目从业人员脱岗及监理机构人员未能按要求配备、现场履职尽责不到位等情况，应加强管理检查。在房屋建设过程中，个别开发、施工企业违法违规压缩成本，有法不依、规避监管，忽视工程建设中的安全和质量，地方行政主管部门对建设项目重点部位、关键环节的监督指导不到位、系统把控不严格，项目竣工后未及时组织竣工验收或竣工验收流程不规范、未办理竣工验收手续就直接交付使用等原因造成项目工程质量不达标、存在安全隐患，这一情况相关部门应高度重视，加紧排查。

四　完善黑龙江城镇保障性安居工程的对策建议

健全住房保障体系，以政府为主提供基本住房保障，继续推进城镇棚户区改造，加大公租房保障力度，因地制宜发展共有产权房，多渠道满足住房困难群众的基本住房需求。

（一）拓宽融资渠道

为积极推动黑龙江省住房保障工作的进程，要切实加强公共预算对于安居工程的支持力度；同时认真核算并审核不同种类保障性住房筹建、运作的现金流缺口，筛选重点保障项目，以此来确定资金预算规模。同时，为确保政府支出真实投入保障性住房筹建与运作，政府相关部门要透明化管理、监督预决算流程，保障资金使用效率。黑龙江省的社会资本对于保障性住房筹建存在"收益低、风险高、政策少、信息缺"的忧虑，创新融资激励机制、健全融资制度、规范资金运用过程、多元化资金退出渠道是吸引社会资金持续投向保障性住房建设的关键。积极鼓励、引导民间资本的加入，通过直接投资、间接投资、参股等多种方式参与棚户区改造。支持符合条件的市场化实施主体参与发行企业债券或中期票据的活动，鼓励发行"债贷组合"企业债券。鼓励棚户区企业和职工出资改造，参与棚户区改造的企业用于符合规定条件的支出，可准予在企业所得税前扣除。

（二）完善分配制度

建立保障性住房房源和保障对象两张清单，精准掌握房源和保障对象信息，实现保障能力基本稳定，保障对象清晰明确。优化配租型公租房和配售型共有产权住房两类配置，实现"人—房"动态匹配，实物保障和货币补贴并举发展公租房，"建立两张清单、优化两类配置、健全两个机制"，完善住房保障体系。精准保障，促进职工住房平衡。完善保障对象的进退审核监管机制，建立部门联动的保障对象收入和住房等财产情况动态核查体系，将保障对象的申请、摇号、轮候、入住、退出情况清晰纳入全链条管理。加强住房保障建设、分配、退出全过程信息公开，主动接受群众、社会和媒体监督，加强住房保障信息公开。

（三）推进棚户区改造

深入做好棚改项目前期谋划，明确本地区棚户区改造范围和标准，科学合理安排棚改项目。统筹考察本地区经济水平、财政状况及债务负担情况等因素，按照"尽力而为、量力而行"的原则，科学合理安排棚改项目，优先改造住房条件困难、安全隐患突出、环境条件差的棚户区地块。结合财政承受能力，科学合理确定年度棚改任务。严格把握棚改范围和标准，深入开展问题摸底排查工作，重点改造老城区内脏乱差棚户区，优先改造居民意愿强烈、质量安全隐患大的棚户区。积极争取棚改债券资金，用好用足国家和省级补助资金。明确年度棚改项目进度节点，明确开竣工和交付使用时间，加快工程进度，抓好配套基础设施建设，严格工程安全监管，保证棚改项目早安排、早开工、早建成。截至 2019 年底，全省列入专项整治的 188 个棚改逾期未回迁安置项目已有 47 个全部完成整改、53 个部分完成整改，共回迁安置居民 7339 户，完成了阶段性任务目标。各市（地）承担棚改任务44388 户，现已完成 21650 户。哈尔滨市有力有序推进香坊区联草街、道里区田地街等回迁安置项目，已有 490 户居民通过原地回迁喜迁新居。到 2021 年底实现 1.6 万户居民全部回迁。

（四）加快住房保障信息系统建设

健全保障标准动态调整机制，构建科学的保障标准评估方法及调整程序，使住房保障标准与经济社会发展水平相适应。加快建设省、市、县三级联网的城镇住房保障信息管理系统，对城镇住房保障规划计划、项目实施、保障房源、保障对象等实施全程信息化动态管理；进一步完善城镇住房保障申请多部门信息互通共享机制和联合审查机制，依托城镇居民家庭经济状况核对平台，努力提高住房保障申请对象经济状况审核的准确性，努力把好准入关。强化住房保障对象的动态管理，进一步完善退出机制；加大对违规取得与使用保障房行为的惩处力度，并记入个人不良信用记录；进一步提高保障性住房小区的物业管理覆盖率，积极推广城镇化、社区化管理，努力提高保障性住房小区的管理水平。

参考文献

胡吉亚、胡海峰：《对保障性住房建设融资问题的思考》，《理论探索》2020 年第 2 期。

庞坤鹏：《黑龙江省保障性安居工程提供模式研究》，硕士学位论文，哈尔滨工业大学，2017。

邓大伟：《城市保障性住房提供的三方合作模式研究》，同济大学出版社，2015。

黑龙江城镇老旧小区改造研究

宋晓丹*

摘　要：　老旧小区改造是顺应民生需求、构建和谐社区的需要。近年来，黑龙江省住建系统紧紧围绕改善人居环境、坚持"美好环境与幸福生活共同缔造"理念，建立"业主主体、社区主导、政府引领、各方支持"工作推进机制。针对楼房本体、水电气热设施、小区环境设施、无障碍出行、监控消防、便民服务等方面，进行功能完善型与宜居型等改造，进一步改善人居环境，扎实推进老旧小区改造，切实提高了老旧小区居民的生活品质。与此同时，也要清晰认识到老旧小区改造项目建设进度较慢、资金筹措渠道较少、综合改造实施较难等这些在城镇老旧小区改造进程中存在的突出问题。

关键词：　老旧小区改造　改造项目　节能改造

　　街老、院老、房老、设施老、生活环境差是许多老旧小区居民共同的烦心事，也是城市管理的"老大难"问题。根据国家标准，老旧小区是指城市、县城（城关镇）建成于 2000 年以前，配套设施不全、公共设施落后、环境脏乱差、居民改造意愿强的住宅小区和有维修使用价值的楼房。老旧小

---

* 宋晓丹，黑龙江省社会科学院经济研究所助理研究员，主要研究方向为区域经济、发展经济学。

区改造是满足人民群众美好生活需要，推动惠民生、扩内需，推进城市更新和开发建设方式转型，促进经济高质量发展的重要体现。经黑龙江省各地上报统计，截至 2018 年底，黑龙江省 2000 年前建成需要改造的城镇老旧小区8090 个、涉及住户 192.8 万户、住宅楼房 28494 幢、建筑面积 1.4 亿平方米，面积约占全省存量住宅的 18.4%。城镇老旧小区改造被列为近两年来黑龙江省政府重点工作，并被列入黑龙江省百大项目。那么，老旧小区改造由谁来管、老旧小区改造何时开始、老旧小区能装上电梯么吗？这些关系到老旧小区居民切身利益的诉求，是完善和优化老旧小区居住条件的重点。

一　黑龙江城镇老旧小区改造发展现状

近年来，黑龙江省住建系统紧紧围绕全面振兴、全方位振兴、"六个强省"发展目标，按照"稳促调惠防保"和"六稳""六抓"发展思路，坚持补短板、惠民生、防风险、增供给、建设施、优环境、促转型、抓整改，着力解决陋、脏、短、乱、慢五个方面突出问题。并且始终坚持绿色发展理念，日益重视城镇老旧小区改造，通过持续努力使老旧小区居民的居住条件不断完善。

（一）各级政府重视对老旧小区改造的政策性引领

1. 国家关于城镇老旧小区改造的相关指导意见

2020 年 7 月，国务院办公厅印发《关于全面推进城镇老旧小区改造工作的指导意见》（以下简称《意见》），《意见》强调，要以习近平新时代中国特色社会主义思想为指导，全面贯彻党的十九大和十九届二中、三中、四中全会精神，大力改造提升城镇老旧小区，让人民群众生活更方便、更舒心、更美好。《意见》指出，到"十四五"期末，结合各地实际，力争基本完成 2000 年底前建成需改造城镇老旧小区改造任务，改造内容可分为基础类、完善类、提升类，各地因地制宜确定改造内容清单、标准，科学编制城镇老旧小区改造规划和年度改造计划。《意见》同时要求，要建立健全政府统筹、条块协作、各部门齐抓共管的专门工作机制；要建立改造资金政府与居民、社会力量合理共担机制；要落实税费减免政策；要精简城镇老旧小区改造工程审批事项和环节，提高项目审批效率，加强既有用地集约混合利用等。国家关于老旧小区改造的相关政策见表1。

表1　国家关于老旧小区改造的相关政策

年份	名称	涉及老旧小区改造内容
2012	《北方采暖地区集中供热老旧管网改造规划》	北方采暖地区十五个省、自治区、直辖市中的地级以上城市以及集中供热面积大于100万平方米的县级城市，利用三年左右时间完成城市集中供热老旧管网改造工作
2013	《"十二五"绿色建筑和绿色生态城区发展规划》	推动城市旧城更新实现"三改三提升"，改造老旧小区环境和安全措施，提升环境质量和安全性，改造供热、供气、供水、供电管网管线，提升运行效率和服务水平，改造老旧建筑的节能和抗震性能，提升建筑的健康性、安全性和舒适性
2017	《全国城市市政基础设施建设"十三五"规划》	推进老旧小区水电气热及二次供水设施的改造，打通市政基础设施的"最后一公里"；统筹推进新老城区海绵城市建设，城市新区建设以目标为导向，全面落实海绵城市建设要求，老城区以问题为导向，结合城市棚户区、城中村、老旧小区改造等，以治理城市内涝与黑臭水体为突破口，有序推进海绵城市建设
2017	《关于推进北方采暖地区城镇清洁供暖的指导意见》	城市主城区、城乡接合部及城中村要结合旧城改造、棚户区改造以及老旧小区改造等工作全面取消散煤取暖，采用清洁热源供暖
2018	《住房城乡建设部办公厅关于印发2018年安全生产工作要点的通知》	治理老旧住宅安全隐患。在老旧小区改造过程中，有效解决老旧住宅安全隐患相对突出的问题，切实保障居民的住用安全，研究建立长效安全管理机制。加强城市棚户区、城中村和危房改造的安全监督管理
2019	《住房和城乡建设部关于在城乡人居环境建设和整治中开展美好环境与幸福生活共同缔造活动的指导意见》	在城市社区，可在正在开展的老旧小区改造、生活垃圾分类等工作的基础上，完善配套基础设施和公共服务设施、老旧小区加装电梯和增加停车设施、建筑节能改造等问题。充分激发社区居民的"主人翁"意识，发动社区居民积极投工投劳整治房前屋后的环境，主动参与老旧小区改造、生活垃圾分类、农村人居环境整治及公共空间的建设和改造

续表

年份	名称	涉及老旧小区改造内容
2020	《住房和城乡建设部等部门关于开展城市居住社区建设补短板行动的意见》	结合城镇老旧小区改造等城市更新改造工作,通过补建、购置、置换、租赁、改造等方式,因地制宜补齐既有居住社区建设短板。结合城镇老旧小区改造、绿色社区创建、棚户区改造等同步推进居住社区建设补短板行动。开展居住社区建设情况调查,摸清居住社区规模和数量,找准各类设施和公共活动空间建设短板,制定居住社区建设补短板行动计划,并与城镇老旧小区改造计划等相衔接

资料来源:作者根据住房和城乡建设部官网相关信息整理。

2. 黑龙江省关于城镇老旧小区改造的相关指导意见

2013 年,黑龙江省住房和城乡建设厅印发了《全省城镇老旧住宅小区整治改造指导意见》,对全省城镇旧住宅区的整治改造工作提出了基本原则、改造范围、改造内容和保障措施。

2018 年,黑龙江省人民政府发布《关于推进全省城镇老旧小区改造的指导意见》。该意见指出,从 2018 年起,利用 5 年时间,大幅度完成设区城市老旧小区改造,实现基本使用功能得到完善、居住环境明显好转。改造范围为 20 年以上设施不全环境脏乱的小区,改造内容涉及出入口设大门、增设门卫、对楼梯等进行无障碍改造等,改造采取政府主导、单位主导、市场化运作、联合改造与自行改造的方式。实施试点引路。哈尔滨市、大庆市等城市,积极开展既有多层住宅加装电梯试点工作,研究出台既有多层住宅加装电梯暂行办法等。

2019 年,黑龙江省住房和城乡建设厅会同黑龙江省发改委和黑龙江省财政厅出台了《黑龙江省城镇老旧住宅小区改造工作方案》和《黑龙江省城镇老旧住宅小区改造指引》,对老旧小区改造工作提出了进一步的细化要求。为加强项目建设管理,印发了加强改造管理工作和建立公示制度的通知。

2020 年,黑龙江省公布了《黑龙江省住房和城乡建设厅关于进一步加强我省城镇老旧小区改造管理工作的通知》,该通知要求,倡导"共建、共治、共享"的共同缔造理念,建立改造项目公示制度,各地老旧小区改造项目建设单位要在所有开展改造小区的显要位置设立城镇老旧小区改造项目公示板,接受小区居民监督;更新改造管理系统,包括建立改造项目库、报送年度改造计划和实施项目进度监管；建立竣工交接制度，改造项目竣工后，由建设单位牵头，组织设计单位、施工单位、监理单位、街道社区、物业服务企业、业主监督员和其他参与改造单位共同对改造内容进行竣工验收，并签署《城镇老旧小区改造项目竣工交接单》。

（二）改造计划、完成目标和具体措施

1. 城镇老旧小区改造的具体计划

2018 年 6 月 30 日前，黑龙江省各地开展实地调查，摸清当地老旧小区数量、面积、户数、人口、居民改造意愿和需要引进物业管理等情况，逐一建立台账，于 7 月 5 日前将调查摸底情况报黑龙江省相关部门。

2019 年，黑龙江省城镇老旧小区改造计划为 457 个小区（项目），共涉及改造 2368 栋、1144.98 万平方米、13.93 万户，计划总投资 20 亿元。2019 年黑龙江省列入国家计划补助支持改造项目 436 个、2049 栋、963.7 万平方米，涉及居民 12.4 万户。

2020 年黑龙江省城镇老旧小区改造计划为 1147 个小区（项目），共涉及改造 5954 栋、3280.96 万平方米、39.49 万户，计划总投资 120 亿元。2020 年黑龙江省列入国家计划项目 1147 个、5954 栋、3280 万平方米，涉及居民 39.5 万户，列入国家改造计划户数位列全国第四，改造项目数占全国总量的 2.94%。

2. 城镇老旧小区改造已完成的项目

据统计，截至 2018 年底，黑龙江省累计改造老旧小区约 1.08 亿平方米、总投资近 150 亿元。

截至 2019 年 11 月底，黑龙江省开工改造城镇老旧小区项目 220 个、503 万平方米、5.9 万户，哈尔滨、佳木斯、黑河等地分别改造 92 万平方米、13.76 万平方米、48.93 万平方米。2019 年项目开复工 375 个，占项目总数的 86%；已完工 59 个，占总数的 13.5%。

截至 2020 年 6 月 29 日，黑龙江省各地克服疫情影响，积极推进开复工。2020 年项目已发布施工招标公告或确定施工主体的有 670 个，占总数的 58.4%。其中，已开工项目 312 个，占项目总数的 27.2%，涉及 14.48

万户、1832 栋、1030.33 万平方米。

3. 城镇相关基础设施改造实施的具体措施

表 2 为 2015~2019 年黑龙江省城镇老旧小区改造采取的具体措施。

表 2　2015~2019 年黑龙江省城镇老旧小区改造采取的具体措施

年份	具体措施
2015	黑龙江省将既有居住建筑节能改造与主街路综合改造、老旧小区改造相结合,大力推广政府主导、供热企业参与、合同能源管理和 PPP 等改造模式,改造面积 1595 万平方米,超额完成国家下达任务,20 余万户居民住上了"暖房子"。开展"四季"专项行动,大力实施环境秩序综合整治、主街路综合改造、城市路桥升级改造、绿化亮化等专项行动,综合改造城市老旧小区面积 1372 万平方米
2016	黑龙江省大力实施绿色建筑和节能改造,结合老旧小区综合整治、主街路改造,完成既有居住建筑节能改造面积 1000 万平方米
2017	推进老旧小区和住宅宜居综合改造,鼓励有条件的市县继续推进既有建筑节能改造,以加装电梯为突破口实施老旧楼房适老化改造。着力解决"弃管楼"问题,政府出资加大老旧小区改造力度,完善配套设施,引进有实力的物业企业接管;暂时没有企业接管的,由地方政府"兜底",组织街道、社区等提供基本物业服务。2017 年,黑龙江省城市老旧小区改造开工面积 1044 万平方米
2018	鼓励各市县通过结合老旧小区改造、外立面装修等多种方式,继续推动既有居住建筑节能改造。开展城市老旧小区综合改造。各地对 2000 年以前的老旧、单散、危楼等小区存量情况进行调查摸底,按照轻重缓急、居民改造意愿和地方财力情况,科学编制 5 年改造规划和年度计划,逐项制定工作方案。省政府办公厅印发《关于推进全省城镇老旧小区改造的指导意见》,联合有关部门发布了《关于开展既有住宅楼加装电梯工作的指导意见》,老旧小区完成改造面积 978 万平方米、投资 14.8 亿元
2019	重点推进换热站智能化和老旧小区二级网改造,推进供热燃煤小锅炉撤并工作。按照先民生后提升的原则,重点解决供水、供电、供气、供热问题,促进解决停车难、私搭乱建、消防隐患、环境卫生等问题,鼓励有条件的小区加装电梯等便民设施。"不忘初心、牢记使命"主题教育期间,开工改造老旧小区 56 个、215.5 万平方米、3.02 万户。2019 年,黑龙江省开发建设了全省老旧小区改造管理系统,建立了"存量数据库 + 待改造项目储备库 + 改造项目管理库"模式,对列入计划改造项目实行全流程监管,并实现了建设全过程可追溯

资料来源:黑龙江省住房和城乡建设信息网。

二　黑龙江城镇老旧小区改造面临的问题

黑龙江省老旧小区存量较大,城市基础设施建设滞后于城市发展,补短板任务依然较重。系统干部、行业从业人员专业能力和精深务实作风有待提升，不能适应当前重任务、高标准、快节奏的要求。住建行业法律法规和技术标准还不够完备，行业乱象依然存在。城市建设管理监管方式和手段落后，信息化程度不高，规范化、精细化、智能化管理水平有待提升。这些突出问题要尽快解决。与此同时，还存在一些较为突出的问题。

（一）项目建设进度较慢

受供热期、资金等因素影响，加之部分市县前期准备工作不足，2019年和2020年改造项目开复工受到了影响，开复工率没有达到预期目标。黑龙江省2020年改造项目已发布施工招标公告的仅379个，占项目总数的40.4%，其中已开工项目123个，仅占项目总数的10.7%，项目开工量较低。

（二）资金筹措渠道较少

黑龙江省全部完成现有需要改造的老旧小区的任务，预计总投资约700亿元。但目前各地改造资金主要依靠政府投入，对国家补助资金过度依赖。专项债谋划能力、融资手段、社会资本引入方法以及引导居民出资的具体措施还不足。2020年所需改造资金筹措不足50%，资金缺口依然较大。2019年，中央财政城镇保障性安居工程专项资金用于城镇老旧小区改造，黑龙江省在中部9省中，分配到的金额为97051万元（见表3），仅高于安徽省，低于中部其他7省。

表3　2019年中央财政城镇保障性安居工程专项资金用于黑龙江省城镇
老旧小区改造资金分配情况

省份	改造面积（万平方米）	改造户数（户）	改造楼栋数（栋）	改造小区数（个）	应分配金额（万元）
黑龙江省	964	124149	2049	436	97051

资料来源：《财政部　住房城乡建设部关于分配下达2019年中央财政城镇保障性安居工程专项资金用于城镇老旧小区改造的通知》。

（三）综合改造实施较难

黑龙江省老旧小区建设时标准较低、配套缺失、空间不足，目前国家和黑龙江省对老旧小区内配套的养老、托幼、医疗、便民服务、5G通信等生活服务性设施提出了新标准、新要求，但各项配套服务设施建设缺乏有力的政策和资金支持，通过老旧小区改造补齐民生短板的难度较大。

三 黑龙江城镇老旧小区改造对策建议

整洁、舒适、安全、美丽的小区环境是民众对居住条件的共同向往，通过群力群策、因地制宜地实施改造方案，重点落实亟待解决的突出困难，切实完善城镇老旧小区科学化改造，建立长效化维护机制，尽心尽力提升人民群众的获得感、幸福感和安全感。

（一）推动形成合力，分类推进改造

1. 多方努力形成推动合力

老旧小区改造工作是由多方参与的工作，涉及养老、教育、商务、消防、电力、通信等多方面内容，需要政府主导、企业参与、社区推动、居民共建，形成工作合力统筹推进。同时，老旧小区改造要跟居民"多商量"，让居民"多监督""多参与"，充分听取群众意见并量身定制"需求清单"，加快推进老旧小区引入物业公司，实现惠民生和促发展的良性循环。

2. 科学推进老旧小区分类改造

各地政府依据地方财力、居民改造意愿、改造迫切程度等，统筹安排符合条件的老旧小区改造时序科学编制老旧小区改造更新年度计划。按照改造程度采取维护修缮、保留提升、整治改造等办法，分类推进实施。整治改造方案不搞"一刀切"，达到各具特色的整治效果，全面提升老旧小区的安全性、舒适性。

（二）完善公共设施，探索更新机制

1. 优先完善公共服务设施改造

优先对消防、屋面、管线、给排水、环卫、道路等问题进行重点综合整治，消除老旧小区安全隐患，开展既有住宅电梯增设专项计划，支持有条件的既有住宅加装电梯。完善养老托幼、无障碍设施、便民市场等公共服务设施，逐步补齐老旧小区普遍存在的居住配套标准偏低、公共空间不足、养老助残和公共服务设施缺乏、小区停车难等短板，提升人民群众的获得感、幸福感和安全感。

2. 积极探索老旧小区管理机制

积极组织居民参与，在老旧小区改造各个环节中实现决策共谋、发展共建、建设共管、效果共评、成果共享。厘清政府职能边界，建立老旧小区改造更新利益相关者协调机制。坚持居民自治原则，发挥居民主体作用，政府统筹支持。各地成立老旧小区改造更新工作机构，统筹规划、建设、城管、市政、供水、供电、供气等相关部门作为成员单位，协调推进老旧小区改造工作。

（三）实施多渠道筹资机制与长效化维护机制

1. 拓宽资金筹措的多条渠道

整合统筹使用现有的抗震加固、管网改造、加装电梯和中央补助等财政资金。各地坚持尽力而为、量力而行原则，切实评估地区财政承受能力，适当加大财政资金支持力度。创新金融和财税支持机制，给予政策性金融支持或按规定给予参与老旧小区改造更新的企业税收优惠。充分调动居民参与出资的积极性，推动完善居民个人出资和住宅专项维修基金共同筹措资金的机制。通过市场化运作引入社会资本，拓宽老旧小区改造更新的资金来源渠道。

2. 建立维护管理的长效机制

建立老旧小区改造更新后维护管理的长效机制，充分发挥基层党组织在社区自治中的引领作用，创新老旧小区管理模式。通过引入专业物业服务企业、其他管理人管理或业主自我管理的方式，建立物业管理机制。建立老旧小区的住宅专项维修资金归集、管理、使用和续筹机制，持续维护老旧小区改造更新效果。在总结已有的老旧小区改造更新、旧院落改造、加装电梯等工作的基础上，加快形成全省可复制、可推广的经验。

（四）推行节能改造，完善配套功能

1. 推进既有居住建筑节能改造

结合既有住区改造等工程，有计划、分步骤地实施既有居住建筑节能改造工作。推动城市老旧小区更新实现"三改三提升"。强化以热源或换热站为主的系统化改造，发挥供热主体的积极性。探索建立市场化既有居住建筑供热计量及节能改造的长效机制和市场化综合改造模式，逐步实行供热计量收费，推进建筑室内采暖系统热计量及温度调控改造、热源及管网热平衡改造，实现"分室调温、分户控制、按热计量收费"。

2. 逐步完善住区配套功能

统筹规划、合理布局公共交通、学前和基础教育、卫生医疗、养老服务、商业配套、绿地公园、儿童游乐等公共服务设施，打造"15 分钟社区生活圈"。适度留白增绿，打造道路微循环系统，加强居住区道路两侧停车管理。完善污水处理、垃圾处理及公共厕所等配套设施。优先安排贫困、高龄、失能等人口的家庭设施改造，进一步完善老旧小区加装电梯的工作机制，持续推动老旧小区加装电梯，缓解老年人上下楼难的问题。

（五）争取智库支持，促进资源对接

1. 努力争取科学的智力支持

"智囊团""人才库"的建言献策对老旧小区改造起着非常重要的作用，他们具有较高的理论水平和技术能力，可以充分发挥金融、建设、技术特长和优势，谋划债券、资金支持模式，探索项目总承包和全过程咨询有效路径，提升老旧小区改造水平，指导老旧小区改造工作中存在的问题。争取社

会各界人士树立共同缔造理念，积极参与城镇老旧小区的改造，适时修正与填补实施进程中的不足。

2. 促进各方资源有效对接

老旧小区改造需要的养老、托幼、助餐、快递物流、便利店等社区公共服务产品较多，建设管理产业链较长较宽，通过联通社会各界的有识之士，搭建更多平台，使供需各方有效对接，帮助住建部门多解决问题和难题。与此同时，住建部门应充分发挥协调作用，促进相关供水、供电、供气、供热、通信、有线电视等专业公司部门在改造中实现有序对接，积极有效地配合老旧小区完成改造工作。

黑龙江住房公积金运行效能研究

赵　蕾*

摘　要：　本报告从政策、归集扩面、提取、服务监管、信息化建设
　　　　　等方面回顾了"十三五"时期黑龙江省在住房公积金领域
　　　　　取得的成就，指出存在个人住房贷款及贷款逾期率较高、
　　　　　社会经济效益欠佳、房地产市场的支撑不足、森林工业资
　　　　　金使用率低、区域发展不平衡等问题，并建议从坚持民生
　　　　　导向，将效能建设纳入目标管理；提高风险意识，优化管
　　　　　控资金风险的能力；聚焦能力建设，因层施策改善服务环
　　　　　境；勇于创新试点，释放住房公积金的制度优势；等等方
　　　　　面进行改进。

关键词：　住房公积金　运行效能　制度优势

2020 年是"十三五"规划的收官之年，是实现第一个百年奋斗目标的决胜年，也是谋划"十四五"蓝图的规划年。2020 年，黑龙江省面对突如其来的新冠肺炎疫情，认真贯彻落实习近平总书记关于新冠肺炎疫情防控和应对工作的重要指示精神，积极应对疫情对群众生活和企业生产带来的影响，各地市先后出台《关于妥善应对新冠肺炎疫情实施住房公积金阶段性支持政策的通知》。按照高质量发展的要求，以优化营商环境为基础，抓重点、补短板、强弱项，着力解决全省住房公积金事业发展不平衡不充分的问

＊　赵蕾，黑龙江省社会科学院副研究员，主要研究方向为产业经济。

题，充分发挥住房公积金在解决和改善职工住房、促进房地产市场平稳健康发展中的作用。[①]

一　黑龙江省住房公积金运行现状

住房公积金是我国20世纪90年代初住房保障与金融制度的一项创新，是住房分配货币化、社会化和法制化的主要形式，是国家给予缴存职工的一份保障和福利。"十三五"期间，黑龙江省主动适应经济发展新常态，紧紧围绕服务于企业、服务于缴存人、服务于住房建设这一目标，进一步完善住房公积金政策、全力做好归集扩面工作，进一步拓展住房公积金提取使用渠道、深入推进保障性住房建设，不断提升服务监管能力，确保住房公积金事业持续健康发展。

（一）住房公积金政策更加完善

黑龙江省根据近年来国家出台的住房公积金相关规定，先后修订了《黑龙江省住房公积金提取管理暂行规定》和《黑龙江省住房公积金个人住房贷款管理暂行规定》，制定并下发了《黑龙江省住房公积金个人住房贷款逾期管理办法》。黑龙江省依据国务院修订的《住房公积金管理条例》对现有政策及时做出调整。2020年3月，《黑龙江省住房公积金提取管理办法》实施；5月，《黑龙江省住房公积金个人住房贷款管理办法》实施。通过不断简化办理要件、优化业务流程、规范管理办法，指导企业正确缴存流程、规范个人住房贷款行为、杜绝个人住房贷款逾期、确保资金安全运行。

（二）公积金归集扩面工作稳中有升

"十三五"期间，黑龙江省住房公积金缴存总额为16224.12亿元，比

---

①　本报告中的数据不含黑龙江省森工林区的相关数据。

"十二五"期间的 7718.11 亿元增加了 8506.1 亿元。截至 2020 年 11 月，黑龙江省住房公积金年末缴存余额为 1612.75 亿元，比"十二五"末期的 1023.94 亿元增加了 588.81 亿元（见表 1）。

表 1　黑龙江省住房公积金缴存情况

年份	实缴单位数（万个）	实缴职工数（万人）	全年缴存金额（亿元）	年末缴存总额（亿元）	年末缴存余额（亿元）
2015	3.60	279.58	304.04	2109.88	1023.94
2016	3.74	277.77	349.51	2459.38	1152.99
2017	3.81	281.69	375.92	2835.30	1283.38
2018	3.94	287.37	396.50	3231.80	1379.18
2019	4.04	283.08	428.75	3660.55	1492.28
2020	3.02	227.86	376.54	4037.09	1612.75

资料来源：黑龙江省住房和城乡建设信息网，http://zfcxjst.hlj.gov.cn。

（三）住房公积金提取使用渠道逐步拓展

截至 2020 年 11 月，黑龙江省住房公积金个人贷款累计发放 96.97 万笔、个人贷款率为 66.31%，分别比"十二五"末期增长 48.93% 和 1.61 个百分点。"十三五"期间，黑龙江省住房公积金累计提取 9159.73 亿元，累计贷款余额为 4471.83 亿元，均较"十二五"期间实现大幅度增长。此外，黑龙江省不断拓展住房公积金的提取使用渠道，多途径支持住房保障工作，利用结余资金贷款支持保障性住房项目。

（四）服务监管能力不断提升

"十三五"时期，黑龙江省住建部门不断完善基础数据标准，深化资金实时结算贯标工作，完成全国住房公积金数据平台接入工作，实现异地转移接续平台线上服务。同时，省住建厅积极推进信息互联互通工作，主动与房产、不动产、银行、民政、公安等部门对接，通过信息共享简化工作流程，实现便民服务。建立线上监测和线下处置相协同的风险管控机制，推进合规管理和规范运作；通过统计报表通报，不断加强统计工作，在统计运行分析、指标变化中发现问题，追踪问询研究解决。"十三五"期间，黑龙江省住建部门健全内控机制，同时，不断加强逾期个贷清收，降低个贷逾期风险，利用共享信息核查住房公积金提取贷款业务办理要件，防范化解骗提骗贷行为发生。

（五）信息化建设不断加快

"十三五"期间，按照《关于印发全国住房公积金数据平台接入技术方案的通知》（建金信函〔2019〕7号）和全国住房公积金数据平台接入培训会议精神要求，各地住房公积金管理中心陆续完成各地综合服务平台建设和数据平台接入工作，通过网上营业厅、手机App、12329短信等多个服务渠道打造综合服务平台，缴存单位汇缴业务全部实现线上办理，通过便捷服务实现高效办理，大大提升了群众满意度。同时，不断推进信息互联互通工作。在公积金中心原有与房产、不动产、银行等部门信息互联互通的基础上，推进与民政、公安等部门的信息共享工作，真正实现信息"多跑路"、群众少跑腿的目标，为缴存单位及个人提供便捷服务。

二　黑龙江省住房公积金运行效能方面存在的主要问题

"十三五"期间，黑龙江省住房公积金系统以优化营商环境为基础，紧紧围绕服务于企业、服务于缴存人、服务于住房建设的目标，进一步完善住房公积金政策、提升信息化服务能力、开拓创新、加强资金运行风险防控，确保住房公积金事业持续健康发展。但在发展过程中，仍然存在不平衡不充分的问题，主要表现在以下五个方面。

（一）个人住房贷款率较高

2019 年，黑龙江省住房公积金个人住房贷款为 71.21%，其中哈尔滨的个贷率（个人公积金贷款余额占年末住房公积金缴存余额的比率）达 93.42%、牡丹江达 91.93%、省直系统为 89.97%、齐齐哈尔为 86.26%、大庆为 86.10%，以上区域的个贷率远远高于 85% 的警戒线，说明公积金余额趋紧。2019 年黑龙江省个人贷款逾期额与个人贷款风险准备金余额之比是 3.7%，而同期浙江仅为 0.07%。图 1 为 2019 年黑龙江住房公积金个贷率情况。

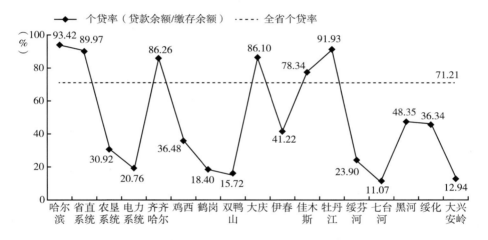

图1 2019 年黑龙江住房公积金个贷率情况

资料来源：黑龙江省住房和城乡建设信息网，http：//zfcxjst.hlj.gov.cn。

（二）社会经济效益欠佳

2019 年，黑龙江省住房公积金的增值收益为 181917.97 万元，同比下降 6.93%；增值收益率为 1.25%，比 2018 年减少 0.22 个百分点。2019 年末，住房公积金个人住房贷款余额、项目贷款余额和购买国债余额的总和占缴存余额的 71.25%，比 2018 年末减少 0.8 个百分点。图 2 为 2019 年黑龙江省住房公积金增值收益分配情况。

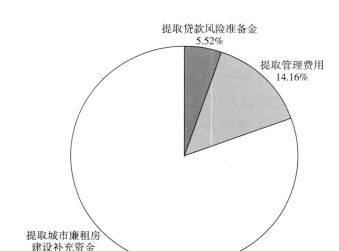

图2 2019年黑龙江省住房公积金增值收益分配情况

资料来源：黑龙江省住房和城乡建设信息网，http://zfcxjst.hlj.gov.cn。

（三）对房地产市场的支撑不足

住房公积金对房地产市场的资金支持主要表现在两个方面。一是个人住房消费贷款，二是保障性住房建设贷款。从住房公积金支持住房消费贷款看，2019年，黑龙江省发放个人住房贷款209.24亿元，共6.02万笔，低于2016年、2017年、2018年的同期水平；贷款余款为1062.68亿元；个人贷款率为71.21%，比2018年同期减少0.8个百分点。从公积金支持保障性住房建设项目看，2014年，黑龙江省共有5个试点项目，发放支持保障性住房建设项目贷款1.64亿元，应还贷款本金10亿元，实际回收贷款本金10亿元。据调研，"十三五"期间，黑龙江省没有公租房项目，对保障性住房的投入有待探索。

（四）森工系统住房公积金运营效能较低

2019年，黑龙江省森工林区住房公积金的实缴单位数、实缴职工人数和缴存额同比分别下降 3.75%、13.14% 和 9.41%。0.78 万名缴存职工提取住房公积金 1.67 亿元，其中，22.45% 的提取者将公积金用于住房方面的消费（购买、建造、翻建、修缮自住住房占 6.52%，偿还购房贷款本息占 10.60%，租赁住房占 1.56%，其他占 3.77%）；77.55% 的提取者将公积金用于非住房方面的消费（离、退休提取占 67.92%，完全丧失劳动能力并与单位终止劳动关系提取占 1.37%，出境定居占 0.20%，其他占 8.06%）。调研表明，提取职工均为中、低收入者。

（五）区域发展不够平衡

据调研，省会哈尔滨市的住房公积金管理相对完善，缴存、提取面广数大，程序较规范、手续较便捷，深受城镇职工的认同，运营效能较好。其他地市受多种因素的影响，住房公积金在归集扩面、逾期贷款、资金使用率、增值收益率、住房贡献率等方面的效益有待提高，业务中的规范化、精细化、智能化管理水平仍有提升的空间。

三 提升黑龙江省住房公积金运行效能的对策建议

"十四五"期间，黑龙江省将坚持以习近平新时代中国特色社会主义思想为指导，深入学习贯彻党的十九大和十九届五中全会精神，坚持以人民为中心、以优化营商环境为基础，坚持稳中求进，推进改革创新，确保住房公积金事业持续健康发展，以强烈的使命担当推动住房公积金各项工作再上台阶，增强人民群众在住房安居方面的获得感、幸福感和安全感。

（一）坚持民生导向，将效能建设纳入目标管理

住房公积金运行效能是政府执政能力现代化的体现，是提高政府公信度与巩固党执政基础的重要举措。

一是坚持"以人民为中心"的发展思想。习近平总书记多次强调"房子是用来住的、不是用来炒的"。黑龙江省要坚持以人民为中心的发展理

念，以满足城镇居民基本的住房需求和合理的改善需求为出发点，根据省情科学谋划"十四五"全省城镇住房建设发展，在住房公积金管理中加入效能考核内容，充分发挥住房公积金惠民生、促发展的作用，在工作创新中强化住房公积金制度的社会性、互助性、政策性，推动住房供给高质量发展。

二是增强担当意识和提高奋斗精神。黑龙江省要重视住房公积金运行效能中不平衡不充分的现实问题，认真剖析原因，增强工作紧迫感和服务中的担当意识，切实转变观念，将效能建设纳入部门目标管理，通过量化目标的设计和分解，考核基层住房公积金运营的效能水平，在创新中规范、提升各级住房公积金管理中心的运营水平，开启黑龙江"十四五"公积金保障新格局。

三是加强培养住房公积金专业人才队伍。人才是第一资源。住房城乡建设工作中人才队伍的培养至关重要。要坚持政治导向、问题导向、目标导向。通过党员学习提高为人民服务的政治站位，通过业务轮训提升一线服务技能，通过系列专题培训突破症结、精准发力，在整体提升人才队伍的服务中，充分发挥住房公积金的普惠性、保障性和互助性等优势。

（二）提高风险意识，优化管控资金风险的能力

一是推进住房公积金综合业务服务和管理平台系统建设，助力电子稽查工作再上新台阶。按照住建部电子稽查工作要求，有效开展自检自查和对地市公积金中心的评估指导。在平台建设中，加强公开、及时、全面、共享的平台搭建，破除信息壁垒，全方位无死角地展现黑龙江省住房公积金现状，进一步优化"马上办、网上办、掌上办、就近办、自助办"平台，全面提升住房公积金管理和信息化服务水平。

二是创新住房公积金管理服务手段。优化风险防范措施，改进监督方式，从源头上杜绝骗提骗贷行为发生，加强内部稽核和外部审计，确保资金安全运作；加强财政监督、审计监督、决策执行监督，科学规范住房公积金的风险管理能力。加大易发、多发领域的风险管控，严厉打击骗取套取、内外勾结等违规操作。加快住房公积金个人信用体系建设，公示骗提骗贷行为

的处罚结果，从制度和思想两个维度防范和化解金融风险，完善协查联防监管制度。

三是控制个贷率和逾期率在合理范围内。特别关注城市灵活就业人员。严格执行《关于加强住房公积金个人住房贷款风险管理工作的通知》，规范个人住房贷款行为，明确异地个人住房贷款逾期清收程序、缴存地和贷款地中心承担的责任和义务。加强担保、逾期警示清收等制度建设，通过电话询问、约谈、印发整改通知等方式清收逾期贷款，防范化解骗提骗贷行为。

（三）聚焦能力建设，因层施策改善服务环境

一是继续扩大受益群体覆盖面。按照《住房公积金管理条例》和户籍制度改革新要求，加快住房公积金的归集扩面，着力推进非公企业建立住房公积金制度。通过增加灵活的住房公积金缴存比例对自愿缴存群体的吸引力，鼓励个体私营企业职工缴存住房公积金，不断提升住房公积金在解决住有所居方面的保障作用，稳步扩大住房公积金对城市灵活就业人员的覆盖率。

二是研究拓展提取和使用渠道。继续严格执行住房公积金差别化信贷政策，探索住房公积金分层施策体制，对引进的人才、认定的科创人才、培养的青年人才放宽提取使用条件；鼓励新就业的大学毕业生、进城落户的农民、个体工商户、灵活就业人员、自由职业者、中低收入家庭使用住房公积金政策。

三是支持购租并举的住房体系和公共租赁住房建设。坚决抑制投资投机性购房需求，探索市场化配置资金，有效盘活存量贷款资产。鉴于黑龙江省部分地区企业改制遗留的历史问题，研究公积金支付公租房的可能性，推进住房公积金制度的普惠性和可持续发展。

（四）勇于创新试点，释放住房公积金的制度优势

一是完善制度保障功能。严格执行《住房公积金管理条例》、有关法律

法规和省里制定的管理办法，简化办理要件，优化业务流程。紧密结合国家对住房公积金制度的改革和发展要求，修订完善缴存、提取、使用、管理办法。聚焦缴存职工关心的问题，进一步提高政策灵活性和便民水平，充分发挥住房公积金在促进本地职工住有所居、推进购租并举、降低住房成本等方面的制度功能。

二是探索住房公积金投资公租房建设。我国现有的住房公积金制度设计隐含着投资效率低、统筹层次低的问题，用于公共租赁住房的资金有限且受限。"十四五"时期是我国经济恢复期向高质量发展的过渡期，在经济压力较大、居民收入不高的黑龙江省，公租房是民生所向。探索住房公积金投资公租房建设具有一定的现实意义，是构建现代化住房公积金治理体系的全新课题。

三是破解森工林区住房公积金管理困局。由于历史原因，"黑龙江省森工林区住房公积金管理中心"不隶属于黑龙江省住房和城乡建设厅，现有官方公布的住房公积金相关数据中不包括森工林区，而森工系统在"十三五"时期进行改制，官网相关数据没有公开，无法对全省进行全面、客观的评价。建议黑龙江省森工林区尽快健全住房公积金信息管理系统，从保障性住房、公租房入手，破解林区居民住房难题，在公开运营中最大限度地释放效能。

参考文献

蒋华福：《基于系统分析的住房公积金运行效能治理研究》，《经济问题》2018 年第 9 期。

李涛：《我国住房公积金制度改革路径研究》，博士学位论文，中共中央党校，2019。

《全国住房公积金 2019 年年度报告》，http://www.gov.cn/xinwen/2020 - 06/15/content_ 5519557. htm。

赵凯东：《住房公积金管理体制及运营模式改革分析》，《财经界》（学术版）2020 年第 1 期。

黑龙江农村危房改造问题研究[*]

朱大鹏^{**}

摘　要：　2008～2019年，黑龙江农村危房改造达206.85万户，完成投资额为1376.12亿元。黑龙江省委省政府紧紧围绕习近平总书记关于精准扶贫的战略思想，把实施农村危房改造作为解决农村民生问题的一项重要举措积极推进。在"十三五"期间黑龙江省农村危房改造取得较大进展，农村住房情况得到了进一步改善，但是仍存在农村空心化住房空置、危房改造未能和乡村振兴有效结合等影响因素。"十四五"期间黑龙江省应将农村危房改造与乡村振兴有机结合起来，在疫情防控常态化阶段背景下，积极推动农村危房改造工作，完善农村危房动态跟踪监管机制，全力推动农村住房保障工作。

关键词：　危房改造　乡村振兴　住房保障

一　黑龙江农村危房改造情况

（一）持续推进农村危房改造

黑龙江省按照党中央关于全面建成小康社会和打赢脱贫攻坚战的总部

---

　*　本报告是2020年度黑龙江省社会科学院青年项目（2020 - Q04）阶段性研究成果。
　**　朱大鹏，黑龙江省社会科学院经济所实习研究员，主要研究方向为发展经济学。

署，结合《黑龙江省国民经济和社会发展十三五规划纲要》，制定了《黑龙江省农村危房改造"十三五"规划》。该规划设定了全省农村危房改造规划目标和年度任务，通过新建、维修、建设农村公租房、货币化安置（购买或置换旧砖房、进城镇购房）等方式，严格按照农村危房改造国家建设标准，推动黑龙江省农村危房改造进程。

如表1所示，黑龙江省2016年农村危房改造12.4万户，其中建档立卡贫困户1.2万户，其他贫困户（低保户、农村分散供养特困人员和贫困残疾人家庭）11.1万户；2017年农村危房改造6.89万户，其中建档立卡贫困户6.7万户，其他贫困户0.16万户；2018年农村危房改造4.98万户，其中建档立卡贫困户4.6万户，其他贫困户0.38万户；2019年农村危房改造9.28万户，其中建档立卡贫困户0.6万户，其他贫困户7.3万户；截至2020年10月末，农村危房改造2.4万户，其中建档立卡贫困户0.09万户，其他贫困户2.3万户。"十三五"期间，黑龙江省农村危房改造累计完成投资160.91亿元。

表1　"十三五"期间黑龙江省农村危房改造完成情况

单位：户

	2016 年	2017 年	2018 年	2019 年	2020 年
农村危房改造合计	124000	68900	49850	92836	24001
建档立卡贫困户	12370	67342	46072	5587	885
其他贫困户	111630	1558	3778	72649	23116

资料来源：黑龙江省住房和城乡建设信息网。

2016～2020年，黑龙江省农村危房改造成绩斐然。改造总计35.96万户，其中建档立卡贫困户危房改造13.23万户，其他贫困户及一般贫困户危房改造21.27万户。

（二）全面保障农村危房改造资金补助

黑龙江省严格按照国家和省有关规定加强农村危房改造补助资金的使用

管理，2016 年重新修订了《黑龙江省农村危房改造补助资金管理办法》，遵循科学统筹、公平分配、突出重点、精准改造、注重创新、保证效率的原则进行资金分配。创新改造模式，加大专项资金支持力度；各级政府积极支持农村危房改造，资金项目审批权限完全下放到县。建立农村危房改造补助资金发放"一卡通"制度，将补助资金直接拨到农户手中。各级财政和审计部门定期对补助资金管理使用情况进行监督检查、跟踪问效。

"十三五"期间，2016 年至 2020 年 10 月末黑龙江省农村危房改造每年完成投资额分别为 48.2 亿元、36 亿元、24.39 亿元、43.6 亿元、8.72 亿元。2016～2020 年，黑龙江省农村危房改造累计完成投资额为 160.91 亿元，有效加快了黑龙江省农村危房改进程。

（三）进一步完善农村危房改造相关扶持政策

"十三五"期间，黑龙江省结合 2008 年以来农村危房改造工作经验，进一步完善重点对象危房改造政策、监督机制，出台危房改造技术规范，从多角度、多层次扶持推进农村危房改造工作。一是突出农村危房改造工作重点。2017 年印发了《关于开展建档立卡贫困户中无合理稳定居住条件户长期租赁工作的指导意见》、2018 年印发了《关于进一步做好建档立卡贫困户危房改造工作的通知》、2019 年印发了《加快推进农村危房改造 进一步解决好四类重点对象住房安全保障问题的实施方案》，"十三五"期间陆续下达了一系列文件，突出重点、精准改造，并就建立建档立卡贫困户已改造危房后续安全维护机制等问题，提出了扶持政策和解决办法。二是明确农村危房改造安全责任制度，2018 年出台了《关于实行农村危房改造工程质量安全管理责任制的意见》，强化县级住建部门对自改自建危房质量安全监管和质量安全事项报告之责任。三是推广农村危房改造技术规范，2018 年修订并印发了《农村危房加固改造技术指南》《农村危房改造验收指南》《农村危房改造自建房施工流程指南》《农村轻钢结构房屋建设技术指南》等多部技术规范和脱贫攻坚小户型农房设计图集。四是完善监管制度和推进政策，2018 年印发了《关于建立农村建档立卡贫困户危房改造施工监理制度的通知》、2020 年印发了《脱贫攻坚住房安全保障挂牌督战工作方案》，全面建立农村危房改造集中改造施工监理制度，力求高质量完成建档立卡贫困户等住房安全保障任务。

二 黑龙江农村危房改造中存在的瓶颈

（一）空心化问题影响农村危房改造成效

随着农村城镇化进程的加快，城镇具有更多的就业空间和发展机会，而且农村种地的微薄收入越来越不足以满足农村家庭的支出，这就使大多农村青壮年选择去城镇打工。从农村人口数量上来看，"十三五"期间农村人口数量不断缩减，黑龙江省 2016 年城镇人口为 2249.1 万人、乡村人口为 1550.1 万人；2017 年城镇人口为 2250.5 万人、乡村人口为 1538.2 万人；2018 年城镇人口为 2267.6 万人、乡村人口为 1505.5 万人；2019 年城镇人口为 2284.5 万人、乡村人口为 1466.8 万人。

平均每年有数十万农村人口流向城镇，导致黑龙江省农村空心化严重，且随着农村危房改造的开展，出现了"房子越盖越好、人越来越少"的现象，大量改造的农村住房长期空置。2020 年全国人大代表翟友财列举了黑龙江省密山市的"空心村""空心屯"现象，"常年居住在村里的人口占比为 60%～70%，这个比重呈逐年下降趋势"，"平均下来每个建制村的常住人口千人左右，而每个建制村平均由彼此不挨的四五个自然屯组成，每个自然屯的常住人口仅有二百余人"[①]。"空心村"改造后农村住房空置，造成了巨大的资源浪费，农村宅基地一般占地面积较大，大量宅基地空置造成土地的浪费，水、电、通信设施、公路交通等公益设施投入的浪费，行政管理成本的浪费，包括垃圾、污水的处理都需要高昂的处理成本，以及土地污染成本。空心化问题也导致了部分住房安全问题，"一部分长期外出务工户自愿

---

① 周冉冉：《因地制宜撤并"空心村"》，《中国社会报》2020 年 5 月 24 日，第 2 版。

放弃危房改造，临时返乡后又只能居住危房，有的危房常年人走房空，对其他农村居民生命安全构成威胁"①。

（二）农村危房改造和乡村振兴结合有待深入

党中央、国务院始终把农村危房改造当作改善民生、建设美丽新农村、推动城乡一体化、促进区域间协调发展的一项重大决策来执行。农村危房改造作为"两不愁三保障"总目标中的重要内容，关系乡村振兴和脱贫攻坚的工作大局，是树牢"四个意识"、践行"两个维护"的重要表现。目前，农村危房改造工作与乡村振兴有待进一步深入融合。2020 年既是"十三五"收官之年，也是脱贫攻坚的关键之年，但出现了新冠肺炎疫情、国内外大环境不稳定因素增多、总体经济水平下滑等问题，在农村危房改造工作中更加要坚定完成脱贫攻坚保障农村贫困人口住房安全有保障的重要任务，要把农村危房改造与乡村振兴相结合。

（三）部分危房改造存在少数改造不达标问题

个别农村危房在改造过程中未准确达到《黑龙江省农村危房加固改造技术指南》等改造标准，导致改造后仍存在安全隐患。不排除仍有农村危房采用轻钢外包（"穿衣戴帽"）方式或其他不合理方式进行修缮改造，这些危房重新进行住房危险等级鉴定较可能定为 C 级危房或 D 级危房，部分危房未能及时除险加固、局部拆除修缮或拆除重建。一些农村危房改造后仍存在屋面渗漏、内墙裂缝未修复、门窗封闭不严、未设置散水、室内电线乱拉等质量通病，未能及时做好整改工作和改造成果定期跟踪。

三 "十四五"期间黑龙江省农村危房改造展望

随着全面建成小康社会任务目标的完成，"十四五"期间，黑龙江省

---

① 程遥：《城乡融合导向下黑龙江省农村"空心化"研究》，张磊主编《全面建成小康社会推进乡村全面振兴》，吉林人民出版社，2020，第 45 页。

"三农"的工作重心也会从脱贫攻坚逐步转移到黑龙江乡村振兴上来。"十三五"期间黑龙江省农村危房改造工作取得了不俗的成绩，实现了保障农村住房安全的目标。"十四五"期间，黑龙江省农村住房保障工作必然要同乡村振兴推进实施工作融合起来。党的十九届五中全会提出了"推动形成工农互促、城乡互补、协调发展、共同繁荣的新型工农城乡关系"，"十四五"期间，黑龙江省应积极响应中央文件精神，建成城乡融合发展机制，促使城市与农村成为互补互融的整体，鼓励城乡要素平等交换、协调发展，增强农村发展活力。在这样背景下，包括农村住房、道路、水利等在内的农村基础建设将是"三农"工作的重要内容。"十四五"期间，黑龙江省农村住房保障工作将与农业经济发展同步考虑、同步规划、同步实施，作为乡村振兴的重要部分推进，两者要相辅相成、相互渗透、相互支持。

四　黑龙江农村危房改造的对策建议

（一）加强农村综合治理缓解农村住房空置现状

要缓解农村空心化、农村危改房长期闲置现象，必须始终坚持习近平总书记的"以人民为中心的发展观"，把广大农民的利益放在第一位，努力突破现行农村改革中的障碍，实施农业就地产业化、农民就地职业化，稳步推进城乡统筹一体化发展，进一步缓解青壮年农民离乡现象。一是坚持人民主体地位的治理思维，推动城乡统筹一体化发展。城乡统筹一体化是农村农业现代化发展的历史必然趋势。要把突出农民主体地位作为出发点和落脚点，保障农民的合法权益、落实农民的合理诉求，在实现农村转移人口市民化的同时，鼓励农民在农村创业发展。积极出台相关扶持政策，加快政府职能转变，提供优质服务，大力开展专项指导和政策引导，提高产业项目经济效益，增强服务农村空心化地区的意识，缓解农村人口流失、住房空置问题。二是合理撤并"空心村"，有效利用闲置宅基地。出台相关奖励、扶持政策，鼓励农村人口向中心村适当集中，有目的地引导减少自然屯数量。在条件合适的地方，逐步推进空心村、镇撤并。产业链条短、结构单一是黑龙江农业发展主要的短板，应合理利用"空心村"闲置宅基地开展大型养殖、加工类产业项目，既能推动农业产业发展，也适度缓解闲置住房问题。

（二）将农村危房改造深度融入乡村振兴

要根据黑龙江省的具体问题，将保障房建设、美丽乡村建设等农村危房改造政策与惠农扶贫政策进行有机整合、统筹安排，将农村危房改造深度融入乡村振兴。一是科学规划引领。抓住改善农民住房契机，推动科学合理编制村庄土地利用布局规划引领。可以考虑选择交通条件便利、产业发展有潜力的村屯作为规划发展村，推动政策、鼓励资源向规划发展村倾斜。同时在农村危房改造过程中要和乡村公共空间、田园环境、建筑景观等要素合理搭配，实现空间、生态、基础建设、公共服务和产业规划有机融合。二是强化组织推动。在推进农村危房改造过程中，将其与乡村振兴统筹一起部署、一起考核。不仅要考核农村住房是否有保障，还要考核美丽乡村建设是否取得进展，基础设施和公共服务是否配套，农村危房改善对于乡村振兴是否起到支持作用。

（三）建立农村危房改造动态跟踪监管机制

黑龙江省农村危房改造是一项长期性的动态改造工程，随着农村住房使用年限增长，不断会有危房出现，因此具有较强的动态变化性。这就需要从上到下建立起长期的动态跟踪监管机制，落实责任、定期检查，随时发现农村住房安全隐患，及时解决问题。尤其对建档立卡贫困户、低保户、农村分散供养特困人员、贫困残疾人家庭以及原来鉴定为 A 级、B 级的贫困户要更加关注，以上人员因为自然灾害或其他因素，容易再度出现危情。针对各类重点对象不断动态变化的现状，可以考虑建立部门联席会议制度，加强日常检查，及时核对动态新增或调整数据，实行对象动态化调整、房屋常态化鉴定、危房常态化改造。特别是对因灾受损房屋，做到及时上报、及时鉴定、及时改造，实施全面动态跟踪监测，完善农村住房安全保障。

（四）疫情防控常态化阶段背景下保障农村住房安全工作

国内疫情防控整体上取得了阶段性胜利，黑龙江省应该在疫情防控常态化阶段背景下保障农村危房监管和改造工作正常进行。一是要通过数字化信息系统、5G 技术、人工智能等手段，加强对农村危房改造的监督和数据汇总，提升线上技术指导作用，用好"农村危房改造脱贫攻坚三年行动农户档案信息检索系统"和"脱贫攻坚住房安全有保障核验系统"等信息平台，不断提高工作效率，节省人力物力。二是通过各级住建系统，加强与县乡镇负责部门和村"两委"、驻村第一书记、驻村工作队联系，掌握好四类重点对象的住房保障情况，在重点抓好疫情防控的前提下，做好农村住房保障的人工、建房材料等准备工作。充分发挥新时代我国农村基层治理能力优越性，发挥基础党组织在农村住房保障工作中的领导和组织能力，统筹推进农村住房保障、乡村振兴和疫情防控工作。

黑龙江农村民居风貌研究

阴雨夫　周立军*

摘　要：　黑龙江省农村民居建筑有其独特的建筑装饰风格,在我国多种
类型的传统民居中独树一帜、特色鲜明,同时它的地域环境
和地域文化对其自身建筑也有深远影响。本报告回顾了"十
三五"期间黑龙江农村民居风貌建设的主要工作,认真剖析
了"十三五"期间农村风貌建设存在的主要问题和薄弱环
节,对农村民居风貌发展中存在的问题提出解决对策和建
议,并对"十四五"时期农村民居风貌的发展进行了展望。

关键词：　农村民居　乡村风貌　民居建筑

一　"十三五"农村民居风貌建设工作回顾

（一）黑龙江农村民居基本状况

黑龙江农村民居建筑有其独特的建筑装饰风格,在我国多种类型的传统民居中独树一帜、特色鲜明,同时它的地域环境和地域文化对其自身建筑也有着深远影响。黑龙江农村民居建筑主要分为少数民族民居、黑土风情民居

---

* 阴雨夫,黑龙江省寒地建筑科学研究院院长助理,高级建筑师,主要研究方向为绿色建筑技术;周立军,哈尔滨工业大学建筑学院教授,主要研究方向为建筑设计及其理论。

和文化融合民居。

1. 少数民族民居

东部地区少数民族民居分布于绥芬河、穆棱河、牡丹江流域，老爷岭、张广才岭山区，即牡丹江、宁安、海林、林口、东宁、穆棱、密山、尚志、延寿、方正一带。北部地区少数民族民居分布于呼玛河河口及精奇里江江口到松花江江口一段的黑龙江流域，即呼玛、爱辉一带。屯垦满族主要分布于双城、拉林、呼兰、望奎、绥化等地。驻防满族主要分布于宁古塔城（今宁安）、黑龙江城（今爱辉）、墨尔根城（今嫩江县）、齐齐哈尔城、三姓城（今依兰县）、阿勒楚喀城（今阿城区）、呼兰城。

2. 黑土风情民居

以汉族分布为主，汉族人口分布广，均匀分布在黑龙江省不同的地域上，以此形成了多样的、独具寒地风情的特色民居，北部山林地区有山林木板房，材料环保、造价低廉。省内还有存在千年的生土民房，部分平原地区也存在少量易于建造的茅草屋。许多农家结合独特的寒地气候条件建造出阳光房、绿色生态屋，即南向建造玻璃房屋，充分吸收阳光，屋内可种植蔬菜或观赏绿植。代表村落有齐齐哈尔古城村、海林市七里地村、漠河县北极村、牡丹江市双峰林场等。

3. 文化融合民居

黑龙江省境内中东铁路建筑集中于主干线沿线市县，主要分布在齐齐哈尔市昂昂溪区、富拉尔基区，绥化的安达市，哈尔滨市南岗区、尚志市、海林市，牡丹江的穆棱市；区域范围内有大量的中东铁路民居住宅，分别为砖木、砖混、木质结构。其特点是大部分房屋外有花厅，由木工雕琢，墙体厚实，窗户又高又窄；屋内有木质地板和天棚，砌筑火墙和壁炉，房屋内空间较大，冬暖夏凉，坚固耐用。住宅色彩暖黄与玉白相间，起脊的铁皮屋顶，厚墙窄窗偏廊，透出别样的俄式民族风情。同时在边境线上也形成了独特的文化融合型民居。

（二）农村民居风貌建设实践工作逐步开展

近年来，黑龙江省大力推进农村住房建设的风貌塑造和管理，对示范引导全省农房建设进行了有益的探索实践。

1. 制定《黑龙江省农村"龙江民居"建设试点方案》

根据《中共中央办公厅 国务院办公厅关于印发〈农村人居环境整治三年行动方案〉的通知》中"大力提升农村建筑风貌，突出乡土特色和地域民族特点，促进村容村貌整体提升"的有关工作要求，提升全省农村民居整体风貌，进一步改善农村人居环境，更好地满足农民群众对美好生活的需要，加快推进乡村振兴步伐，按照省政府部署，制定《黑龙江省农村"龙江民居"建设试点方案》。

2. 编制《龙江民居示范图集》

按照黑龙江省农村民居发展脉络，结合地域气候、历史文化背景、民族分布情况，编制《龙江民居示范图集》（以下简称《图集》）。《图集》共包括少数民族、文化融合、黑土风情等3个分册、9种民俗类型，共计35套设计方案及建筑效果图，并完成对其中典型户型3D实景模型制作和土建、水暖、电气、给排水等施工图设计和造价编制项目。

3. 建设试点村

在全省范围内选择五常市卫国乡长安村、通河县通河镇桦树村、讷河市兴旺乡百路村、宁安市渤海镇上官地村、佳木斯郊区达勒沟村、勃利县勃利镇元明村、爱辉区瑷珲镇外四道沟村、孙吴县沿江满达乡哈达彦村、北林区兴和朝鲜族乡兴和村、漠河市兴安镇大河西村、塔河县十八站乡鄂族村11个村开展"龙江民居"建设省级试点。试点村要在《图集》中选择适宜本地特色的建筑风格，在民居风貌上探索完善、在技术材料上创新发展、在降低成本上寻求办法、在建设模式上总结经验、在加快发展上研究路径，逐年配套、不断完善，利用3~5年时间，在全省各地形成一批风貌独特、环境优良、生活舒适、产业兴旺、带动力强的示范村，以点带面，引领全省农村民居建设加快发展。

（三）农村民居风貌建设试点快速推广落实

黑龙江省积极开展前期准备工作，具备条件抓紧开工建设。加强工程管理，确保建设质量，初步形成一批代表农村民居特点、各具特色、质量过硬、宜居宜业的特色"龙江民居"。农村民居风貌建设试点的推广实践，共分为三大类别、9 个种类、35 个户型。三大类别分别指少数民族文化区、文化融合文化区、黑土风情文化区。

满族民居院落风貌通常为一进院或二进院，建筑平面多为矩形，不一定要单数开间，不强调对称。主房一般是 3 ~ 5 间，坐北朝南；遵守"以西为尊，以右为大"的原则；屋顶大多数采用硬山形式，也有极个别建筑采用歇山、攒尖、卷棚形式；烟囱像一座小塔一样立在房山之侧或南窗之前，称为"跨海烟囱""落地烟囱"；房间中西屋面积最大，在南、北、西三面筑有"万字炕"；门为双层门，窗为支摘窗。满族民居的窗花装饰与汉族的很相似，但满族窗花大多样式简练、线条粗犷，基本组合比较简单，随意性很强，只求好看，寓意吉祥，不似汉族崇尚烦琐复杂的装饰，讲究规律性。在满族民居建筑风貌的现代营建中，外门可采用独扇的木板门，上部可做类似于窗棂的小木格，下部安装木板，俗称"风门"。

朝鲜族民居院落大体为正方形，可分为院落入口、宅前用地、宅后用地三个部分。院落大门一般布置在南向或者东向。宅前用地大部分种烟草或蔬菜等农作物，宅后用地一般种果树。建筑平面主要分为咸境道型、平安道型和混合型三种；屋顶分为悬山式、歇山式、四坡式三种。建筑材料均由木、石、草、土等天然材料构成，建筑风貌呈现素、白、雅、和的特点。朝鲜族的民居没有大窗户，只有小的观望窗，其用途是确认访客身份和观望户外环境。朝鲜族民居不分门、窗，门当作窗子用，窗子也可作为门通行，并且门外有前廊。但在现代营建中，也可采用现代门窗形式以求更好的采光通风条件。屋内火炕普遍采用满屋炕的形态，称为"温突"。朝鲜族民居的烟囱，用木板做成长条形的方筒烟皮，尺寸约 25 厘米×25 厘米，高达房脊，位置在房屋的左侧或者右侧，直立于地面，烟道卧于地下。历史上的烟囱大部分是用原木或木板做成的，这种烟囱制作简单、易于施工、节省材料，且自身体积小从而轻便。

黑龙江省少数民族有鄂伦春族、鄂温克族及赫哲族等。鄂伦春族和鄂温克族与同一纬度亚洲的或欧洲的民族，在居住生活方式上有相似特点，这是由于相同或相近的自然环境所形成的。他们用于生产生活的建筑形式主要有三种：一是地面建筑"撮罗子"，二是悬空建筑"靠劳宝"，三是半地下建筑"地窨子"。这是早期生活在这一地区的少数民族为了适应自然环境气候和方便狩猎作业而发明创造的建筑样式。这些建筑的特点是可就地取材，具有实用性、临时性并易于居住迁移。例如在聚落发展的过程中创立的"斜仁柱"，由于鄂温克人需要经常性的迁移居住位置，因此斜仁柱的建造方便了鄂温克族人的生活。其构筑材料一般为木杆搭建，外部围护采用动物毛皮或树皮。建筑外观形态呈圆锥形，十分稳固。在农村民居营建中借鉴传统建筑特征，运用民族传统建筑文化的符号元素设计出生动形象的现代农村民居建筑样式。

此外，黑龙江农村民居也体现了一定的融合文化内涵。文化迁入的内源因素在于人口迁移，例如，由于特殊的地理位置以及中东铁路的修建，沙俄的建筑师将欧洲和本民族的文化同时融入建筑，并兴建了一批独具黑龙江本土特色的建筑。在农村民居中也体现出了新的地域风格。部分农村民居摒弃了传统的装饰形式，而采用一种仿自然植物的装饰手法，用几何曲线表现出蓬勃向上、生机益然的动态效果。部分墙面、栏杆、门窗等也都如此。入口门斗整体做成曲线型，有圆、椭圆、扁圆、半圆等形式，在试点推行中运用其符号元素，极大地丰富了黑龙江农村民居的风貌样式。

二 "十三五"农村民居风貌建设遗存问题

（一）技术指导覆盖面仍不足

黑龙江省地域辽阔，乡村分布多而广，并且农村发展的地域性差异较大，导致农村风貌治理与改造工作的推进程度存在一定差异，部分地区推广力度不够，技术指导难以覆盖全部乡村地区，特别是针对山区等的贫困乡村，其受地理环境限制和基础薄弱等制约，新农村建设工作量大、投入大、难度大，使其推广进程较慢，全面推广覆盖仍任重而道远。此外，受农村人口流动的影响，群众主动参与的积极性不高，劳动力大量缺乏，以及缺少自上而下的宣传与引导，在一定程度上影响了乡村风貌改造的进程。

（二）农村居民自建差异化较大

乡村因规划设计、农技人员匮乏，普遍存在产业发展、村庄建设、公共事业等规划不到位或者与实际脱接的情况，特别是县、乡都没有农村规划和建设的设计与管理机构和人员，基本以村民自建为主，建造能力及建造成本的约束使不同人群所进行的民居建设的质量及风貌均有所差异，极大制约了美丽乡村建设的进一步开展。

此外，乡村风貌改造特色不明显，不能深入结合当地历史文化、人文地理等情况，致使美丽乡村带主题不突出，未能充分发挥连片成带的聚集效应。并且荒废破败的房屋不拆除，农村危房改造效果也不显著，有新居无新貌的现象比较突出。

三　农村民居风貌发展对策及建议

（一）制定规划方案

发挥专业机构、职能部门、基层组织和广大群众的作用，科学选择试点村，做好基础性调查。各地要在《图集》中结合村庄空间规划布局，选定适合本地的建筑风格，科学编制村庄建设规划，制定试点工作方案。统筹推进村庄道路、亮化、绿化、通信等同步建设，配套治理垃圾污水以改善人居环境。统筹完善教育、医疗、文化等公共服务体系，增强村庄整体功能。统筹推进农村产业发展，尤其充分利用"龙江民居"形成的特色资源，大力发展乡村旅游业，增强持续发展能力，建设宜居宜业的美丽村庄。

（二）强化风貌管控

无论是搬迁新建还是旧村改造，都要在风貌上完善相应的特色符号。将试点村居民建设约束性内容纳入村庄规划，发挥规划刚性作用，引导农民按规划建设民居。住建部门要充分听取各方建议，进一步完善《图集》，自然资源部门要做好村庄建设规划指导，农业农村部门和各地要加强宅基地审批等相关环节的民居风貌管控引导，基层组织要强化施工环节的巡查监督，确保质量过硬、风格统一。

（三）加大资金支持力度

县级要整合相关资金，做好农村"龙江民居"建设工作。鼓励引导试点村农民积极投入，推进"龙江民居"加快建设。结合农村宅基地改革，探索合作建房模式，引入社会资本，拓展建房融资渠道。要加大资金监管力度，确保资金安全高效使用。

（四）探索建立农村建筑工匠培养和管理制度

政府要联合大专院校、学术团体，加强农村建筑工匠队伍建设，积极组织开展相关培训，并探索建立符合农村实际的农村建筑工匠培训制度和管理制度，提高农村工程施工人员能力素质。探索建立村级农房建设协管员机制，吸收下乡服务的专家和大学生村官兼职村级农房建设协管员，有条件的地方可推动将村级农房建设协管员纳入公益性岗位指导目录。

（五）建立设计师下乡长效机制

组织制定符合区域实际的农房设计和建设标准规范、技术导则，加强对农房设计和建设的技术指导。组织引导建筑师、规划师等专家和技术骨干参与农房设计和建设的实施指导。联合建筑学会、规划学会等相关学协会，加强农房设计和建设队伍建设，积极开展相关培训，组织发动学协会会员下乡服务。鼓励高校开设相应专业课程，鼓励科研单位、学协会开展农房设计和建设研究，培养乡村设计师队伍。

（六）积极探索创新

要充分利用农村集体建设用地入市，居民点重新规划布局、受灾搬迁、土地置换等机遇，探索完善建设方式，推进"龙江民居"建设。要积极协调农业投资、担保等机构，探索农民建房抵押贷款等信贷投入方式。要积极探索应用新技术、新材料，在完善民居风貌特色的基础上，降低建设成本、提高民居品质。要探索应用节能设施设备和新能源技术，提高民居的节能保暖效果。

（七）加强组织领导

各地要成立由政府主管领导任组长的农村"龙江民居"建设试点领导小组，成员有农业农村、住建、财政、自然资源等部门，农业农村部门要抓好综合协调、考核督办等工作。各地要采取群众喜闻乐见的方式，引导农民群众积极参与。要明确责任单位、完成时间，强化领导、落实措施、强力推进，确保按期实现目标。

四 "十四五"时期农村民居风貌发展展望

（一）规划先行、统筹建设

坚持先规后建，以规划引领约束民居建设。科学安排试点布局，统筹产业配套发展，整合各类建设项目，确保整体设计、统筹推进。

（二）因地制宜、分类施策

立足当地实际，在《图集》中选择适合的建筑风貌，宜建则建，宜改则改，杜绝"一刀切"，防止形象工程。

（三）突出特色、强化示范

立足原有基础，与生态环境、地域特色、民族特征、文化特质的不同元素相融合，彰显农村"龙江民居"特色风貌，切实发挥试点村的示范带动作用。

（四）农民主体、政府引导

尊重农民意愿，积极吸纳民智、广泛宣传，发动和依靠群众。创新和强化政策扶持，通过规划、激励、监管等手段加强对试点的组织推动。

城乡建设篇

黑龙江省建筑业发展研究

王力力[*]

摘　要：　本报告总结了"十三五"时期黑龙江省建筑业在行业发展、深化改革、设计建造能力、信息化建设、市场秩序、行业管理等方面的发展成就，提出了建筑业仍然存在产业发展效益不高、产业区域发展不均衡、产业结构不合理、科技创新能力不足、从业人员技能素质不高、政策保障机制不健全等问题，并针对主要问题提出对策建议。

关键词：　建筑业　建筑管理　建造能力

当前，我国正处在转变发展方式、优化经济结构、转换增长动力的关键时期，建筑业已由高速增长阶段转向高质量发展阶段。"十三五"时期，黑龙江省不断推进建筑业发展变革、效率变革、动力变革，激发建筑

* 王力力，黑龙江省社会科学院马克思主义研究所副研究员，主要研究方向为发展经济学。

市场发展活力，充分发挥建筑业在拉动经济、带动就业和惠及民生中的积极作用，努力实现建筑业高质量发展，为"十四五"时期黑龙江经济社会的平稳健康发展做出新的贡献，为建设"六个强省"提供坚实的基础设施保障。

一 "十三五"时期黑龙江省建筑业发展成就

在习近平新时代中国特色社会主义思想和党的十九大精神指导下，"十三五"时期黑龙江省建筑业按照国家和省住房城乡建设工作会议总体部署，全面深化改革、加快发展，不断优化行业发展环境，创新发展方式和管理手段，加快推进信息化建设，严厉打击各类违法违规行为，通过一系列举措，全省建筑业总体发展比较稳定。

（一）行业发展总体运行平稳

从总产值来看，2016～2018 年黑龙江省建筑业总产值累计达到 4471 亿元。从增加值来看，2016～2019 年，黑龙江省建筑业企业实现增加值分别为 874.2 亿元、852.8 亿元、852.0 亿元、419.2 亿元，按可比价格计算，4 年累计实现增加值 3041.8 亿元，占全省 GDP 的 4.9%。从经济效益来看，2016～2019 年，全省建筑业企业实现利税总额 366.4 亿元，实现利润总额 137.8 亿元。从施工情况来看，2016～2019 年，全省完成房屋建筑施工面积累计达 17367.9 万平方米。从企业规模来看，截至 2018 年，全省具有建筑资质的建筑企业有 1671 家。按登记注册类型分，内资企业有 1667 家，外商投资及港澳台投资企业有 4 家；内资企业中，国有企业有 66 家，集体企业有 70 家，股份合作企业有 2 家，联营企业有 1 家，有限责任公司有 479 家，股份有限公司有 62 家，私营企业有 987 家。从从业人员数量来看，整体呈下降趋势，2016～2018 年分别为 373570 人、357783 人、299354 人。

（二）深化改革全面持续推进

2017 年黑龙江省正式启动《黑龙江省建筑市场管理条例》修订工作。2018 年省政府办公厅出台了《关于促进建筑业改革发展的实施意见》（黑政办规〔2018〕59 号），按照"1＋X"模式，会同省人社厅、金融办、银保监局等部门出台了《关于进一步优化建筑业企业资质管理的通知》《关于加强建筑劳务用工管理的通知》《关于优化行业发展环境构建统一开放建筑市场的通知》等相关配套文件。2019 年出台了《关于支持民营建筑企业发展意见的通知》，对建筑业、房地产业、公积金、物业等领域提出优化发展环境、降低制度性成本、增强竞争能力和解决关切问题等 12 条支持民营建筑企业发展的具体意见，支持民营建筑企业加快发展、高质量发展。制定出台了《黑龙江省住房和城乡建设厅关于支持全省百大项目建设的意见》；会同省金融办出台了《关于支持和规范融资担保公司开展工程担保业务的通知》，支持经营稳健、财务状况良好的融资担保公司在全省房屋建筑和市政基础设施工程领域充分发挥工程担保作用、开展工程担保业务。

（三）设计建造能力明显提升

"十三五"期间，黑龙江省一批大中型建筑企业的技术装备水平明显提高，在高难度、大体量、技术复杂的超高层建筑方面建设了一批设计理念先进、建造难度大、使用品质高的标志性工程，哈尔滨大剧院分别在 2016 年和 2017 年获得"鲁班奖"和"詹天佑奖"，成为地标性建筑。高速铁路、公路、水利工程等领域具备完全自由知识产权的设计建造能力，加快拓展地铁、桥梁、市政建设等高端市场领域，成功建造我国北方高纬度寒冷地区第一座钢混叠合梁矮塔斜拉桥——中俄黑河大桥，为"一带一路"中蒙俄经济走廊建设以及"龙江丝路带"建设增添重要跨境基础设施。

（四）信息化建设取得良好成效

黑龙江省建筑业创新驱动能力不断增强，建筑工业化水平快速提升，企业普遍加大科技投入，积极采用以"建筑业十项新技术"为代表的先进技术，围绕承包项目开展关键技术研究，提高创新能力，创造大批专利、工法，取得丰硕成果。产业的集约化和绿色化发展逐渐深入，建筑业信息化水平不断提高，BIM 等信息技术在建筑施工领域得到推广应用。黑龙江省工程建设施工现场信息管理平台正式运营，截至 2020 年 6 月，全省共有 2942 个在建项目纳入平台管理，平台应用率达 90% 以上，平台上监测到劳务用工人员为 29666 人，更新率达 16.33%，实时掌握全省房屋建筑和市政基础设施工程的项目数量、施工现场劳务用工人员数量，科学分析需求，积极搭建施工企业劳务用工信息平台，提供就业岗位信息，缓解企业用工短缺问题。

（五）市场秩序得到有效规范

一是开展各类建筑市场综合执法检查。对存在违法违规行为的企业从严上限处罚。开展全省城市轨道交通工程质量安全专项检查，抽查在建项目，确保城市重大基础设施建设平稳推进。二是重点打击建筑市场违法违规行为。"十三五"期间，开展建筑施工企业、招标代理机构、造价咨询企业信用综合评价，将信用评价成果与业务承接挂钩，形成"守信激励、失信惩戒"的市场竞争机制，加强对造价咨询企业和招标代理机构事中事后监管，推进工程建设领域诚信体系建设。开展建筑市场监管公共服务平台项目信息核查，将提供虚假业绩企业列入不良行为记录 6 个月，严重的列入黑名单并撤销相应企业资质。开展全省住建系统职业资格证书"挂证"集中治理，并起草了《黑龙江省住房和城乡建设厅关于开展住建领域专业技术人员职业资格"挂证"等违法违规行为专项整治方案》，加大清理力度。

（六）行业管理进一步加强

一是规范监理行业管理。印发《关于加强工程监理工作若干意见的通知》，从加强工程监理招投标管理、监理人员从业管理、严格落实工程监理责任、加强事中事后管理、创新工程监理服务模式 5 个方面提出要求，制定《黑龙江省房屋建筑和市政公用工程施工阶段项目监理机构人员数量最低配备标准表》，规范监理企业和从业人员行为。二是开展跨省承揽业务清理。开展外省建筑企业在黑龙江省承揽业务情况的专项检查，对涉及建筑市场的行政规范性文件实施集中清理，规范各地监管部门行为，杜绝以行政权力干预市场竞争，构建统一开放的建筑市场。制定《关于外省建筑企业在黑龙江省承揽业务信息登记制度的通知》，外省企业自主进行网上信息登记并进行诚信守法承诺，规范外省进黑建筑业企业的监督管理工作。三是开展住宅性能认定。按照《国家住宅性能认定标准》，组织实施住宅性能认定各项工作，共接待两批住建部专家对黑龙江省住宅项目进行评审，2018 年，黑龙江省有 11 个住宅项目被住建部评定为国家 A 级住宅。

二 "十三五"时期黑龙江省建筑业发展存在问题

在取得成绩的同时，黑龙江省建筑业在发展过程中还存在一些问题和薄弱环节。主要包括以下几个方面。

（一）产业发展效益不高

2016～2019 年黑龙江省建筑业的发展依赖于固定资产投资，随着全省固定资产投资增幅放缓，全省建筑业总产值呈下行趋势，2017 年完成 1560.1 亿元，2018 年又下降 23.4%，完成 1194.3 亿元（见表 1）。不仅与江苏、浙江等先进省份差距越来越大，与吉林、辽宁等相邻省份相比也是处于末位。利润、利税等主要指标也呈持续下降态势，对 GDP 的贡献率不高。

表 1 2016～2019 年黑龙江省建筑业主要指标

单位：亿元，%

	2016 年	2017 年	2018 年	2019 年
总产值	1761.6	1560.1	1194.3	—
利税	105.3	100.7	88.6	71.8
利润	52.5	37.5	23.4	24.4
对 GDP 的贡献率	3.2	1.3	−3.0	—

资料来源：《黑龙江统计年鉴 2019》《2019 年黑龙江省国民经济和社会发展统计公报》。

（二）产业区域发展不均衡

哈尔滨市建筑业总量继续领跑全省，占全省建筑业总产值的48.6%。大庆市建筑业产值占全省建筑业总产值的12%。牡丹江市占全省建筑业总产值的6.5%。哈尔滨作为省会城市，建筑业产值约占全省的一半，大部分特一级企业也集中在此。很多地市如鹤岗、双鸭山、伊春、黑河、七台河等的产值不足50亿元，个别地区甚至没有一级总承包企业；县域建筑经济发展滞后，缺乏龙头骨干企业带动，区域发展没有特色，同质化竞争严重，有限的资源未能有效整合，产业集中度不够。

（三）产业结构不合理

全省一级资质以上企业数量较少，民营企业至今没有实现特级企业零的突破，大企业不强、专业企业不精，具有工程总承包能力和强大经济技术实力的企业更是寥寥无几。偏重传统房屋建筑施工的产业结构没有根本改变，专业领域覆盖率仅为70%。在地铁、高铁、轨道交通机场、桥梁等利润率相对较高的高端市场和海绵城市、综合管廊等基础设施领域缺乏竞争力。新兴的钢结构、幕墙等技术含量较高、经济效益较好的专业领域企业数量不多，没有形成金字塔型的产业结构体系，无论是从产业结构还是从行业结构来看，均未达到合理区间。

（四）科技创新能力不足

黑龙江省由于创新人才流失、新技术应用研发投入不足等原因，建筑业信息化技术应用水平还比较低，技术装备化程度还不够高，在与国内领先企业和国际大型企业的技术竞争中仍处于劣势地位，科技贡献率和劳动生产率水平相比较还有很大差距。多数企业科技研发投入较低，对企业新技术和专利的研究缺乏重视，专利和专有技术拥有数量少，科技成果转化率基本为零。

（五）从业人员技能素质不高

建筑工人普遍文化程度低、年龄偏大，缺乏系统的技能培训和鉴定，直接影响工程质量和安全。建筑业企业"只使用人、不培养人"的用工方式，造成建筑工人组织化程度低、流动性大，技能水平低，职业、技术素养与行业发展要求不匹配。急缺高层次经营管理和专业技术人才以及适应建筑产业现代化的技术人才。"十三五"时期黑龙江省现有注册类人员 6 万人，有职称人员约 5.8 万人，岗位人员约 25.7 万人，全省建造师的数量不到江苏省的 1/6，行业从业的工程技术人员占比处于全国落后水平。

（六）政策保障机制不健全

各级政府层面扶植建筑业改革发展的政策措施不够多，在财税、信贷、技术创新、人才培养等方面未形成合力。政府层面在建筑业税费减免政策、工伤保险参保缴费方式等方面的支持力度不够。此外，金融机构对建筑业的信贷支持力度也有待加强。

三 "十四五"时期加快黑龙江省建筑业发展对策建议

2020 年以来，国际环境发生剧变，国内房地产市场持续宏观调控，对建筑业影响日益显现。与此同时，黑龙江省经济下行压力加大，建筑业将进入中低速发展阶段。建筑业在发展困难的同时，也存在国家积极扩大内需、加大投资力度、推进新基础设施建设机遇期。"十四五"时期，黑龙江省要以习近平新时代中国特色社会主义思想为指导，以实践新发展理念为动力，以推进建筑业供给侧结构性改革为主线，持续深化建筑业"放管服"改革，加快推进建筑产业现代化发展，创新完善监管体制机制，不断优化行业发展环境，全面提高工程质量安全水平，增强企业核心竞争能力，培育行业发展新动能，大力弘扬"工匠精神"，推动全省建筑业高质量发展和转型升级，提升建筑业产业带动力和经济贡献率，为现代化新黑龙江建设提供有力支撑。

（一）推进产业结构调整

在庞大的应用需求和国家政策的支持下，新基建建设前景广阔。参考国家基本建设的投资趋势，针对信息网、交通网、能源网等新型基础设施建设领域，"十四五"时期，黑龙江省要抢抓新基建发展机遇，围绕5G基建、大数据、人工智能、城市轨道交通、综合管廊、海绵城市、地下空间开发、污水处理和垃圾处理设施等市政工程，以及高速铁路、公路、隧道、水利等基础设施工程建设领域，加强能力建设，逐步提升黑龙江省建筑业在高端建设领域的市场份额。

（二）优化行业发展环境

加快推进工程项目审批制度改革，研究制定黑龙江省工程项目审批制度改革方案，会同发改、自然资源等有关部门，全面梳理工程项目审批流程，推行联合审批、多图联审等方式，建设全省工程项目审批平台，优化工程项目审批流程、精简审批要件、压缩审批时限。全面推行工程担保制度，对依法保留的4类保证保障金通过银行保函、保证保险、担保书等形式缓解企业资金压力，这是降低企业制度性成本的重要举措，有关部门、单位和企业不得以任何方式排斥、限制或拒绝。要认真梳理企业在承揽工程中仍需提供的各类证明文件，无法律依据或者能够事中事后监管的必须予以取消。严格执行工程预付款制度，及时按合同约定足额向承包单位支付预付款，全面推行施工过程结算。

（三）培育壮大市场主体

一是做大做强龙头企业。培育一批综合实力强、产值规模大、业绩信誉好的大型企业集团。积极引导施工总承包企业加快完善现代企业管理模式，通过资本运作、并购重组、股权激励等方式，加快转型升级、做大企业规模、提升核心竞争力，形成一批在全国有影响力的知名品牌企业集团。引导大型设计、施工企业通过调整组织机构、健全管理体系、加强人才培养，向具有工程设计、采购、部品部件生产、施工能力的工程总承包企业发展。鼓励研发设计、开发、施工和部品部件生产、物流配送、运营维护等产业链上下游的骨干龙头企业建立联合体、产业联盟，优化整合各方资源，提升参与成员的群体竞争力，实现全产业链融合协同发展。二是培育"专精特新"建筑企业。培育一批有竞争力的民营建筑企业，针对寒区低温设计、施工及材料生产，向专业化、精细化、特色化、新颖化方向发展。引导建筑企业专注专业化生产和协作配套能力，能为大企业、大项目和龙头企业提供关键部位工作，打造差异化竞争优势。扶持竞争力强、特色明显的装饰装修、建筑幕墙、电子与智能化、钢结构、隧道等专业化企业做优、做精。结合劳务分包制度改革，发展实体化专业作业企业，引导班组成建制发展，培养小微专业作业公司。支持掌握绿色施工技术、装配式施工技术、信息化技术等专业能力的新型建筑承包服务企业发展。

（四）提高市场监督管理能力

一是加快诚信体系建设。完善建筑企业信用评价机制，建立对建筑业执业人员信用评价制度，引导企业和从业人员从重资质、资格向重信用评价转变。加强企业以及主要从业人员守法、履约方面的诚信行为信息采集。推动信用评价在资质升级、招标投标、评优评奖、银行授信等方面的应用。健全诚信激励和失信惩戒机制。加强与相关部门合作，实现规划、建设、工商、税务、社保、银行、保险等各类信息的共享共认，营造"一处失信、处处受制"的市场环境。二是加大违法行为查处力度。健全治理串通投标、转包、违法发包、违法分包等违法违规行为的长效机制。强化对从业人员的管理，把对企业违法行为的处罚，依法延伸到对相关责任执业人员的处理上。加大对恶意拖欠农民工工资行为的处罚力度。严格市场清出制度，营造透明公开、公平规范的市场竞争环境。三是提升信息化监管能力。按照"共建、共管、共享"原则，建立并完善全省统一的建筑市场监管与诚信信息一体化平台。将工程现场质量安全监管与资质资格、招标投标、施工许可管理相结合，实现行政主管部门对建筑现场与市场的一体化联动监管。推进建筑业行政审批电子化，依据各部门日常监管数据开展网上审批，逐步推进企业资质和人员资格证书电子化。通过一体化平台，实现行政许可、行政处罚、信用评价等结果信息向社会公开，促进监管透明化、规范化，接受社会监督。

（五）提升科技创新水平

一是推广智能和装配式建造。推广通用化、模数化、标准化的设计方式，统筹考虑设计、生产、建造等各环节的衔接。引导企业以建筑产品标准化设计、工厂化生产、装配化施工、一体化装修、信息化管理、智能化应用"六位一体"的集成运用为发展方向。引导施工企业研发应用与装配式建筑相适应的施工设备和机具。在新建建筑和既有建筑改造中推广普及智能化应用，完善智能化系统运行维护机制，推广智能建筑。二是推动节能与绿色建筑发展。坚持因地制宜、就地取材，结合当地气候特点和资源禀赋，发展安全耐久、节能环保、施工便利的绿色建材。加快绿色施工新技术的推广应用，推动施工工法不断提升、进步。完善绿色施工评价标准。三是推动智慧与数字建造。促进"互联网＋"在建筑业的融合发展，以互联网思维改造升级传统建筑业。完善建筑工程设计、施工、验收、运维全过程的信息化标准体系。推广应用工程项目基于 BIM 的设计技术，推进增强现实技术和虚拟现实技术的应用。推进施工图数字化审查，提高施工图审查质效。开展工程项目施工阶段 BIM 技术的应用，实现工程现场远程监控和管理。四是推动新技术研发。加快开发和推广应用促进黑龙江省建筑业结构升级和可持续发展的共性技术、关键技术、配套技术，提高技术集成创新能力。引导企业与高校及科研院所进行"产学研"合作，培育和组建一批工程研发中心、共性技术服务中心、行业协同创新中心。加强智能化施工设备的研发和制造能力，推广应用先进制造装备和适应性技术，降低设备制造成本，提高企业施工机具装备率，提升机械化施工程度，减轻建筑工人劳动强度，实现绿色高效施工。

（六） 加强人才队伍建设

一是加强专业技术队伍建设。建立健全行业人才培养、激励和管理机制，培养造就一批高素质的创新型科技人才和高技能操作人才。在建筑设计、重大基础设施建设、大型房屋建筑、节能环保工程等重点领域，培养引进高层次专业技术人才，造就一批在省内有较大影响力、在国内有一定知名度的行业领军人才，充分发挥行业领军人才的示范引领作用。二是加强经营管理队伍建设。重点培养一批懂管理、善经营，能够带领全省龙头企业开拓省外、海外市场的高端经营管理人才。建立健全政府引导、市场主导、以企业为主体的企业经营管理人才培育体系，依托知名跨国公司、高校和其他各类培训机构，开展多层次知识培训，广泛开展境内外培训和实践锻炼。三是加强建筑工人队伍建设。实施"建设工匠工程"，以提升职业素质和职业能力为核心，完善职业技能岗位培训和职业技能鉴定制度。发挥建筑产业现代化人才实训基地、建设类职业院校、社会专业培训机构、企业研发中心、建筑工地农民工业余学校的作用，开展专业技术培训，加快推进建筑工人职业化进程，努力培养造就一支规模宏大、门类齐全、技艺精湛、适应行业发展的技术人才队伍。

参考文献

《黑龙江省人民政府办公厅关于促进建筑业改革发展的实施意见》，2018 年 11 月 27 日，https：//www. hlj. gov. cn/n200/2018/1127/c75 – 10888598. html。

戚萍、韩颖：《黑龙江建筑业现状及发展潜力研究》，《统计与咨询》2016 年第 1 期。

黑龙江省城镇建设问题分析与对策研究

高　原*

摘　要：　随着"十三五"规划目标任务即将完成，党的十九届五中全
会对城镇建设问题提出了新的要求，黑龙江省城镇建设即将
进入新的发展阶段。为使城镇建设适应经济发展的新要求和
适应以绿色发展为重点的战略，需要对黑龙江省城镇进行新
的规划和建设，保证城镇中人口和产业的集聚能够促进区域
经济发展。通过对黑龙江省城镇建设存在问题的分析，提出
调整城镇产业结构、深化城镇户籍制度改革、促进城镇基础
设施合理规划、改善城镇环境、形成具有特色的城镇文化等
策略，从而改变黑龙江依赖资源与国家政策扶植的城镇发展
模式，实现城镇的可持续发展和现代化发展。在新的形势
下，我们必须迎接新的挑战，克服阻碍黑龙江省城镇建设的
问题，设计出适合全省发展的城镇建设模式，将其打造成为
现代化城镇群。

关键词：　城镇建设　城镇文化　可持续发展

一　黑龙江省城镇建设现状

"十三五"期间，黑龙江省在城镇化建设中坚决贯彻落实习近平总书记

---

* 高原，黑龙江省社会科学院马克思主义研究所助理研究员，主要研究方向为发展经济学与社
会主义现代化。

对住房和城乡建设工作的重要批示精神，深入落实中央和省委经济工作会议、省委十二届六次全会和全国住房城乡建设工作会议精神，紧紧围绕全面振兴、全方位振兴龙江这一发展目标，加大城乡统筹发展力度，加快城镇基础设施建设，创新城镇发展体制机制，取得了显著成效。

1. 产业结构优化升级，社会经济稳定发展

黑龙江省充分发挥资源、区位和产业的优势，将三大产业融合发展，因地制宜对城镇工业、商贸、旅游、文化等特色产业进行建设，在"十三五"期间，以农业、工业和服务业为主体的城镇经济得到较快发展，城镇集聚产业和人口的能力不断增强。在此期间，黑龙江省产业结构持续优化升级，经济总量逐年扩大。黑龙江省以市场为导向，拓展第一产业价值链，在两大平原农业综合开发试验区突出抓好农业基础建设、农业结构调整，做大做强畜牧产业，大力推进农业标准化、规模化生产和产业化经营。加大农村改革力度，农村城镇化高效发展的同时带动了房地产业、消费品零售业等各个行业的蓬勃发展。经过供给侧结构性改革，黑龙江省的产能得到进一步优化配置。东部煤电化基地建设区充分挖掘和发挥了电力、煤化工、冶金、建材原料、生物工程等产业优势，坚持走新型工业化道路。大小兴安岭生态功能保护区加快发展特色产业、生态产业等替代产业，优化产业结构，加快基础设施建设，努力形成以生态经济为主的新产业格局。此外，第三产业的持续发展为城镇化建设做出了巨大的贡献，在城镇建设中实现生产性服务业与生活性服务业同步发展，同时，通过打造新业态、新商业模式，推进商贸物流业发展，继续加快金融业发展，将多项服务型产业深度融合，形成了城镇建设中新的经济增长点。例如，高新科技产业集中开发区集聚效应增强，服务外包产业、动漫基地发展取得积极进展。

2. 机构和体制改革不断深化，城镇建设和管理水平显著提高

"十三五"期间，全省深入贯彻落实国家有关会议和文件要求，以城市管理现代化和法治化为指向，不断深化机构和体制的改革，城镇建设和城市治理能力得到提高。完善城镇户籍、就业、教育、社会保障等方面政策法规，健全常住人口市民化激励机制；在城市建设投融资体制、城镇土地收购

和储备、城镇公共事业建设和运营等方面深化改革，促进农村人口的市民化，实现基本公共服务均等化，将更多人口融入城镇中。与此同时，黑龙江省积极探索哈尔滨、牡丹江城乡一体化试点工作，七台河在户籍管理等方面实现城乡一体化，北安探索出"土地流转规模经营、农民转向城镇和新社区，城镇带动、农垦森工带动"的"双转双带"模式。通过改革，消除了阻碍城乡居民平等享受社会进步带来福利的各种障碍，深化了农村因推进城镇化而对土地带来的影响。在城镇化与工业化的相互作用下，黑龙江省农村居民的收入得到提高，生活质量得以改善，城乡差距进一步缩小，为城乡一体化建设奠定了物质基础。随着机构和体制改革的深化，城市建设和管理的水平也得到了极大的提升。各级管理部门转变了传统的管理思路，彻底摒弃了僵化的管理模式，创新性地实现了服务功能，优化各项公开制度，如有效防范化解重大风险，扎实推进工程建设项目审批制度改革，改造政务服务管理信息系统，城镇建设和管理水平明显提高，城镇化率有所提高。

截至 2019 年末，全国（不含港澳台）城镇常住人口 84843 万人，占总人口比重（常住人口城镇化率）为 60.60%（见图 1）。上海常住人口城镇化率最高达到 88.10%，西藏常住人口城镇化率最低仅 31.50%，黑龙江省常住人口城镇化率为 60.90%，接近全国平均水平。

截至 2019 年末，黑龙江省常住人口为 3751.3 万人，比 2018 年减少 21.8 万人。其中，城镇人口为 2284.5 万人，乡村人口为 1466.8 万人（见表 1）。常住人口城镇化率为 60.9%，比 2018 年提高 0.8 个百分点。

表 1 2019 年末黑龙江省常住人口、城镇人口、乡村人口数量及比重

指标	人数（万人）	比重（%）
常住人口	3751.3	100
其中:城镇人口	2284.5	60.9
乡村人口	1466.8	39.1

资料来源：黑龙江省统计局网站。

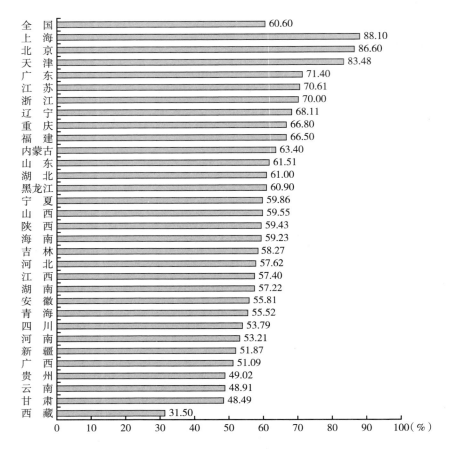

图1 2019年全国（不含港澳台）各省市常住人口城镇化率排行情况

资料来源：国家统计局网站。

3. 新型特色城镇建设成效显著，城镇承载能力增强

"十三五"期间，黑龙江省坚持以城市规划为先导，优化城镇布局和形态，重点推进中心城市旧城改造和新区开发，城市规模不断扩大，集聚要素功能逐步增强，城镇建设水平稳步提高。保障性住房建设有序推进，配合省发改委、财政厅下达中央补助资金37.7亿元，配合财政厅指导各地发行棚改专项债121.04亿元。全省棚改已开工2.83万套，超额完成2019年初的目标任务，齐齐哈尔龙江县、佳木斯富锦市分别新开工1495套、1677套。

加大公租房分配调节力度，完成实物配租 7125 户，发放租赁补贴 13.2 万户。截至 2019 年 11 月底，开工改造城镇老旧小区项目 220 个、503 万平方米、5.9 万户，哈尔滨、佳木斯、黑河等地分别改造 92 万平方米、13.76 万平方米、48.93 万平方米。建立健全住房供应体系和保障体系，满足了城镇化建设的基本需求。

积极推进和谐宜居城市建设，城市基础设施建设力度增强。如城镇供热能力得到提升，2019 年，全省完成供热老旧管网改造 1212.8 公里，超额完成年度改造任务，其中齐齐哈尔、双鸭山分别改造供热老旧管网 222.8 公里、126.9 公里；城镇路网规划建设提档升级，新建改造城镇道路 690 公里。哈尔滨市地铁项目建设完成投资 44.45 亿元，新增运营里程 8.85 公里，运营总里程达 31.78 公里。此外，黑龙江省依托北国冰雪风光、大小兴安岭生态功能保护区、红色抗联文化等特色资源，着力开发特色旅游，积极开发建设具有国际性、地域性和市场竞争力的旅游精品和品牌，以旅游名镇为重点，集中建设了一批特色重点小城镇。

4. 绿色发展模式初步形成，城镇环境污染得到有效治理

全省在城镇建设中坚持"绿水青山就是金山银山"的理念，围绕形成绿色发展方式，健全完善绿色建造、绿色管理、绿色评价等方面的政策和技术支撑体系，全面推动致力于绿色发展的城乡建设模式，把绿色发展理念贯彻到城镇建设的各个方面和各个环节，在污水处理提质增效三年行动中，开工建设污水处理项目 85 个，新建改造排水管网 750 公里，完成投资 34 亿元，污水治理能力明显提升。垃圾治理能力明显提升，开工生活垃圾焚烧发电项目 11 个、餐厨治理项目 10 个，完成投资 21.1 亿元。农村生活垃圾治理试点工作成效明显，10 个县、59 个乡镇和 189 个行政村农村生活垃圾治理试点工作全面推进，鸡西、双鸭山所辖县（市）实现村庄保洁全覆盖。在城市中全面推进生活垃圾分类，预计到 2020 年底，哈尔滨基本建成生活垃圾分类处理系统；其他市（地）实现公共机构生活垃圾分类全覆盖，齐齐哈尔、牡丹江、大庆每市至少有 1 个区实现生活垃圾分类全覆盖。为加快推动城镇绿色高质量发展，全省于 2020 年实施《绿色城市建设评价指标体

系》，按照资源节约和环境友好的要求，设定了3个指标层级共93项具体指标，涵盖了建设行业管理职能范围内推动城镇绿色发展的主要指标要求，切实推动了各地进一步提升城镇建设管理高质量发展，把绿色发展理念贯彻到城乡建设管理的各个环节，助力黑龙江全面振兴、全方位振兴。

二 黑龙江省城镇建设中存在的主要问题

虽然全省城镇建设在"十三五"期间取得较大进展，但仍存在一些不容忽视的矛盾和问题，主要包括：城镇建设质量不高，城市规模总体较小，城市集聚要素功能较弱，辐射带动能力不强；现代城镇体系尚不完善，城市布局不尽合理；资源型城市比重较大，城市基础设施和公共服务设施建设相对滞后，公共服务能力和水平不高；城镇产业基础仍然薄弱，特别是服务业发展缓慢，提供就业能力不足；城镇建设发展的体制机制障碍仍然比较突出，农业人口向城镇转移的保障制度不完善，城镇间缺乏分工协作，城镇服务和管理水平有待提高。

1. 规划水平低，执行效果不明显

对城镇建设的时序安排、功能结构等缺乏系统和长远考虑，盲目性和随意性较大，缺乏前瞻性、专业性和系统性。对老旧小区改造时会面临旧城街道狭窄、房屋破旧、基础条件差等直接问题，以及污水处理、电力电线改造等复杂问题，各改造项目间交叉影响，但改造过程中存在缺乏系统、详细规划的现象，造成盲目、重复建设，既浪费了资金又破坏了整体形象。在对新的城镇区域进行建设时，对城镇的发展速度预判不足，缺乏前瞻性，在建设过程中功能分区不足。在黑龙江省内部分景区的游客集散中心、公共交通、停车场建设等方面尤为凸显，会给城镇建设的后续发展带来困难。

城镇体系内各城镇之间关联度低，没有形成集聚规模效益。以工业为主的城镇，尚未完全将项目向园区集中，形成集聚效应；以商贸为主的城镇，其贸易、餐饮、物流等服务业有待建设；以旅游为主的城镇，其配套的餐饮、住宿、交通、贸易和娱乐等相关产业也亟须规范。

特色城镇建设总体规划缺乏连续性和科学性，重点不突出、特色不明显。很多城镇的规划编制质量较低，呈现重硬件（基建）、轻软件（文化特色）现象，对城镇自身渊源、文化背景、风土人情等个性特征把握不准，没有充分展现出当地的文化特色和资源优势。

2. 乡镇规模偏小，配套设施缺乏，建设成本高

黑龙江省部分城镇存在城镇人口规模小且分布稀疏的情况，大多数城镇镇区常住人口数量增长缓慢，贫困人口比重高，城镇经济难以繁荣，城镇功能受到影响；受城镇土地存量和地形封闭限制，发展空间和辐射范围小，配套设施建设无法展开，也不适宜按城镇规划大搞建设，发展前景受限；大多数城镇的教育、文化、卫生、体育等公共服务设施落后，学校、医院、银行、宾馆、公共交通、超市等配套服务设施档次不高，服务项目不完备、质量较低等。有些城镇在污水处理、管网下地等基础设施建设完成后，基本满足当前镇区人口的需要，但受益范围有限，建设成本相对较高。

3. 资金投入不足，筹措渠道单一

从城镇建设项目来看，涉及面比较广，但是资金来源的呈现方式单一，主要是政府的财政资金投入不足，市县财政压力较大，镇域经济实力不强，农村劳动力非农转移的承载力不足，影响了城镇化进程；一些项目建设完成后，需要投入较高的费用使其持续运行，对县乡镇财政也造成较大的压力；从城镇建设工程中收取的土地出让金、基本设施配套费、城镇维护建设税等很少用于城镇基础设施建设；吸纳民间投资的机制还不完善，银行贷款和金融投资资金基本未进入城镇建设领域；由于产权、责任主体不明等原因，面临的风险较大，企业和个人投资进入城镇建设领域的可能性微乎其微。

4. 配套政策不到位，相关政策有待完善

僵化的户籍管理制度限制了农村劳动力的城镇化。虽然改革开放以来对城乡户籍管理的要求逐渐放松，特别是放松了城镇"农转非"的标准，但城乡二元壁垒结构的根本尚未打破，农村人口进入城镇还存在较大的户籍阻碍，严重影响了农村人口向城镇的集中。

在就业方面，进入城镇的农村人口就业机会少，住房、保险等配套政策制度不到位；土地方面，发展与用地矛盾日益突出，随着用地规模的扩大，用地指标严重不足，土地产权不清，造成用地结构不合理、集约化程度低、土地利用率低，有些土地长期闲置；社会保障方面，对城镇化进程中的失地农民缺乏有效的保障措施，补偿不足，方式单一。进城农民的社会保障制度缺失，个人住房建设投入和购房资金压力大等因素，严重阻碍了城镇化进程。

5. 产业结构不合理，产业同构问题较为突出

黑龙江的省情决定了农业在经济发展中具有基础性地位，粮食总产量位居全国首位，但农产品附加值不高，农业现代化水平有待提高。重工企业、军工企业、资源型企业在工业体系中比重偏大，民营工业发展不足，缺乏创新型产业支撑，第三产业虽然得到了较快发展，但是发展质量不高，与发达省市相比，地区生产总值的占比较小，无法满足工农业生产发展和居民消费升级的需要。

黑龙江省产业同构问题较为突出，多个城市在产业布局时缺乏全局规划和有效沟通，雷同的地区功能定位和产业布局导致重复建设和资源浪费，引发区域之间的利益对抗，难以建立产业经济协作体系，削弱了区域内产业之间的横向联系，不利于各城镇间优势互补和构筑基于整体优势的核心产业。例如，哈尔滨与齐齐哈尔的产业结构非常类似，主导产业主要集中于装备、食品、石化、医药等资本密集型和劳动密集型产业。

近年来，黑龙江省经济增速大幅下滑，总体上呈逐渐走低的趋势，经济下行压力和衰退压力不断加大，农业现代化、工业现代化以及服务业现代化，没有与城镇建设现代化形成相互依托的局面，高质量的城镇建设面临严峻挑战。

6. 资源城市弊端未消除，绿色生产和生活方式有待改进

黑龙江省属于资源型大省，资源型城市较多，早期对资源的粗放式开发和利用造成了环境污染和生态破坏，一些高能耗、高污染和产能过剩行业项目尚未被淘汰，土地、河流、空气等自然生态系统在建设中不断遭到破坏，

二氧化碳、颗粒污染物等污染物排放量大，对城镇居民生存环境和生命安全造成威胁。从城镇人均绿地面积指标来说，12 个大中城市只有大庆、伊春得分较高，达 30 分以上，其他城市的绿化得分都不理想，说明这些城市的绿化水平不高；万元 GDP 用水量和万元 GDP 能耗是两个负指标，反映了地区资源的利用效率，牡丹江、鸡西、鹤岗、伊春等城市的这两项指标数值较大，说明它们的资源利用效率较低。在经济发展的过程中，忽略了其资源的合理利用，造成资源浪费。绿色城市建设指标体系在城镇建设中的作用还不够凸显，绿色生产和生活方式尚未形成，污水垃圾治理能力不足。因此，在黑龙江省新型城镇化建设中，应加强环境污染治理、保护生态环境、合理利用资源，将环境保护和资源合理利用纳入重点考虑行列。

三　黑龙江省城镇建设存在的问题及应对措施

黑龙江省要深入贯彻落实十九届五中全会公报，继续推进城镇建设试点工程和创建"三优"文明城市工程，紧紧围绕"绿色理念"进行建设，构建"现代化"城镇，以产业发展和基础设施建设为支撑，以体制机制创新为动力，优化空间格局，构建科学合理的城镇体系；壮大城镇经济，增强城市辐射带动能力；完善基础设施和公共服务设施建设，提升城镇综合功能；推进城乡统筹，加快农村人口向城市有序转移，着力增强城镇集聚现代生产要素和吸纳人口能力，着力增强城镇创造宜居环境和提升生活品质的能力，着力增强城市带动农村和促进城乡一体化建设的能力，努力走出一条具有黑龙江特色的现代化城镇建设发展道路。

1. 进一步更新观念，大胆创新，提升规划水平

城镇建设规划的制定要经过科学论证与社会广泛讨论，将城镇国民经济与社会发展规划、总体发展规划、土地利用规划等尽量协调统一起来，兼具特色来定位各区域发展方向，逐步实现规划的统一性和完整性。规划一旦制定并得到省市县人民代表大会通过，那么城镇的建设和发展就必须严格按规划来实施，不应随主要领导的变动或主要领导人思路的变化而随意更改。应

科学地规划布局，尽快制定统一的城镇建设政策，提出城镇建设发展规划的标准和条件要求，按照区位优势、资源条件、人口规模和经济发展水平，科学规划城镇建设的区域布局，严格控制城镇数量。城镇建设速度与规模必须以经济社会的协调发展为前提和基础，要根据人口规模，以经济发展水平等因素为基础，如果盲目过分超前的建设，只是贪大求洋，好看却不实用，不仅浪费了宝贵的土地资源，而且无法实现这种缺乏科学性与现实性的规划，也就失去了规划在小城镇建设中的龙头和指挥作用。

2. 进一步加快城镇区划调整工作，优化城镇布局

要推动城乡协调发展，推动新型城镇化和新农村建设协调发展，提升县域经济支撑辐射能力，促进公共资源在城乡间均衡配置，拓展农村广阔发展空间，形成城乡共同发展新格局。从区域经济发展的大局出发，强力推进人口规模小、区位较近、位于交通沿线、资源禀赋相同的镇合并，试行城镇兼并联合，加快撤并规模偏小的乡镇，重点撤并人口较小的乡镇，尽快将重点镇的规模调整到位，从而解决乡镇规模数量较多、规模偏小等问题。把老城区的改造放在城镇建设中比较重要的位置上，以集约用地为重要指导思想，充分利用旧城的土地，首先要考虑老城区的更新与改造，确实满足不了城镇建设需要的，再进行新城区的开发。牢牢把握以黑龙江省国际旅游胜地建设的目标，以建设特大城镇为目标，进一步坚定"中心城镇（副中心城镇）—中心城镇—城镇"同步联动发展的思路，在全省范围内，选择若干个区位优势明显、产业基础条件好、发展潜力大的城镇并按照中心城镇对其进行建设，集中各方面力量突出重点加大对中心城镇的投入和建设力度，逐步构建中心城镇—城镇（群）的特色城镇体系，按照"统一规划、分步实施、示范带动、整体推进"原则，在保持和发展各个城镇特色的前提下，发展特色县域经济，加快建设美丽宜居乡村，增强和发挥中心城镇功能，辐射带动城镇发展，促进特大城镇建设，促进城乡公共资源均衡配置，优化城镇布局。

3. 进一步加强投融资渠道建设，实现城镇建设投资多元化

在城镇建设过程中，资金缺乏是城镇建设提档次、提质量和提规模的主要制约因素之一，同时也严重制约了城镇建设的速度，因此，要着眼解决资

金不足这一瓶颈问题，促进城镇建设与农业、工业、服务业联动发展。应建立"特色城镇建设与发展专项基金"，发行政府市政项目建设债券，按照"政府与市场结合""营利与非营利项目捆绑"等原则，重点支持特色产业培育、基础公共服务设施建设、旧镇改造与新镇建设，引导民间资本流入，鼓励地方企业、民营企业对特色旅游城镇进行建设。改变城镇建设方式，由建设城镇到经营城镇，有选择地加快推进高科技项目在基础设施建设、管理、经营中的应用，将公共基础设施建设推向市场；加快财政体制改革，建立健全与城镇发展相匹配的财政体制，通过提高财政分成比例、完善转移支付制度、提高新增财力、土地出让金分成比例等措施，增强镇级财力；创新金融产品，拓宽地方中小金融机构在城镇建设发展中的服务渠道。

4. 进一步加强配套政策的落实工作，完善城镇建设制度和体系

把发挥市场配置资源的基础性作用与政府调控和引导有机结合起来，着力推进户籍、就业和社会保障、投融资、土地、行政管理和社会管理等重点领域的体制机制改革和创新，增强城镇建设发展的动力和活力。把解决农村和农民问题作为推进城镇建设发展的重要任务，统筹城镇建设发展和新农村建设，以产业发展吸引更多农民向城镇转移，使更多农民市民化；促进公共资源在城乡之间的均衡配置，改善农村居住和生活条件，加快公共服务和社会管理的城乡一体化进程。以户籍制度改革为突破口，围绕2014年7月国务院印发的《关于进一步推进户籍制度改革的意见》，全力推进土地、住房、就业就学、社会保障等配套政策的制定和实施。土地流转是实现农村劳动力向城镇转移的关键因素，在加快土地确权工作的基础上，逐步推进集体土地使用权、房屋所有权、土地承包经营权、林权流转制度制定及启动相关服务工作；扩大农村基本社会保障覆盖面，按照镇村协调发展的要求，以医疗、失业、养老为重点，逐步推广城乡社保均等化；允许和鼓励城镇原住民以适当的形式共同参加项目建设与经营，分享改革发展的红利；探索城镇住房制度改革，健全住房供应体系，构建以政府为主提供基本保障、以市场为主满足多层次需求的住房供应体系，优化住房供需结构，稳步提高居民住房水平，保障"住有所居"。完善购租并举的住房制度，促进房地产市场健康

发展，提高住房保障水平。重点建设农民集中居住区、廉租房、公租房、农民工公寓等，切实减少进城农民的后顾之忧。

5. 优化产业结构，合理确定城镇建设发展空间布局

按照区域发展总体战略和推进形成主体功能区要求，综合考虑骨干交通、重大产业发展、人口分布、资源环境等因素，引导人口、资源配置向重点城市化地区集中，培育发展和壮大以区域性中心城市为依托的区域增长极，带动全省城镇建设和区域经济加快发展。城镇发展的合理产业结构，是促进城镇健康发展的重要前提。各级政府可以通过提供优惠政策招商引资，吸引高新产业进入园区，形成规模化经营，以带动当地的经济发展，加快农村剩余劳动力转移。继续加强对运输、餐饮、仓储、批发零售等传统第三产业的政策性扶持，同时，大力发展科技服务、信息咨询等科技含量比较高的第三产业，满足居民生活需要。

6. 科学规划新型城镇建设，以绿色理念提升城镇建设品质

根据资源禀赋、区位特点、人口分布、经济社会发展现状，建设特色城镇和生态城镇。黑龙江省主要资源有煤炭、石油、森林等。由于近年来环境不断恶化，风沙及雾霾天气增多，构建生态城镇就显得尤为重要。（1）要加强对森林及湿地的保护，禁止乱砍滥伐，扩建三北防护林。保护水资源，践行"可持续发展"与"科学发展观"，发展生态产业，保护城镇环境，使生产生活与生态和谐统一。（2）城镇建设应与自然景观相协调，以维护生物物种的多样性。城镇之生命在于维护其区域的自然山水格局。因此，在城镇扩建过程中，做到城镇建设与自然景观相协调，维护区域山水格局以及大地机体的连续性和完整性，就成为维护城镇生态安全的关键。（3）建设应与城郊防护林体系及城镇绿地紧密结合。农田防护林网是国土生态安全的战略性工程，更是城镇环境不可缺少的生态屏障。绿地成为整个城镇绿化系统乃至整个防护林网络的重要组成部分，使城镇建设与城郊防护林体系和城镇绿地系统有机结合起来。（4）强化环境监督，加强环境执法，引导公众参与，宣扬生态和谐理念，倡导生态文明，把生态城镇的建设融入每一个人心中。

　　总体而言，在"十三五"期间，黑龙江省现代城镇体系已日臻完善，城镇基础设施日益健全，城镇要素集聚能力和辐射带动能力显著提升，统筹城乡的公共服务体系框架基本形成，城镇居民生活水平得到显著提升，城乡一体化发展体制机制初步建立，城镇建设质量明显提升，已形成各具区域特色、产业优势明显、生态环境优良、公共服务完善、城乡互促互进、大中小城市和小城镇协调发展的新型城镇建设格局。综合考虑黑龙江省情以及城镇建设发展趋势和条件，全省推进城镇建设发展的总体目标是：我国新型城镇化已经进入了高质量发展阶段，黑龙江省新型城镇化将呈现新的趋势，人文、智慧与生态将成为新型城镇化高质量建设的方向和重点。具体而言，就是继续优化土地的空间布局，构建高质量开发、利用、保护的国土体系；坚持实施区域重大战略、区域协调发展战略、主体功能区战略，健全区域协调发展体制机制，推进区域协调发展；推进和完善以人为核心的新型城镇化建设战略，让"城市生活更美好、更有温度"成为城镇化建设的人文目标。

参考文献

陈永昌：《黑龙江省城镇化建设的思路与对策》，《北方经贸》2013 年第 2 期。

李兰芳：《智慧城市建设推动新型城镇化发展策略》，《城市建设理论研究》2015 年第 10 期。

王晓玲、王玥：《黑龙江省产业转型升级对新型城镇化建设的影响分析》，《对外经贸》2016 年第 11 期。

黑龙江省市政基础设施建设研究

张 鑫*

摘　要：　"十三五"期间，黑龙江省全面贯彻落实习近平总书记在深
入推进东北振兴座谈会上"加大东北地区公共基础设施领域
的投资力度，支持东北地区轨道交通、集中供热、网络宽带
等城市基础设施建设"重要讲话精神，坚持问题导向，抓重
点、补短板、强弱项，在"三供三治"项目、供热、燃气、污
水治理、园林绿化、路桥、照明等方面都取得一定成绩，但
也存在市政基础建设缺乏统筹规划、长期重建设缺管护、资
金投入不足等问题。本报告重点阐释了黑龙江省市政基础设
施建设的现状，并对存在的问题给予对策建议。

关键词：　市政建设　基础设施　"三供三治"

随着新型城镇化的快速发展，市政基础设施成为城市社会经济发展、
人居环境改善、公共服务提升和城市安全运转的基本保障。"十三五"期
间，黑龙江省在市政基础建设所涵盖的供水、供气、燃气、园林绿化、路
桥、照明、污水处理等方面的设施能力都得到了普遍提高。黑龙江市政基
础设施建设有其独特的建设模式，近年来，历经多次发展演变，其正处于
深化改革、转型升级的关键期，笔者通过调研，分析问题及成因，厘清思

* 张鑫，黑龙江省社会科学院马克思主义研究所助理研究员，主要研究方向为马克思主义中
国化。

路和方向，对黑龙江省市政基础设施建设中存在的发展瓶颈，提出可行的对策建议。

一　黑龙江省市政基础设施建设的主要成就

"十三五"以来，黑龙江省市政基础设施建设的现代化程度显著提升，新科技、新手段、新规划等手段得到大量应用，设施功能日益增加，承载能力日益增强，系统性和效率都有了较大提升，推动了城市现代化的进程和居民生活条件的改善。这是在省委省政府坚强的领导下，各部门通力合作所取得重大成果，显示出了黑龙江省市政干部和职工的拼搏精神。

（一）持续推进"三供三治"项目，城市承载能力稳步提升

"十三五"期间，黑龙江城市"三供三治"项目建设稳步提升，城镇供水水质明显提升，扎实推进"供水水质提升三年行动"，新建改造供水厂项目 34 个，新建改造供水管网 870 公里，完成投资 16 亿元，哈尔滨、双鸭山、七台河等地率先实现二次供水厂水质全部达标，哈尔滨阿城区、肇东市、穆棱市等间歇式供水市县实现 24 小时连续供水。加快解决城市供水二次污染问题，全面实施二次供水设施改造，理顺管理体制机制，大力推进供水单位统建统管二次供水设施，实现从出厂水到龙头水的系统化管控。

城镇供热能力明显提升，2019 年完成供热老旧管网改造 1212.8 公里，超额完成年度改造任务，其中齐齐哈尔、双鸭山分别改造供热老旧管网 222.8 公里、126.9 公里；哈尔滨智慧供暖试点在 2019 年供暖期投入运行；佳木斯、大庆、黑河、哈尔滨市新区将居民供热温度最低标准调高至 20℃。

结合"气化龙江"，编制完善城镇燃气专项规划，合理布局规划门站（供气站）、加气站、城镇燃气管网等，推进天然气普及应用。全省开复工项目 35 个，完成投资 5.3 亿元，完成城镇燃气管网敷设 439.47 公里，安装室内燃气设施 8.05 万户，新建燃气场站 11 座。

污水治理能力明显提升，深入推进"污水处理提质增效三年行动"，开展项目整体招商，开工建设污水处理项目 85 个，新建改造排水管网 750 公里，完成投资 34 亿元。垃圾治理能力明显提升，开工生活垃圾焚烧发电项目 11 个、餐厨治理项目 10 个，完成投资 21.1 亿元。哈尔滨市双城区、肇东市生活垃圾焚烧发电项目和牡丹江市餐厨垃圾处理项目建成投入使用，新增生活垃圾无害化处理能力 1000 吨/日、餐厨垃圾处理能力 100 吨/日。农村生活垃圾治理试点工作成效明显，10 个县、59 个乡镇和 189 个行政村农村生活垃圾治理试点工作全面推进，鸡西、双鸭山所辖县（市）实现村庄保洁全覆盖。

（二）园林、路桥与照明建设快速发展，城市面貌焕然一新

"十三五"期间，全省城镇新增绿地 1121.85 公顷，完成投资 7.38 万元；新增公园 29 个，新植树木 2 亿株，补植树木 4.52 亿株。编制完成了《城市绿化工程施工及验收规范》和《黑龙江省城市生态保护与建设规划》，印发了《关于加强我省省级风景名胜区规划编制工作的通知》。按照国务院要求，全省已建成 30 个防灾避险公园，并完成标识和设施整治工作。完成了大沽河国家级风景名胜区的申报工作，同时推进《哈尔滨太阳岛风景名胜区总体规划》的上报及审批，启动大庆、黑河、同江三个城市创建国家级园林城市工作。

哈尔滨地铁工程建设步伐加快，力补城市交通短板。总规模为 74.74 公里的哈尔滨地铁 1 号线三期、2 号线一期和 3 号线一期、二期工程 4 个项目建设加快推进，已完成投资 40.69 亿元。1 号线三期工程已经完成 5 座车站的主体结构施工，全长 3500 米盾构区间的下行线全线贯通。2 号线一期工程已完成 16 座车站的全部围护结构施工，启动了 14 座车站主体结构施工，已完成主体结构总工程量的 29%。3 号线一期工程提前实现了全线"轨通、电通、车通"，正在进行空载试运行；3 号线二期工程 19 座车站的主体围护结构已经完成总工程量的 87%。对城市交通网络不断地进行完善与优化，统筹推进城市路网建设，全年新建改造城市道路 370.3 公里，打通 41 条

"断头路"，渠化 37 条道路，督促指导有危桥改造任务的城市已有 9 座完成了城市危桥加固改造任务，确保了城市道路桥梁的安全稳定运行。

组织召开了全省绿色照明工作座谈会，聘请行业专家讲解绿色照明工作相关知识并答疑解惑，通过座谈会，进一步提高了全省照明工作管理部门对城市照明工作，特别是绿色照明工作重要性的认识，为提升黑龙江省城市照明工作水平、确保这项工作健康发展起到了促进作用。全省新建城市道路照明灯 6067 杆、10538 盏，城市 LED 绿色照明应用率达到 50%，哈尔滨市在全省率先实现了二环以内智慧化城市照明。

（三）出台完善各项规章制度，市政设施建设得到充分保障

"十三五"期间，黑龙江省强化城市管理，相继出台完善各项市政设施建设的规章制度。在供水方面，省政府印发了《黑龙江省城镇供水水质提升三年行动方案（2018—2020 年)》《全省城镇供水水质提升工作实施方案》，科学分解任务量，明确时间表、路线图、任务书。在供热方面，省住房城乡建设厅会同省财政厅开展了全省城市集中供热情况专题调研，形成了《贯彻习近平东北振兴座谈会重要讲话精神以思想大解放区域大格局谋划和推动全省城市集中供热高质量发展》的调研报告。

在燃气管理方面，制定并下发了《黑龙江省住建系统城镇燃气安全综合治理工作方案》《黑龙江燃气行业专家委员会管理暂行办法》。

在园林绿化方面，编制完成了《城市绿化工程施工及验收规范》和《黑龙江省城市生态保护与建设规划》。

在排水排污方面，起草了《黑龙江省城镇生活污水污泥处理能力提升专项行动工作方案（2018—2020 年)》《黑龙江省城镇生活污水污泥处理行业突出问题执纪监督工作方案》，指导齐齐哈尔市制定了《齐齐哈尔市中心城区污水处理厂污泥处置工作方案》。

可以说，上述制度与方案的制定与出台，为黑龙江省市政建设的发展提供了坚实的保障。

（四）加快推进数字化管理，促进黑龙江治理体系和治理能力现代化

搭建全省供热信息化监管平台，实时监测企业运行数据，线上办理供热服务投诉，促进供热服务质量提升。建立污水处理厂在线监测信息系统，实时监测污水处理厂运行和达标排放情况。加快数字化城管建设，牡丹江、鸡西、双鸭山建成数字化城管平台并投入使用，实现全省地级及以上城市数字化城管平台全覆盖。截至 2019 年，哈尔滨、齐齐哈尔等 6 个地级城市的数字化城管平台已建成运行，讷河、铁力等 6 个县（市）的平台也已建成运行；牡丹江、勃利等 7 个市、县（市）的平台正在建设过程中；鸡西、萝北等 11 个市、县正处于筹划建设阶段。

加强建设运行指导。按照住建部颁布的标准和规范制定了《黑龙江省数字化城市管理系统建设实施方案示范文本（征求意见稿）》。

二　黑龙江省市政基础设施建设存在的问题

黑龙江省市政基础设施建设能力在"十三五"期间得到了普遍提高，但是与发展较好的沿海城市相比，市政基础设施建设依然存在建设规划水平偏低、缺乏统筹规划，重建设、缺养护，资金投入不足，等等问题。

（一）市政基础设施建设缺乏统筹规划

黑龙江省在城市发展中遇到的一个突出问题就是开发属于零散开发，缺乏统一规划思想，且规划的前瞻性较差，造成在行政管理上自扫门前雪，互不通气。比如，哈尔滨市南岗区推进城市路网建设，打通"断头路"，加强自行车道和步行道系统建设，推进城市综合交通体系规划和停车场专项规划编制，通过利用绿地广场建地下停车场、建设立体停车库、盘活现有停车位等方式，加强停车设施建设和管理等，使该区域的交通情

况明显好于其他区域。比如，轨道交通方面，大力支持齐齐哈尔、大庆、牡丹江等有条件的城市启动轨道交通规划编制工作，而没有对其他地市进行统筹规划。

（二）重视市政基础设施建设，缺乏对设施的管理和养护

黑龙江省市政基础设施建设中存在重建设而在市政基础设施建成后的维护保养不到位。比如，在路灯、路面和井盖等基础设施的养护中，存在反复损坏、反复修缮的恶性循环，多是由于政府办事流程或职责划分等问题，一些市政基础设施建成后无法及时移交，相关部门推诿扯皮，不管不问，最终导致设施养护不到位，损坏严重；还有一些市政基础设施存在管理空白，或管理资金落实不到位，长期处于无人管理的状态。

（三）市政基础建设资金投入不足，投融资比例低

黑龙江省在加快城镇化基础设施建设中不断优化投融资主体及方式，但基础设施建设的资金瓶颈问题并未得到根本解决。从国家层面来看，市政基础设施的资金来源分为三个部分，分别是来自国家财政投入和国内银行贷款的资金、企业自筹的资金以及发行债券获得的资金。其中来自国家财政投入和国内银行贷款的资金最多，占资金总额的54.4%；其次是企业自筹的资金，占32%；而来自发行债券获得的资金仅占0.3%。可见我国市政基础设施建设依旧是以国家财政投入和国内银行贷款为主要的资金来源，而我国依旧是以中小型城市居多，大多数的中小城市由于财政能力有限，融资比较困难。黑龙江省作为欠发达地区，投资渠道相对单一，尚未形成多元化的投融资局面。比如，就黑龙江省供水、污水处理设施建设这一项，年度计划总投资约170亿元，存在资金缺口122亿元；尚未完成整治的黑臭水体31个，资金压力较大；完成89个重点镇污水处理建设需资金约36亿元，各项工作资金总缺口估计在200亿元左右。

可以看到，黑龙江省在市政基础设施建设上面临巨大的资金缺口，城市市政基础设施建设工作困难很大。

三 黑龙江省市政基础设施建设的对策建议

（一）立足黑龙江省实际，科学合理布局

黑龙江省应立足实际，结合自身条件，学习借鉴沿海发达城市经验，在城市交通、道路、生态绿化、公共设施、垃圾污水等方面科学合理地制定符合城市自身发展的战略布局。同时要统筹兼顾，结合城乡发展。黑龙江省要全面贯彻习近平生态文明思想，围绕形成绿色发展方式，建立完善绿色建造、绿色管理、绿色评价等方面的政策和技术支撑体系，全面推动致力于绿色发展的城乡建设模式，促进可持续发展。

全面提倡节能行动，节水、节电、节气，加大天然气的使用覆盖率，加大资源的回收利用率，促进绿色发展。

（二）完善市政基础设施建设的监管体制

黑龙江省要逐步完善现有的监管体制，建立科学的评估指标体系。市政管理主体部门要根据质量管控体系的具体要求，采用"统一领导、分级管理、条块结合、以块为主"的管理机制，实现权责利统一、建管分离、统筹协调和分级管理相结合。要建立健全不同部门与各级人员的质量责任制，明确具体的质量责任，形成"层层抓、层层管"的质量责任制网络。另外，要完善工程质量考核制度，细化考核标准，采用定期与不定期质量检查的方式，消除质量隐患，并对发现的违规操作行为给予严厉惩罚。要加强对施工过程的控制，从技术方案、施工流程、施工工序、组织方法、检测方式等方面进行严格管控，确保施工质量达标。

（三）规范市政基础设施投融资服务体系

黑龙江省要加快新型城镇化建设，就必须确保政府投入，建立政府与市场合理分工的城市基础设施投融资体制。政府应集中财力建设非经营性基础

设施项目，通过特许经营、投资补助、政府购买服务等多种形式，吸引包括民间资本在内的社会资金，参与投资、建设和运营有合理回报或一定投资回收能力的经营性城市基础设施项目，在市场准入和扶持政策方面对各类投资主体同等对待。首先，要搭建投资服务平台。政府要切实转变思想观念，树立服务意识，通过新闻媒体的宣传等信息发布渠道，组建中介服务机构，建立投资服务网络，根据黑龙江当前基础设施的建设情况，储备和筛选投资项目，确保资金与项目均有效。其次，要拓宽融资渠道。促进基础设施建设投资多元化，形成以社会资本为主体、以政府投资为辅助，全面利用各种资金的开放性重点项目投资机制。对于非经营性的项目主要由政府投资建设，工程实行统一管理，政府财政支出要向市政基础设施建设方向倾斜；对于经营性项目，应充分吸引各种社会资金进入，采用投融资新模式，完全实现其产业化和市场化运作，发挥市场配置资源的基本能力。最后，要建立资产管理机构，实现资产保值增值。长期以来，基础设施建设都由政府部门垄断，这种自我封闭的体制造成市政基础设施建设投入大、质量差、效率低的尴尬局面，同时缺乏资产经营管理的专门机构，造成基础设施建设资产产权主体模糊。政府部门应利用资本市场展开资本运营、盘活资产存量，以实现资产的保值增值。

参考文献

陶崇熙：《浅谈通过考核机制提升城市市政基础设施的管理与养护水平》，《福建建材》2015 年第 3 期。

杨志辉：《我国城市市政基础设施建设成就、问题剖析与对策探究》，《工程技术》2016 年第 8 期。

黑龙江省历史文化名城名镇名村保护研究

周 鑫*

摘　要：　截至2020年，黑龙江省历史文化名城名镇名村保护工作已初步形成基本工作框架，相关法制建设初步完成，保护内容、范围、措施等不断完善。未来五年，黑龙江省将重点在现有历史文化名城名镇名村格局下，重点从名城名镇名村培育、保护规划编制以及历史文化遗产合理开发利用三个方面，切实做好历史文化名城名镇名村的保护工作和有效宣传。并深入探索历史文化资源开发利用新理念、新制度、新技术、新模式，为黑龙江省"文化强省""旅游强省"的总体战略做好基础支撑。

关键词：　历史文化名城名镇名村　保护规划　开发利用

一　"十三五"工作回顾

"十三五"期间，以《黑龙江省历史文化建筑保护条例》的颁布实施为标志，黑龙江省历史文化保护工作全面开展。在历史文化名城名镇名村的申报确定、历史文化街区的审批公布以及历史建筑的入籍管理等方面，取得了初步成绩。

---

* 周鑫，高级城市规划师、国家注册城市规划师，现就职于黑龙江省寒地建筑科学研究院，主要研究方向为城乡规划。

（一）历史文化名城名镇名村保护内容体系初步确立

黑龙江省现已形成由中国历史文化名城、中国历史文化名镇、中国历史文化街区、传统村落、省级历史文化名城、省级历史文化名镇、省级历史文化名村组成的多级历史文化保护体系。现有中国历史文化名城 2 个，为哈尔滨市和齐齐哈尔市；中国历史文化名镇 2 个，为横道河子镇和爱辉镇；省级历史文化名城 2 个，为宁安市和依兰县城；省级历史文化名镇 3 个，为泰来县塔子城镇、泰来县江桥镇、龙江县龙兴镇；省级历史文化名村 3 个，为克东县金城乡古城村、肇源县民意乡大庙村、泰来县大兴镇创业村。

（二）历史文化保护法制建设逐步完善

2015 年在《黑龙江省城乡规划条例》明确历史文化名城、名镇名村以及历史街区保护规划的编制审批要求基础上，2016 年制定了《黑龙江省历史文化建筑保护条例》，形成了历史文化保护的法律基础。"十三五"期间，黑龙江省住房和城乡建设厅通过下发《关于督促做好历史文化街区划定和历史建筑确定工作的通知》《关于做好历史文化街区划定和历史建筑确定有关问题整改工作的函》《关于组织申报省级历史文化名城等工作的通知》《黑龙江省住房和城乡建设厅关于报送历史文化街区划定和历史建筑确定工作评估验收报告的函》等多项文件，开展对历史文化保护的督促工作。2019 年，印发《黑龙江省历史建筑测绘建档工作三年行动计划实施方案》，提出历史建筑普查、建档的相应标准，为历史建筑保护工作提供指导。

（三）历史文化历史街区、历史建筑划定工作全面开展

"十三五"期间历史文化街区的普查申报工作有序推进，截至 2020 年第三季度，全省 6 个市县共划定历史文化街区 35 片，并公布了其中第一批 19 个历史文化街区；全省 25 个市县划定历史建筑 369 处。历史文化街区、历史建筑划定工作的开展，为黑龙江省历史文化名城名镇名村保护，做好了坚实的基础工作。

（四）历史遗存的修缮利用已初见成效

哈尔滨市对侵华日军第七三一部队遗址、双城东北民主联军前线指挥部旧址、犹太人活动旧址、哈尔滨游艇俱乐部旧址、圣·索菲亚教堂、圣·伊维尔教堂、阿城清真寺、依兰清真寺、中东铁路大桥、香坊火车站、道外关道衙门旧址等历史文化建筑进行了保护修缮，在保护历史文化遗存的同时，实现了城市历史纪念、形象宣传、文化旅游等多方面功能的提升，充分合理地凸显了历史文化资源的价值。例如，对"中东铁路大桥"的改造，不仅延续了城市历史，也使其成为哈尔滨市网红旅游景点，获得了极大的社会认可。

二 工作中存在的现实问题

黑龙江省在历史文化的保护和利用上，存在诸多的现实问题，在一定程度上影响了历史文化名城名镇名村的发展建设。尤其对近现代优秀历史遗存，存在认识不到位、确立不及时、保护不全面、资金不匹配、监管不明确等多方面问题。

（一）保护意识有待增强

历史遗存多为近现代时期，其历史文化价值未得到充分重视，加之历史文化遗存保护建设需要大量资金支持，部分城市更是将其看作城市发展的负担。工作中对城市传统格局、代表建筑、重要环境要素等基础保护内容不清楚、不了解，甚至故意瞒报漏报，对已确立的保护要素的损毁"视而不见"的现象大量存在。仅历史建筑保护一项，即存在较为突出的认知问题，根据2020 年《黑龙江省历史文化街区和历史建筑确定工作评估验收报告》，截至2020 年 7 月，全省 13 个城市未确定历史建筑数量，历史建筑确定数量为 0 的城市占全省城市总数的 37.1%，2019 年该数字为 21，占比达到 61%。数据中固然存在经排查确实不符合历史建筑的情况，但更多是对历史建筑的划定范围不准确、认定条件不清楚等，归根结底是对历史文化保护工作的认识不足。

（二）历史文化名城名镇名村确立滞后

黑龙江省历史文化资源丰富，但无论是历史文化名城名镇名村的数量还是质量，均与其不符。现阶段除"中东铁路"文化遗存在哈尔滨、齐齐哈尔、横道河子等国家级历史文化名城名镇中得以展现外，优秀的"红色历史文化""一五工业遗产"等近现代时期的文化遗存未得到充分的统计和及时的申报，致使黑龙江省整体历史文化名城数量在国内各省排名中靠后。部分已明确将历史文化资源作为发展支撑点的城镇、村庄也存在对历史文化保护内容认识不全面的情况，为快速形成经济效益，在旅游开发、城镇建设中对历史文化资源保护不利或过度开发，使历史文化保护的质量得不到提升，无法达到历史文化名城名镇名村的核定要求。

（三）保护规划未能全面覆盖

目前，黑龙江省现有历史文化保护类规划，仅满足覆盖国家级历史文化名城、名镇及传统村落的要求，省级历史文化名城名镇均无保护规划。历史文化街区已编制保护规划的有 10 个，仅占已划定历史文化街区总数的28.6%、已公布总数的52.6%。保护规划编制进程远落后于历史文化名城、名镇及历史街区的划定、公布工作。在非历史文化名城名镇名村的规划中，历史文化保护方面的内容过于笼统，未能在总体上起到对历史文化资源保护和合理开发利用的指导作用。

（四）专项资金落实不到位

受地方财政资金限制，黑龙江省历史文化保护专项资金落实普遍不到位，严重影响开展历史建筑的普查、申报、修缮工作。历史建筑破损、缺失现象普遍存在，新的历史建筑普查核定工作未能有效衔接，造成历史建筑普查断档、核定滞后、保护缺失的局面。

（五）监管职能分散

历史文化保护工作长期受"二元体制"的影响，始终未能明确其专项工作职权，省级行政管理机构存在城镇、乡村分属不同科室管理的情况。在各级城镇中，受机构调整影响，职权更加分散，不同地区存在住建、自然资源、文旅等不同部门同时管理部分事务的情况，相应政策传达部门不对口，难以形成统一有效的监管渠道。

三 "十四五"工作展望

"十四五"时期，根据国家层面加强历史文化名城名镇名村保护工作的要求，黑龙江省将继续深化改革该项工作。将"两山理论"充分运用于实际，全面突出深挖掘、全覆盖、重落实的基本要求，发挥历史文化资源对"文化强省""旅游强省"战略的基础支撑作用。

（一）加强历史文化挖掘，增加历史文化名城名镇名村数量

黑龙江省历史源远流长，从6000余年前新石器早期的新开流文化至现代"一五"工业建设、北大荒开垦，均留有与重要事件相关的历史遗存，应通过对历史文化资源的深入挖掘整理，集中优势，将具备相应历史文化资源的城镇、村庄培育成为历史文化名城名镇名村，提升黑龙江省文化软实力。

1. "红色历史文化"型历史文化名城名镇名村

黑龙江省"红色历史文化"资源极其丰富，从泰来县江桥镇"抗战第一枪"到虎林市虎头镇"二战终结地"，那一时期东北抗联活动遍布全省，是我国反法西斯战争中重要的历史事件发生地。但截至2020年7月，仅江桥镇申报为省级历史文化名镇。虎林市虎头镇、东宁市三岔河镇、孙吴县沿江乡作为抗击侵华日军的军事要塞，具有优秀爱国主义教育的历史文化价值，以此为基础，关联其具备的其他历史要素，如始建于清朝雍正年间的虎

头镇虎头关帝庙等，可作为申报历史文化名城名镇名村的拟定目标。

2.“一五”老工业基地历史文化名城名镇名村

新中国成立初期的工业建设内容已成为特定历史时期的代表。“一五”期间以煤炭、石油、森林三大资源开采为核心的城市建设，极具时代特征，并留有大量的历史遗存，以此为基础整理城镇的核心历史价值，集中打造1~3个历史文化名城名村，如大庆市、鹤岗市等；尤其原森工系统中部分林场，长期保留传统建设格局，大量该时期的建筑保存完好，通过深入排查整理可培育一批符合要求的历史文化名村。

3.“传统民族文化”型传统村落

在中国古代，黑龙江长期为少数民族生活区域，受渔猎民族生活习惯和战争等因素影响，历史文化遗存相对比较分散，多集中于乡村一级，但其特色较为突出，可申报为传统村落。如2016年，习近平总书记参观同江市八岔赫哲族乡八岔村时，对其国家级非物质文化遗产作出了高度评价，黑龙江省此类村庄仍有部分未获批传统村落，要加快挖掘整理进度，积极申报。

4.继续深挖“中东铁路文化线路”上的历史名城名镇

“中东铁路文化线路”作为黑龙江省目前历史价值体现得最好的文化品牌，其历史沿线仍有部分城镇为重要的节点，留有部分历史遗存，例如，可对绥芬河市、尚志市一面坡镇等进行积极排查整理，争取达到历史文化名城名镇申报标准。

（二）建立完整保护机制，保护规划全面覆盖

在历史文化名城名镇名村的保护工作中，建立完整的保护细则，针对不同类型历史文化遗存，从保护要求、修缮方案、监管责任、资金预算、可利用模式等方面形成全面、细致、具有针对性的保护机制。新晋历史建筑要及时入档管理，并划定相应的保护范围和明确相应的保护要求。

进一步加强对历史文化保护规划的推进工作。现有已批准历史文化名城、名镇、名村及历史街区、传统村落全部实现保护规划覆盖。未划入历史街区的独立历史建筑，结合新一轮国土空间规划的编制应单独制定保护规

划，划定保护范围。加强各类保护规划的技术要求，加入历史地段、传统建筑、工业遗产等保护内容的长期目标和原则性建议。重点解决历史文化遗产保护规划编制、复合、公布等方面的滞后问题，加快历史文化保护工作进程。全面提升历史文化保护工作中各相关环节的工作效率，按照标准流程紧凑实施。

（三）营造"历史对话"效果，促进美丽黑龙江建设

城乡建设发展进程如同人的成长过程，各个不同阶段的城市建设行为正如人生中不同的阅历。长期的历史积累，形成别具一格的特色风貌，成为城市的定位和特色依托。

在城乡建设中，充分尊重历史文化传承，是彰显城市魅力的基础。城市建设中，尊重历史空间格局是城市历史文化保护工作的重要内容，避免因为基础设施扩建而破坏城市空间尺度。历史街区、历史建筑周边区域的建设应与历史遗存本身产生互动，相互衔接，即实现新建建筑的功能现代化，也要突出城市建设的延续性。如西安市在漫长封建社会时期遗留古都形制，成为其特定风貌，在后续的建设中，虽建筑技术不断发展，但具有修饰作用的元素符号，始终凸显于各时期的历史建筑中，六朝古都也逐渐成为西安名片；再如哈尔滨火车站的改造过程中，充分利用历史文化资源，在设计手法上充分尊重原有设计，不仅体现了建筑本身的历史特征，也提升了城市风貌的历史认同。

在美丽乡村建设中，为避免"千村一面"，要着重村庄的历史传承要求。除保持村庄传统格局、传统建筑风貌外，山水格局、环境要素也是突出村庄特色的重要因素，如村口大树、村后晒场等均是代表"乡愁"的要素。

（四）落实文化强省战略，提振黑龙江旅游经济

历史文化是旅游经济的重要载体，将历史文化名城名镇名村建设与旅游产业发展相结合，是实现历史文化资源价值的有效途径。"十四五"期间重点加强旅游线路上节点城镇历史文化资源的保护和开发工作，包括虎头镇、

太平沟镇、沿江乡等一批尚未列入历史文化名镇的城镇。

已公布的历史文化名城名镇名村要充分利用现有历史文化资源，历史街区要完整、真实地保护，并结合适宜旅游类型合理开发，历史文化资源的完整和真实，是旅游产业可持续发展的前置条件。结合历史文化资源分布，在全省范围内形成"G331 国道传统民族文化旅游线路""中东铁路文化旅游线路""红色历史文化线路"3 条重要的文化旅游线路。

四　对策与建议

应对黑龙江省现阶段和未来"十四五"期间的历史文化名城名镇名村保护工作，需从加强制度建设、方法创新和责任落实几方面入手，全面保障历史文化资源的有效保护和合理开发。

（一）确立"两项制度"

1. 确立"历史文化保护名录"制度

以地市为单位，按照《黑龙江省历史文化建筑保护条例》历史建筑划定的标准，将现有历史建筑和符合条件新晋的历史建筑及时纳入名录备案，确立历史文化保护名录制度。按照历史文化街区、历史文物、历史建筑、历史环境、工业遗产、传统风貌区、名镇、名村和传统村落 9 类历史遗存分别进行名录化管理，将各类历史遗存如实纳入名录，制定相对应的保护内容，并年度更新保护名录内容。

2. 确立历史文化保护奖惩制度

明确历史文化保护奖惩对象主体，确立自然人、开发建设企业、行政主管单位三个方向。改变保护工作思路，形成"严惩"与"重奖"相结合的保护工作机制，使历史文化遗存的保护方式形成自上而下与自下而上的结合机制。确立对历史文化保护工作做出贡献的单位、个人给予适度奖励的激励制度。凡发现具有保护价值但尚未列入保护名录的单位或个人，均可向县级以上人民政府申报，经评估确具保护价值的，根据保护价值大小，由政府财政专项资金给予表彰奖励或实物奖励。

在历史建筑所在街区实施商业开发建设活动，执行保护规划效果较好且对历史建筑进行修缮活动并达到相应标准的，应对其商业活动予以表彰。历史建筑所有权为政府所有的，应优先考虑其作为历史建筑使用权人；在政策允许情况下，历史建筑所有权为其他单位或个人所有的，可在其他建设项目中，给予一定奖励。

（二）鼓励"三个创新"

1. 鼓励保护体制创新

在现行法律法规基础上，鼓励历史文化遗产保护方面的体制创新。有效利用信息化平台，充分动员社会力量，在目录准入标准、保护规划、政策制定、社会监督等方面为历史文化保护工作出谋献策。整合各层级历史文化保护工作的行政主管机构，设立专职历史文化保护部门，使历史文化名城名镇名村的保护工作具有专职性和专业性。

2. 鼓励保护技术创新

历史文化名城名镇名村的保护工作中，在监管技术、修缮技术等方面引入新的技术创新理念，提升保护工作效率。

在监管技术方面，引入空间信息技术，创建历史文化遗存数字化模型数据库，将全省历史文化资源纳入统一开放平台，接受全民监督，对历史建筑及其周边环境要素的变化，快速接受反馈，实施监督检查。

在修缮技术方面，鼓励传统工艺匠人开办"传统施工工艺"专业培训学校，可采用线上、线下结合的方式教学，避免传统施工工艺断代，而无法对历史建筑进行原貌修缮。创建"历史建筑材料仓库"，部分不具有历史价值但与历史建筑同期的建筑在拆迁时，应将其具有再利用价值的材料统一编号收集；在历史建筑修缮时，将历史材料应用于历史建筑，可在最大程度上还原历史建筑风貌。尤其有部分历史建筑材料现已难以复制，可减少现代材料在历史建筑中的运用，从而完整表现历史建筑的原有风貌。

3.鼓励合理使用模式创新

历史文化名城名镇名村中，成片的历史街区、著名的历史建筑的合理使用模式，在国内外均有较为成熟的经验可以借鉴，此不做赘述。重点研究单独历史建筑以及工业遗产的合理使用模式。

单独历史建筑一般坐落于城市旧区中，在进行城市旧区改造时可参考旧区征收模式，对该建筑进行征收，以旧区安置同等条件安置房屋所有人。所在地段成片开发时，将其保护要求纳入土地出让条件，该历史建筑可结合实际功能，原房屋性质为公共建筑的作为物业管理、公共设施等职能；为住宅建筑的，在对其进行修缮改造后不仅可以满足现代生活需求，也可以继续作为独立住宅使用，按新建住宅核发不动产证。创新历史建筑的开发转让模式，可极大缓解保护资金不足的问题，避免出现历史建筑空置的情况，让历史建筑融入现代生活。

工业遗产是黑龙江省另一大特色历史遗存，全省各地分布广泛。结合工业建筑的特性，体量较大的可作为室内运动场馆，或结合特殊构筑物，打造主题工业遗产公园；全省各地大量遗存的"工人俱乐部"，多数主体结构完好，经现代化消防改造、结构加固后仍可作为城市影剧院、报告厅等城市公共服务设施；地处郊区、场地较大的工业厂区，可改造为汽车露营点等文旅项目。在策划工业遗产新的功能时，保护了工业遗产的历史传承，让历史遗存讲述现代故事。

（三）落实"四个责任"

历史文化名城名镇名村的保护工作必须严格实施各项责任制度，落实保护工作中各阶段的责任主体，实现历史文化保护工作责任的连续性。

1.落实历史建筑所有人的保护责任

历史建筑应依据有关法律条款明确相关保护责任人，并予以公布。保护责任人应承担对历史建筑的日常保护责任，包括建筑的日常养护、建筑的保护监管等。出台相关管理规定，对保护责任人拒不履行或无力履行相关责任的，应由政府组织协商后，转让产权并另行确定相关保护责任人。

2. 落实基层管理部门的监管责任

改变现有行政管理职能分散、监管推责情况，各地设立独立的历史文化保护监管部门，对应辖区内城镇、乡村全部历史遗存的监管责任。对已划定的历史街区、传统风貌区内，独立的历史建筑、环境要素周边等的新建项目，拥有监督审查责任；对辖区内定期开展的历史建筑认定工作，负有组织责任。

3. 落实规划设计单位的技术责任

采用"失信名单"制度，对从事历史文化保护方面工作的规划、设计单位落实技术责任制度。在历史文化街区、历史建筑的规划、设计中采用不当技术方案，导致历史文化遗存保护不利的规划、设计机构应纳入失信名单，根据损失情况采取资质吊销、降级及业务暂停等处理办法。

4. 落实建设施工单位的质量安全责任

为了保护历史真实载体和历史环境，施工单位在编制施工组织设计时，应坚持合理利用、永续发展的原则，根据保护建筑工程的特点编制专项安全施工组织设计，并采取相应的安全技术措施。工程质量必须符合历史建筑要求，采用的材料、施工工艺需与历史建筑的本身一致，在施工过程中偷换材料、未按规定工艺施工的企业，应对历史建筑的损害情况进行原貌恢复，不具恢复能力的，应有监管单位另行组织其他施工单位复原，造成的损失由施工企业赔偿。

"历史文化遗产是不可再生、不可替代的宝贵资源"，大力宣传、学习历史文化保护法律规定和价值认知，增强历史文化保护意识，探索历史文化保护与开发等可持续方案的工作，是实现黑龙江省文化振兴、文化强省战略的重要保障。

参考文献

黑龙江省住房和城乡建设厅：《黑龙江省住房和城乡建设厅关于报送历史文化街区

划定和历史建筑确定工作评估验收报告的函》，2020 年 8 月 11 日。

黑龙江省住房和城乡建设厅：《"十四五"城乡建设与历史文化保护传承规划调研发言材料》，2020 年 9 月 28 日。

李晓阳、谭士元：《对黑龙江省红色旅游资源开发的思考》，《商业研究》2006 年第 6 期。

黑龙江省城镇环境治理研究

王　健*

摘　要：　本报告分析了"十三五"时期，黑龙江省在城市环境建设中
的污水收集处理、黑臭水体整治、生活垃圾分类治理、存量
垃圾整治等方面取得的主要成就，提出了污水管网建设与改
造需要进一步加强、污水处理厂需要提质增效以及生活垃圾
分类推进力度仍需加大、无害化处理能力有待进一步提高等
问题。针对黑龙江省在城镇环境治理中面临的问题，提出了
符合黑龙江省城镇环境治理工作的对策措施。

关键词：　城镇环境　城镇污水　生活垃圾

一　"十三五"时期城镇环境治理取得的主要成效

黑龙江省城市化的快速发展导致了一系列环境问题，垃圾围城现象逐渐
增多，部分水体出现黑臭现象，城镇排水和污水处理设施建设水平需要不断
提高。"十三五"时期，全省切实贯彻落实习近平生态文明思想，按照党中
央、国务院决策部署，发布一系列适合黑龙江省发展的政策法规，指导各地
推进城市环境治理工作并取得一定成效。

（一）城镇污水收集处理取得显著成效

为加快补齐城镇污水收集处理短板，尽快实现污水管网全覆盖，生活污

---

* 王健，黑龙江省寒地建筑科学研究院高级工程师，主要研究方向为城市环境工程。

水全收集、全处理目标，"十三五"时期，全省贯彻落实《中共中央　国务院关于全面加强生态环境保护坚决打好污染防治攻坚战的意见》（中发〔2018〕17号）、《国务院关于印发水污染防治行动计划的通知》（国发〔2015〕17号）、《国家发展改革委　住房城乡建设部关于印发〈"十三五"全国城镇污水处理及再生利用设施建设规划〉的通知》（发改环资〔2016〕2849号）、《住房城乡建设部关于印发〈城镇污水处理工作考核暂行办法〉的通知》（建城〔2017〕143号）、《住房城乡建设部　生态环境部关于印发城市黑臭水体治理攻坚战实施方案的通知》（建城〔2018〕104号）、《城镇污水处理提质增效三年行动方案（2019—2021年)》、《城镇排水与污水处理条例》，先后印发《黑龙江省人民政府关于印发黑龙江省水污染防治工作方案的通知》（黑政发〔2016〕3号）、《黑龙江省人民政府关于印发黑龙江省生态环境保护"十三五"规划的通知》（黑政发〔2016〕47号）、《黑龙江省城镇污水处理提质增效三年行动实施方案（2019—2021年)》、《黑龙江省城镇污水处理设施布局规划（2019—2035)》（黑建基〔2019〕3号），统筹指导各地推进城镇污水收集处理工作，并取得显著成效。

1. 城镇生活污水处理能力大幅提升

截至2019年12月，全省城市排水管道长度达12422公里，城市污水年排放总量达118827万立方米，污水处理总量达110248万立方米，城市污水处理厂日处理能力达406.3万立方米，污水处理率达92.78%。城市排水管道长度较2015年增长了20.08%，城市污水处理厂日处理能力和污水处理率较2015年分别增长了16.95%和8.37个百分点（见表1）。全省县城排水管道长度达3849公里，县城污水年排放总量达18507万立方米，污水处理总量达17022万立方米，县城污水处理厂日处理能力达75.0万立方米，污水处理率达91.98%。县城排水管道长度较2015年增长了18.98%，县城污水处理厂日处理能力和污水处理率较2015年分别增长了14.33%和6.63个百分点（见表2）。全省设市城市、县城污水处理率较"十二五"末期分别提升8.37个和6.63个百分点（见图1）。

表 1 2015～2019 年黑龙江省城市排水和污水处理情况

年份	排水管道长度（公里）	污水年排放总量（万立方米）	污水处理总量（万立方米）	日处理能力（万立方米）	污水处理率（％）
2015	10345	122699	103566	347.4	84.41
2016	10722	121494	111066	365.0	91.42
2017	11990	111139	99975	383.9	89.95
2018	12278	113831	103573	381.3	90.99
2019	12422	118827	110248	406.3	92.78

资料来源：2015～2019 年《中国城乡建设统计年鉴》。

表 2 2015～2019 年黑龙江省县城排水和污水处理情况

年份	排水管道长度（公里）	污水年排放总量（万立方米）	污水处理总量（万立方米）	日处理能力（万立方米）	污水处理率（％）
2015	3235	15151	12931	65.6	85.35
2016	3288	15586	14315	66.9	91.85
2017	3432	15740	13908	66.0	88.36
2018	3515	16546	14567	69.2	88.04
2019	3849	18507	17022	75.0	91.98

资料来源：2015～2019 年《中国城乡建设统计年鉴》。

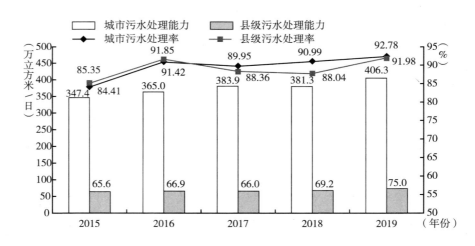

图 1 2015～2019 年黑龙江省城镇污水处理情况

资料来源：2015～2019 年《中国城乡建设统计年鉴》。

截至 2018 年第三季度末，全省已建成 150 座污水处理厂，其中在住建部信息系统上报运营的有 118 座，已运营城镇污水处理厂的处理能力为 416.97 万立方米/日。其中，13 个地级城市生活污水处理能力为 285.75 立方米/日，其他市县生活污水处理能力为 131.22 立方米/日。2018 年第三季度城镇污水处理厂建设运营考核结果，排序前 3 名的是：哈尔滨市、鹤岗市、七台河市，其中，哈尔滨市在全国 36 个重点城市中排名第 6，比第二季度进步 20 位。

2019 年，全省县级以上城镇共启动新、改、扩污水处理厂项目 85 个，共完成新建改造排水管网 571 公里，新建（扩建）污水处理厂 10 个，新增污水处理能力 27.6 万吨/日，完成提标改造污水处理能力 20.6 万吨/日。①

黑龙江省城镇生活污水处理能力大幅提升，新改扩污水处理厂项目、新建改造排水管网、污水处理规模和处理能力逐年提高。

2. 城市黑臭水体整治取得阶段性进展

根据国务院印发的《水污染防治行动计划》及住房城乡建设部会同环境保护部、水利部、农业部等部委编制的《城市黑臭水体整治工作指南》要求，全省于 2015 年启动了地级以上城市建成区黑臭水体整治工作。通过自查认定及国家黑臭水体专项督查和专项巡查，全省纳入国家治理台账的城市黑臭水体共 44 处，采取控源截污、清淤疏浚、垃圾清理、生态修复等措施进行整治。各地高度重视，治理取得阶段性进展，如图 2 所示。截至 2020 年第二季度末，各地上报已完成治理 40 处，黑臭现象基本消除。尚未完成治理的齐齐哈尔市昂昂溪区纳污坑塘，鹤岗市西山沟、前进沟、小鹤立河 4 个黑臭水体已全面开工。

2018 年，哈尔滨市委、市政府提出城区 46 条重点水系综合治理战略措施，制定了《哈尔滨市城区重点水系综合治理（2018—2020 年）行动计划》，2019 年全面启动实施积存垃圾清理、违法违章建筑物拆除、种植业结构调整、涉水点源分类整治、畜禽养殖排查整治五大专项整治任务，与 8 大类 76 项重点治理工程，明确了"沿河治河、先易后难、由面到点"的治理思路，目的

---

① 黑龙江省住房和城乡建设信息网，http://zfcxjst.hlj.gov.cn。

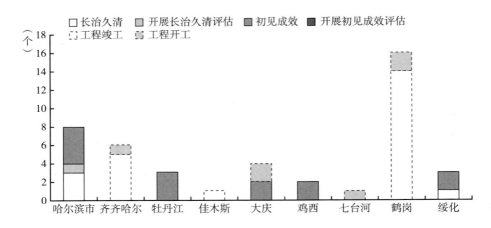

图 2　2020 年黑龙江省城市黑臭水体消除情况

资料来源：黑龙江省住房和城乡建设信息网。

是全面打赢水污染防治攻坚战，为市民打造一个人与自然和谐共生的城区水系环境，持续提升人民群众的获得感和幸福感。哈尔滨市城区重点水系综合治理工作共涉及全市 46 条水系、9 个行政区、1 个县级市、21 个乡镇街道，河道总长度为 172.6 公里，治理范围总面积为 1325.3 平方公里。

市生态环境局、城管局、水务局、农业农村局等牵头部门按照自下而上的"问题清单"，自上而下的"任务清单"和以区（市）为主体、以市直部门战线协调为指导的"责任清单"要求，各市直牵头部门与九区、尚志市政府迅速行动，五大专项整治任务立改立行。截至 2020 年 7 月，共清理 167 处垃圾积存点位，拆除 344 处河道外违建，整治 12 家规模化养殖场及 177 个散养户村屯，分类整治 1404 家涉水点源，调整 21.4 万亩种植业结构，五大专项整治任务完成率接近 100%。建成文昌（太平）污水处理厂、信义污水处理厂体表改造、信义污水处理厂应急调水、庙台沟污水截流等 31 项重点治理项目，阿什河东污水处理厂及配套管网等 11 项污水截流、污水处理、垃圾截渗工程在建。

下一步，哈尔滨市将向全市推广 307 条纳入河湖长制管理的河流，整合力量、上下联动，为"十四五"时期水污染防治工作再添动力，推动市域水环境质量整体改善、水质再登新高。

（二）城镇生活垃圾治理取得阶段性进展

由于城镇生活垃圾产生量和排放量逐年增加，垃圾围城现象逐渐增多。城镇垃圾的产量在迅速增加，垃圾的构成也相应地发生了变化。传统的城镇垃圾以有机垃圾为主。近年来，随着高分子合成材料、塑料、干电池及各种包装材料的大量使用，城镇垃圾的组成日益复杂。遵循减量化、资源化、无害化的原则，实施生活垃圾分类，引导人们形成绿色发展方式和生活方式，能够有效改善城乡环境，回收利用垃圾中的资源，加快资源节约型和环境友好型社会建设，切实提高新型城镇化质量和生态文明建设水平。

"十三五"期间，黑龙江省先后印发《关于做好生活垃圾分类工作的通知》《黑龙江省城镇生活垃圾无害化处理设施建设"十三五"规划》《黑龙江省城镇生活垃圾治理能力提升三年行动方案（2018—2020年)》《黑龙江省城乡固体废物分类治理布局规划（2019—2035年)》《关于进一步做好城乡生活垃圾分类工作的指导意见》《黑龙江省城镇存量垃圾治理规划（2019—2020年)》等一系列政策文件，统筹指导各地推进垃圾分类治理工作，并取得阶段性进展。

1. 生活垃圾无害化处理能力大幅提升

截至2019年12月底，全省城市生活垃圾清运量达523.61万吨，处理量为512.39万吨，无害化处理量为499.97万吨，无害化处理能力为19113吨/日，生活垃圾处理率达97.86%，生活垃圾无害化处理率达95.49%。垃圾处理率较2015年增长了10.25个百分点，无害化处理率较2015年增长了17.25个百分点（见表3）。全省县城生活垃圾清运量为181.02万吨，处理量为176.77万吨，无害化处理量为167.73万吨，无害化处理能力为5411吨/日，生活垃圾处理率达97.65%，无害化处理率达92.66%。生活垃圾处理率和生活垃圾无害化处理率大幅提高（见表4）。全省设市城市、县城生活垃圾无害化处理率较"十二五"末分别提升17.25个和67.54个百分点，提前完成了国家"十三五"规划要求"设市城市、县城生活垃圾无害化处理率分别达到95%和80%以上"的任务目标（见图3）。

表3　2015～2019年黑龙江省城市生活垃圾处理情况

年份	清运量 （万吨）	处理量 （万吨）	无害化 处理量 （万吨）	无害化处 理能力 （吨/日）	生活垃圾 处理率 （%）	生活垃圾 无害化处 理率（%）
2015	523.00	458.18	409.18	13673	87.61	78.24
2016	541.94	483.45	436.90	16306	89.21	80.62
2017	553.23	488.63	457.71	17201	88.32	82.73
2018	524.93	475.02	456.39	18831	90.49	86.94
2019	523.61	512.39	499.97	19113	97.86	95.49

资料来源：2015～2019年《中国城乡建设统计年鉴》。

表4　2015～2019年黑龙江省县城生活垃圾处理情况

年份	清运量 （万吨）	处理量 （万吨）	无害化 处理量 （万吨）	无害化处 理能力 （吨/日）	生活垃圾 处理率 （%）	生活垃圾 无害化处 理率（%）
2015	199.89	98.64	50.21	2110	49.35	25.12
2016	189.93	123.72	71.37	2811	65.14	37.58
2017	187.86	146.33	108.94	3281	77.89	57.99
2018	164.28	143.12	107.48	4805	87.12	65.42
2019	181.02	176.77	167.73	5411	97.65	92.66

资料来源：2015～2019年《中国城乡建设统计年鉴》。

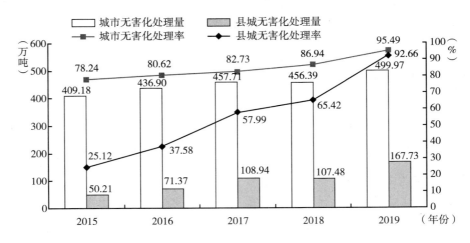

图3　2015～2019年黑龙江省城镇生活垃圾无害化处理量和无害化处理率情况

资料来源：2015～2019年《中国城乡建设统计年鉴》。

全省垃圾处理主要以卫生填埋为主，2019 年，填埋量为 360.61 万吨，约占总处理量的 72%，其次是焚烧，处理量为 124.45 万吨，约占总处理量的 25%，其他处理方式处理量为 14.91 万吨，约占总处理量的 3%（见图4）。从处理技术上分析，卫生填埋和焚烧仍然是全省生活垃圾无害化处理的主要方式。近年来，垃圾焚烧量增长迅速，2019 年垃圾焚烧量是 2015 年的 3.23 倍。焚烧具有减量和减容效果好的特点，垃圾焚烧占比的提升有效缓解了卫生填埋占用大量土地并且不可持续的问题。

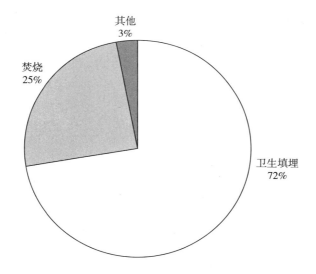

图 4　2019 年黑龙江省城镇生活垃圾处理方式比例

资料来源：黑龙江省住房和城乡建设厅。

2020 年，列入全省百大项目计划的 8 个生活垃圾焚烧发电项目已全部开复工建设，其中 4 个项目预计 2020 年底竣工并投入使用。届时，可新增生活垃圾日处理能力 3500 吨，全省生活垃圾无害化处理能力和水平将得到进一步提升。

2. 地级及以上城市生活垃圾分类工作全面启动

截至 2020 年 9 月中旬，13 个地级及以上城市中已开展垃圾分类的公共机构达 8102 家，已开展垃圾分类的居民达 173.5 万户，累计配置 13.8 万组分类收集容器。收集转运体系不断完善：县级以上城市累计购买生活垃圾收集运输车辆 3719 辆，餐厨垃圾收集运输车辆 111 辆，建成生活垃圾转运站 794 座，收集转运能力达到 1.89 万吨/日。餐厨垃圾资源化处理能力有所提高：以哈尔滨、齐齐哈尔、牡丹江为试点，建成并投入使用餐厨垃圾资源化利用设施 3 座，新增处理能力 500 吨/日，初步构建了餐厨垃圾回收利用体系。

3. 存量垃圾治理取得阶段进展

结合存量垃圾场规模、垃圾成分、陈腐程度、填埋年限、场址地质构造、周边环境条件、修复后用途等特点，因地制宜制定存量垃圾场的治理方案。全省 280 处存量垃圾堆放场累计上报完成治理 201 处，达到任务总量的 71.8%。

二 黑龙江城镇环境治理存在的主要问题

随着城镇化进程的不断推进和排水、污水处理和垃圾治理设施建设固定投资的不断增加，全省城镇排水、污水处理和垃圾治理设施建设水平不断提高，在一定程度上也取得了相当的成效。同时，城镇污水处理和垃圾治理的发展仍有较大的进步空间，需要采取有效措施使其进一步提升，实现对城镇污水和垃圾的有效处理。目前，全省的城镇污水处理和垃圾治理工作主要存在以下几方面的问题和不足。

（一）城镇污水收集处理存在的主要问题

1. 污水管网建设与改造需要进一步加强

县级以上城市污水收集率为 65% 左右，按照国家 2020 年对城市和县城污水收集率的考核标准，需新建污水收集管网约 2487 公里。老旧城区和城乡接合部存在生活污水收集处理设施空白区；市政排水管网部分年久失修、淤积漏损；老城区雨污合流管网引起溢流污染；有些市政管网和居民小区内部管网错接混接；很多工业企业规模不大，普遍采用简单处理后排入市政管网的方式，工业废水与市政污水混杂，严重影响污水处理厂运营。

2. 城市生活污水处理厂需要提质增效

大量建设城镇污水处理厂带来城镇污水处理厂处理规模快速提升，伴随而来的是污水处理厂进水平均浓度持续下降。究其原因，主要是截污系统效率不高，导致河水、地下水、施工降水等大量进入污水处理厂。污水被大量稀释加大了污水处理厂的水力负荷，严重挤占了有限的污水管网容量和污水处理厂的处理规模，使真正的污水无法进入管网。

3. 污水处理能力分布不均衡

从全省现状来看，部分城市发展速度快，现有污水处理厂能力不能满足需求，部分城市受管网覆盖率较低或区域发展不平衡等因素的影响，污水处理厂运行负荷偏低。例如哈尔滨市群力、文昌污水处理厂现在的处理能力已不能满足发展需要，而平房、团结污水处理厂运行负荷率偏低，"吃不饱"问题较为突出。全省现状污水处理厂存在运行负荷率偏低问题的市县占40.7%，这种"大马拉小车"的状态导致已建成的污水处理设施不能最大限度地发挥效益。

4. 工业企业排水管理不规范

经济技术开发区、高新技术产业开发区、出口加工区等工业集聚区，有些企业将未经处理或处理后不能被城市生活污水处理厂有效处理的废水接入市政管网和生活污水处理厂。

5. 管网专业运行维护管理机制不健全

排水设施的养护是专业性较强的工作，但各地普遍存在养护队伍人员配备不足、养护经费不到位、养护不到位的现象，不利于污水的收集处理，同时加剧了城市水体黑臭现象。

6. 资金投入仍需加大

尽管近年来，全省对城市的污水处理问题十分重视，但投资的力度仍然不能满足现实要求，城市污水处理系统的投入力度仍有待进一步加强。

（二）城镇生活垃圾治理存在的主要问题

"十三五"时期，全省在垃圾治理方面虽然取得一定成果，但是离习近平总书记指出的"要加快建立分类投放、分类收集、分类运输、分类处理的垃圾处理系统"重要指示精神,以及国家明确的"到2025年地级及以上城市基本建成生活垃圾分类系统"和全省提出的"到2025年县(市)实现公共机构生活垃圾分类全覆盖,至少有1个街道(社区)基本建成生活垃圾分类示范片区"目标要求,仍有较大差距,一些问题和短板有待解决。

1. 生活垃圾分类推进力度仍需加大

全省城市均未实施严格意义上的分类收集、分类运输和分类处理。分类试点范围还需扩大:生活垃圾分类覆盖范围仍十分有限,人民群众在垃圾分类方面的获得感不强。分类收集运输体系有待完善:各地分类投放收集容器和分类运输车辆普遍配备不足,垃圾"先分后混""混装混运"问题没有得到解决。餐厨垃圾处理能力有待提升:3个城市建成并投入使用餐厨垃圾资源化利用设施3座,处理能力为500吨/日,还有9个设市城市规划并建设餐厨垃圾处理设施,县级城市基本不具备餐厨垃圾处理能力。

2. 无害化处理能力有待进一步提高

全省仍有2.42%的城市生活垃圾未进行无害化处理,无害化处理能力存在446吨/日的缺口。仍有5.11%的县城生活垃圾未进行无害化处理,无害化处理能力存在294吨/日的缺口。

3. 垃圾处理设施建立的困境需要破解

近年来,垃圾焚烧量增长迅速,2019年垃圾焚烧量是2015年的3.23倍。垃圾焚烧具有减量减容的优势,但是公众对焚烧烟气、厂区环境的担忧导致焚烧厂的建设阻力重重。

4. 区域发展不平衡问题有待解决

哈尔滨市生活垃圾无害化处理量为184.88万吨,位列全省第一,齐齐哈尔、大庆、鸡西和佳木斯次之,分别为41.98万吨、40.15万吨、30.04万吨和25.83万吨。排名前5位城市的生活垃圾无害化处理量占全省总量的64.58%。东部城市的生活垃圾处理等环境卫生服务水平明显优于其他地区。

黑龙江省城市生活垃圾处理设施水平存在区域性差距表明，大城市生活垃圾处理设施建设较快，中等城市建设较慢，形成"马太效应"。

三　黑龙江城镇环境治理的对策措施

随着全民环保时代的到来，人们对城镇环境的治理情况也越来越关注。如何减少污水排放、提高污水处理质量、提升垃圾处理效果成为当前各级城镇政府亟须重视和解决的问题。因此，各地城镇政府部门、污水和垃圾处理企业要不断加强和提高城镇污水处理能力和水平，积极采用先进的节能环保处理技术，不断在实践中总结经验、创新形式，从而不断改善和提高人民群众的生活环境质量和水平，进而实现城镇的可持续发展，真正实现绿色生活、环保生活。结合本报告所述的城镇环境治理中存在的主要问题，在对策措施上可从以下几方面促进城镇污水处理水平的提高和生活垃圾分类治理体系的建立和发展。

（一）提升城镇环境治理设施效能

1. 推进污水管网建设与改造

新建污水收集管网，增大污水配套管网覆盖率，提升城镇污水收集率。消除生活污水直排口、老旧城区和城乡接合部生活污水收集处理设施空白区；开展新城区雨污分流管线建设；对年久失修、淤积漏损严重的污水管道、排水口、检查井进行维修改造；有计划地对老城区雨污合流管网进行改造。

2. 以收集设施提质增效为核心的全系统效能提升

系统排查和识别城镇污水处理系统设计、建设和运行问题，摸清城市排水设施和河道的相关底数，科学甄别进水浓度长期偏低的根本原因，并通过各种工程措施和技术手段，逐步改善城镇污水处理厂进水水质和碳氮磷结构，提升城镇污水收集处理设施效能，进一步推动城镇排水行业的健康可持续发展。

3. 以提升碳源利用效率为核心的精细化设计运行

近年来，已经开始强化城镇污水处理厂运行问题诊断，未来数年将继续通过工艺技术改造和功能区优化控制，系统解决城镇污水处理厂碳源无效损耗问题，提高内部碳源利用效率，全面提升城镇污水处理设施的技术性能。

4. 实施垃圾分类可持续发展

实施垃圾分类、提高清洁焚烧的占比，建立静脉产业园区不仅可实现可持续发展，也将提高整个社会的资源利用效率。推行生活垃圾分类制度，逐步形成并完善以法治为基础，政府推动、全民参与、城乡统筹、因地制宜的生活垃圾分类制度，加快建立分类投放、分类收集、分类运输、分类处理的生活垃圾收运处理系统，努力提高生活垃圾分类制度覆盖范围，有效减少生活垃圾清运量和最终处理量，减轻终端处理压力，有效回收利用生活垃圾中的重要资源。

（二）健全污水接入和运行维护管理

1. 健全污水接入服务和管理制度

市政污水管网覆盖区域，应当依法将生活污水接入市政污水管网，严禁雨污混接错接，严禁污水直排。

2. 规范工业企业排水管理

经济技术开发区、高新技术产业开发区、出口加工区等工业集聚区应按规定建设污水集中处理设施，严禁未经处理的废水接入市政管网和生活污水处理厂。加强对接入市政管网的工业企业和生产经营性企业的监管，建立部门执法联动机制，依法处罚超排、偷排等违法行为。

3. 完善河湖水位与市政排水口协调制度

合理控制河湖水体水位，妥善处理河湖水位与市政排水的关系，防止河湖水倒灌进入市政排水系统。施工降水或基坑排水排入市政管网的，应纳入污水排入排水管网许可管理，明确排水接口位置和排水去向，避免排入城市污水处理厂。

4. 健全管网专业运行维护管理机制

市政排水管网管护单位要严格按照相关标准定额实施运行维护，根据排水管网特点、规模和服务范围等因素合理配置人员和经费保障。积极推行污水处理厂、管网与河湖水体联动的"厂—网—河（湖）"一体化、专业化运维模式，从运营机制上保障城市污水收集处理的系统性。

（三）多部门协作加强组织领导

1. 加强组织领导

各市（地）、县（市）人民政府（行署）对本辖区污水处理提质增效工作负总责，完善组织领导体制，强化责任落实。住建、环保、规划、城管、水利、农村农业、财政、发改等众多部门，构建良好的体制机制，形成全社会共同治水，各部门各司其职、相互配合的良好工作局面。

2. 加强多部门协作

生活垃圾分类处理不是环卫部门一家的事情。加强社会公众的参与和监督，多部门协同合作，企事业单位和非政府组织配合。积极开展多种形式的宣传教育活动，提高公众垃圾分类意识。生活垃圾处置单位向社会公开设施运行情况、主要污染物排放数据、环境监测数据等，接受政府监管和社会监督。鼓励单位和个人举报生活垃圾收集、运输、处理设施的建设、运营和污染排放中的违法行为。加强组织领导，省级层面加强组织协调，地方层面落实责任，各有关部门各负其责、密切配合、形成合力，扎实推进生活垃圾分类体系的建设。积极鼓励跨地区、跨部门合作，培育和发展专业化、规模化的垃圾处理企业，健全以特许经营为核心的市场准入制度，规范社会资本参与生活垃圾收运处理设施的建设与运营。

3. 加强政策保障

加强科学管理，健全完善法规制度体系，为依法开展生活垃圾分类提供有力保障。进一步完善生活垃圾投放、收集、运输、处理的操作规程，提升各环节的作业效率，努力形成统一完整、能力适应、协同高效的垃圾治理系统。会同发改、税务等部门指导各地建立垃圾收费制度，合理确定收费标准和方式，着力弥补财政资金不足。

（四）区域统筹布局城镇环境治理设施

1. 区域统筹布局污水处理厂

距离城市较近的镇的污水进入城市污水处理厂统一处理。相互之间距离较近的建制镇可建共享污水处理设施。建制镇污水处理设施的处理能力兼顾周边规划，保留农村污水处理量。

2. 区域统筹规划垃圾治理设施

现阶段，全省生活垃圾处理仍基本以属地内建设运营为主，生活垃圾区域统筹是解决全省未来生活垃圾收运处理的重要手段，特别是全省县级区域生活垃圾清运量一般约为 100 吨/日，独立建设焚烧厂难以实现规模效益，采用区域统筹模式共建共享则更有利于提高全省垃圾处理水平。区域统筹主要为地理上相对临近的各层面的市、县，生活垃圾区域统筹应通过基础设施共建共享，实现优势互补，提高设施环保标准，降低建设成本，缩小地区间生活垃圾管理水平的差异，实现区域内生活垃圾收运和处理设施资源配置的最优化。

（五）创新环境治理项目的投融资机制

1. 加大资金投入

建立"政府引导、财政支持、社会参与、市场运作"的多元化投融资机制，积极争取中央预算内投资及中央财政专项资金支持。各级政府固定资产投资要向城镇排水管网及生活污水污泥处理项目倾斜。鼓励金融机构依法依规为污水处理提质增效项目提供融资支持。研究探索项目收益权、特许经营权等质押融资担保。探索通过融资租赁公司参与污水处理等基础设施建设的方式，解决环保设备资金不足的问题。采取环境绩效合同服务、授予开发经营权益等方式，鼓励社会资本加大水环境保护投入。各级政府应通过全面实行招投标制，选择有实力、专业性较强、资金有保障的大企业集团进行合作，以"打包"方式吸引社会资本参与全省城镇污水处理项目投资、建设和运营。

2. 创新投融资机制

在会同省直相关部门积极争取中央各类专项补助资金和落实中期垃圾治理项目打捆招商的基础上，加强与银行、金融机构、行业企业的合作，积极发挥省级统筹作用，搭建与地方政府之间的桥梁纽带，指导各地充分合理运用专项债等资金，大力倡导城乡环卫一体化、政府购买服务、PPP等模式，广泛吸引社会资本在垃圾治理领域的投资，缓解各地方政府资金压力。

（六）运用数字化技术提高城镇环境治理效率

打破传统，运用数字化技术提高城镇生活污水和垃圾处理行业工作效率。发挥"互联网＋"的突破性作用，运用大数据分析和云计算，提升污水收集处理、垃圾收运和垃圾处理领域的作业效率和运行管理效率。数字化的变革可以打造一个更透明的环境，向公众公开污染排放数据、建设和运行成本、运作模式、政策，实现更加有序和规范的发展，从根本上避免"邻避事件"。提高污水处理和垃圾治理的工业化水平，未来在"中国制造2025"的国家战略下，环卫机械将在清扫保洁和垃圾收运领域取代人工作业，生活污水处理和垃圾处理的装备制造水平将大幅提升，逐步实现智能化、自动化和万物互联。

黑龙江省数字化城市发展研究

马　鑫*

摘　要： 本报告梳理总结了"十三五"期间黑龙江省数字化城市在信息基础设施建设、政务数字化支撑、城市治理能力提升、智慧城市示范成果、城镇建设管理大数据平台建设情况等方面的各项成果，提出了基础设施薄弱、数字化转型缓慢、政务支撑能力不够、人才结构失衡、政策连续性不足等问题。通过对各方面资料的整理分析，针对主要问题提出对策及建议。

关键词： 数字城市　数字政府　数字经济　智慧城市　智慧住建

"十三五"期间，黑龙江省数字化城市建设坚持以习近平新时代中国特色社会主义思想为指导，全面贯彻党的十九大和十九届二中、三中全会精神，认真落实省委、省政府关于推进政务公开的一系列部署。紧紧围绕《政府工作报告》安排，在省政府政务公开办的指导下，不断推进信息化建设工作，强化机制建设，深化公开内容，加强信息发布、解读和回应，依法依规答复群众提出的信息公开申请，不断完善政府信息化治理体系，提升信息化治理能力。随着2019年省委、省政府提出加快推进"数字龙江"建设，构建数据驱动、融合发展、共创分享的新经济

---

* 马鑫，黑龙江省寒地建筑科学研究院城镇建设管理基础数据研究中心高级工程师，主要研究方向为城镇建设管理大数据与新型智慧城市。

形态，作为推进质量变革、效率变革、动力变革实现高质量发展的重要路径。① 2019 年末，省住房和城乡建设厅围绕"六个强省"目标，提出"智慧住建"发展理念，在城镇承载能力提高、城乡环境污染治理、营商环境持续优化等方面提升信息化程度，积极探索运用大数据提升行业管理现代化水平，建立健全大数据辅助科学决策机制。结合"数字经济""数字政府""新基建""新型智慧城市""新型城市基础设施建设"等要求，以数字化—智能化—智慧化为驱动引领新经济形态的转换，掀开全省数字化城市发展的新篇章。

一　黑龙江省数字化城市建设现状

"十三五"时期，黑龙江省委、省政府高度重视信息化发展，出台一系列政策措施，持续优化发展环境，全面升级基础设施，积极布局数字经济，不断推进数字政府、信息惠民建设。黑龙江省住房和城乡建设厅紧紧围绕全面振兴全方位振兴，坚持补短板、惠民生、防风险、建设施、优环境、促转型，扎实推进信息化工作。

（一）信息基础设施建设稳步推进

1. 网络覆盖率稳步提高

互联网使用方面，截至 2018 年末，全省互联网宽带接入用户 810.7 万户，100M 和 50M 以上用户占比均高于全国平均水平，4G 网络覆盖率和行政村覆盖率突破 95%。建成窄带物联网（NB-IoT）基站 14868 个，网络覆盖率超过 90%。建成并投入商用的数据中心（IDC）总计 23 个，省际出口带宽达 9820G。

2. 信息产业初步融合

全省信息产业总体规模达 400.6 亿元，其中云计算、大数据等软件与信

① 包胜、杨淏钦、欧阳笛帆：《基于城市信息模型的新型智慧城市管理平台》，《城乡规划》2018 年第 25 期。

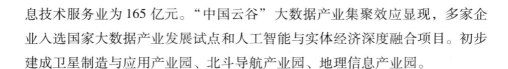

息技术服务业为 165 亿元。"中国云谷"大数据产业集聚效应显现，多家企业入选国家大数据产业发展试点和人工智能与实体经济深度融合项目。初步建成卫星制造与应用产业园、北斗导航产业园、地理信息产业园。

（二）政务数字化支撑持续加强

1. 政务服务公共平台建设有序推进

依托数字龙江地理空间框架工程，基本建成黑龙江省地理信息公共服务平台（天地图·黑龙江），涵盖基础地理信息数据库和原始影像数据库。初步建成全省人口基础库和法人库，覆盖 3682 万人，纳入法人 250 万户。建成"信用龙江"平台，搭建信用数据库和企业信用信息公示系统。依托省政务服务网，开放涵盖职业资格证书、专业技术资格证书等 80 余项电子证照信息，实现各部门电子证照比对查询。全省公开"最多跑一次""网上办"事项，全面推进"多证合一""证照分离"，部分市（地）开通市场主体登记全程电子化业务。在社会保险、异地就医结算、就业创业等领域，基本建成统一的社会保障云平台。智能交通平台建设初见成效，微信"城市服务"平台已整合对接多方社会机构的出行服务系统。智慧景区、智慧乡村旅游试点建设稳步开展。

2. 建设行业政务审批流程持续优化

黑龙江省住房和城乡建设厅扎实推进工程建设项目审批制度改革，印发实施方案和 13 个配套方案，规定审批最长时限不超过 120 个工作日，改造政务服务管理信息系统，建设行业企业资质办理及人员类许可实现"不见面"审批。住房公积金提、贷实现"办事不求人"。

（三）城市治理能力不断提升

借助黑龙江省北斗卫星应用、机器人、无人机等优势，在防灾减灾、应急救援、城市治理、环境监测、土地确权等领域广泛开展应用。全省公安警务云初步建成，与交通运输、民政、人社等 16 个部门实现数据联网共享。市场监管信息化水平不断提高，建成企业信用信息公示"一张网"。生态环境监测预警能力不断提升，建成空气质量预报预警、重点污染源在线监控、山洪灾害监测预警等信息平台。政企合力推动一体化智能交通平台建设，微信"城市服务"平台已整合对接多方社会机构的出行服务系统。公共安全、生态监测等数字化监管体系开始建设，交通物流服务体系智能化水平持续提升，公安视频专网调试社会视频资源 100% 接入和一站式调用。生态监测网基本覆盖"山水林田湖草"全生态要素。智慧供暖、智慧矿山、智慧辖区等一批试点项目开始建设。"一网通达、一云承载、一池服务、一体运行"的数字政府为基础先行，同步带动城市治理和民生服务领域应用发展。

（四）智慧城市示范有序开展

1. 积极参与首批智慧城市试点工作

2012 年开始，住建部、国家发改委、工信部等先后开展多批次智慧城市类试点工作。如表 1 所示，住建部共开展三轮智慧城市试点工作，2013 年第一批智慧城市试点项目为 90 个城市（区、县、镇），黑龙江省有 3 个市县列入，分别为肇东市、肇源县和桦南县。2013 年第二批智慧城市试点项目为 103 个城市（区、县、镇），黑龙江省有 3 个市县列入，分别为齐齐哈尔市、牡丹江市和安达市。2015 年新增智慧城市试点城市（区、县、镇）97 个，黑龙江省有 3 个市县区列入，分别为佳木斯市、尚志市和哈尔滨市香坊区。从黑龙江省情况来看，3 个批次的智慧城市试点其均有参与，分别在"智慧政务""智慧交通""智慧园区""智慧医疗""智慧物流"等不同角度有所侧重，并取得了一定的示范效应和经验积累，试点城市数在全国处于中游水平。

表 1　国家智慧城市示范批次情况

主导部委	时间	试点类型	数量（个）
住建部	2013 年 1 月	首批国家智慧城市试点	90
	2013 年 8 月	第二批国家智慧城市试点	103
	2015 年 4 月	第三批国家智慧城市试点	97

续表

主导部委	时间	试点类型	数量(个)
工信部	2013 年 11 月	首批国家信息消费试点	68
	2015 年 12 月	第二批国家信息消费试点	36
工信部与国家发改委	2014 年 1 月	"宽带中国"示范城市	39
	2015 年 1 月	第二批"宽带中国"示范城市	39
国家发改委等	2014 年 6 月	信息惠民国家试点城市	80
科技部等	2013 年 1 月	智慧城市试点示范	20

资料来源：根据各部委公开信息整理。

2. "新型智慧城市"试点工作开展情况

2016 年以后，智慧城市落地发展开始转向地方政府引导和推动的模式。如图 1 所示，2013～2018 年，由各地方政府委托的智慧城市项目的中标数量从 12 个激增到 162 个，年复合增长率超过 45%，其中沿海发达地区的智慧城市项目明显多于其他地区。从地域范围来看，华东、华北、华中南地区的项目数量占全国总量的近 70%，是智慧城市建设的集中区域。这个阶段，黑龙江省逐渐被发达地区拉开了距离，新型智慧城市建设降至全国中下游水平。

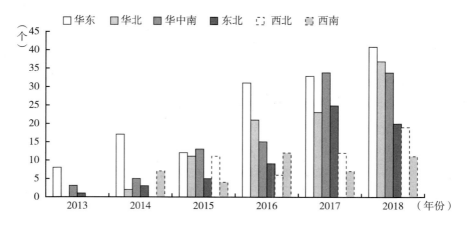

图 1　2013～2018 年地方政府主导智慧城市类项目分布

资料来源：根据政府公开中标信息整理。

（五）城建大数据技术服务平台启动建设

为满足数字化城市和城镇建设管理领域"智慧住建"发展的需要，2019 年末，省住房和城乡建设厅制定《黑龙江省城镇建设管理基础数据清单》，提出利用未来 5 年时间完成全省城镇建设管理基础数据的普查工作。归集房屋建筑建设管理、市政设施建设运行管理和城镇环境秩序管理三方面基础数据，包含六大类、589 小类，普查入库，建立城镇建设管理基础数据库。在此基础上，建设 1 个数据中心＋1 个资源处理中台＋N 项应用模块，形成"省—市—县—镇"四级互联互通的大数据技术服务平台。平台具备科学辅助决策，促进行业经济转型发展，为广大从业人员提供全新数据来源，主要领域支持 App 反馈，兼容城市信息模型（CIM）平台和新型智慧城市平台等各项功能。

二　存在的问题

黑龙江省数字化城市建设与各类信息化建设已经取得阶段性成果，但与数字中国和智慧社会的发展要求相比、与国内发达省市相比，在基础数据资源与平台支撑能力、信息化引领经济社会高质量发展、资源要素配置与发展环境优化方面还有较大差距。

（一）数字化城市发展基础薄弱

1. 经济总量有限

黑龙江省位于中国东北部，是中国位置最北、纬度最高的省份，总人口3751.3 万人。2019 年，全省实现地区生产总值（GDP）13612.7 亿元，在全国 31 个省、自治区、直辖市中排名第 24 位，经济发展相对缓慢。

如图 2 所示，从全国（不含港澳台）范围看，在市政基础设施的建设投资及燃气普及率、污水处理率和生活垃圾无害化处理率等方面，黑龙江省还相对滞后，大幅落后于先进省份，在东北三省中排名垫底。

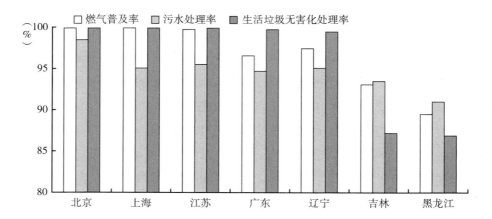

图2 截至2019年燃气普及率、污水处理率、垃圾处理率对比

资料来源：《2019年城乡建设统计年鉴》。

2. 数字化转型相对滞后

黑龙江省经济社会数字化转型相对滞后，对传统重工业发展思维和路径依赖较重，数字化转型内生动力不足，支撑数字化发展的金融、电商、物流、咨询等生产性服务业数字化相对滞后，信息流、物流、商流、资金流缺乏高效配置和综合利用。全省规模以上信息产业企业较少，主要集中在系统集成和服务等环节，自主研发能力较弱。

3. 传统生产要素数据化刚刚起步

行业基础数据的数字化工作刚刚开展，已有的各类统计系统缺乏统一标准，难以进行横向的数据叠加整合，大部分省级系统没有达到与各地市竖向互通，数据难以上下汇总使用。对于缺失数据的普查和补充完善需要较长时间和较大投入，特别是地下管线数据方面的缺失严重。行业管理数据数字化、信息化存在碎片化、孤岛化现象。数字化房产系统尚未建成，数字化城管系统在3个地市还未覆盖，规划建设信息化监管体系有待完善，信访、审批等政务信息系统功能仍需开发。

4. 人才结构失衡

黑龙江省人才结构性短缺严重，高学历人群流失问题突出，产学研协同能力较弱，高校科研院所成果丰富但转化不足，缺乏具有领军作用的平台型企业，营商环境与经济发达省份存在差距。

（二）政务平台服务能力不强

截至 2019 年末，全国政务云应用情况呈现"东强西弱""南强北弱"的局面。根据中央党校（国家行政学院）电子政务研究中心《省级政府和重点城市网上政务服务能力调查评估报告（2020）》，省级政府网上政务服务能力聚合函数值（AVG）排名，黑龙江省处于低位。

具体情况是，全省统一的政务云平台建设尚处于起步阶段，省级人口、法人、空间地理、信用、电子证照、市政基础设施等基础数据资源仍分散在各业务部门，缺少全口径数据整合共享平台。机构设置方面，黑龙江省也没有统筹管理信息技术应用、数据资源、数字经济等工作的专门机构，信息化项目审批、绩效评估、数据共享、多元化运营等机制体制尚未形成。省直部门信息化与各市（地）智慧城市建设也以分头推进为主，省、市、县三级管理缺乏联动协同机制。

（三）新型智慧城市建设尚未开展

2015 年以后，由于没有国家专项资金的支持，黑龙江省智慧城市试点工作开始停滞。2018 年 10 月，国家标准《智慧城市—数据融合》系列开始陆续出台，用于指导新型智慧城市数据融合的概念模型、数据采集、数据描述、数据组织、数据交换与共享等建设内容。同期，城市信息模型（CIM）类智慧城市应用开始出现，成为智慧城市发展的新方向。2018～2019 年，以天津市、杭州市、广州市、南京市、雄安新区、大兴机场临空经济区等为代表的城市信息模型平台项目密集出现。黑龙江省 2020 年初开始着手于省级城镇建设管理大数据平台的建设，目前尚处于顶层设计阶段。市地级新型智慧城市试点项目还处于筹备阶段。基础设施短板、财政资金困难、地区经济水平差异、数据壁垒较为严重，是制约目前和下一个阶段开展新型智慧城市建设的主要因素。

三 黑龙江省"十四五"期间数字化城市 建设对策与建议

数字城市与信息化发展在国内发达省市已经进入增长放缓阶段，黑龙江省没有历史包袱，如果能够把握数字经济机遇，充分利用系统已经成熟的数字化与信息化技术，基于自身产业特色引入新技术、打造新平台、构建新生态，充分利用数字经济后发优势，有望在较短时间内达到国内中等发展水平。

（一）政府示范先行

1. 国家政策导向清晰

2020 年是"十三五"收官之年，在推动形成以国内大循环为主体、国内国际双循环相互促进的新发展格局的要求下，要坚持供给侧结构性改革这个战略方向，抓住扩大内需这个战略基点，使生产、分配、流通、消费更多依托国内市场，提供供给体系对国内需求的适配性和更高水平动态平衡。2020 年 4 月中共中央政治局会议明确提出，要坚持稳中求进工作总基调，加大"六稳""六保"工作力度，坚定实施扩大内需战略，维护经济发展和社会稳定大局。

2. "数字龙江"规划出台

围绕"六稳"、落实"六保"，黑龙江省提出保能源安全是重大政治责任、保市场主体是关键环节、保产业链供应链是重要支撑、保基层运转是基础前提。2019 年"数字龙江"发展战略提出的"加快建设'数字龙江'，成为推动黑龙江全面振兴全方位振兴的最佳突破口"要求，以数字政府、现代化治理、信息惠民为重要引擎的新发展格局将引领数字经济成为经济发展新增长极。

3. 推动政务平台由"上云"到"云上"

政务平台的建设是数字化城市建设的基础与先决条件。预计未来一段时间内，重点方向将集中在一体化政务服务平台和政务信息共享协同上，政务云市场的主要发展基调将是让地市级政府走出"为了上云而上云"的误区，强化以政务云推动政府职能转变和政府数字化转型的目标。疫情考验政府治理能力，数字政府是政务云发展的长期愿景即政府机构自身的数字化转型将最终转化为对数字经济的赋能。由于各政府部门的信息化基础不同，政务云建设存在先统后分或先分后统的情况。出于管理权力和责任的考虑，政府不愿开放共享数据资源，各部门独立建设，缺乏统一的口径和标准，亦造成跨部门、跨地区打通协同的难度较大。

（二）加速构建城市信息模型（CIM）基础平台

1. 明确平台定位

"十四五"期间，"新型城市基础设施"战略是扩大内需战略和新型城镇化建设的重要决策部署。基于信息化、数字化、智能化的新型城市基础设施建设，引领城市转型升级，推进城市现代化建设，将有效带动投资，培育新的经济增长点，形成发展新动能。黑龙江省围绕网络强国、数字中国、智慧社会发展战略和省委省政府"六个强省"目标要求，坚持新发展理念，抢抓新型城市基础设施建设机遇，突出"智慧住建"重点任务，以城市信息模型（CIM）技术为核心，以城镇建设管理基础大数据技术服务平台建设为基础，以新型城镇基础设施建设为牵引，以 GIS、BIM、IoT、AI 等现代信息技术为手段，推动城市基础设施建设规划、工程建设、设施运行、预警监测、监督管理和日常维护等技术深度融合，统筹存量和增量、传统和新型基础设施发展，补齐信息基础设施短板，加快 5G、"互联网＋"和数据中心布局，推动传统基础设施升级改造，充分发挥新型基础设施建设对数字经济产业、传统产业数字化的叠加效应，助推黑龙江省数字化城市高质量发展。

2. 强化目标导向

住房城乡建设领域通过"传统生产要素数据化""大数据生产要素化"前后两个阶段，筑牢黑龙江省建设行业数字化发展数据基础，为数字化城市发展搭好架构，通过 5 年的建设，使智慧住建、智慧城管、智慧交通、智慧社区等试点示范达到全国中上水平，新型城市基础设施建设水平提升到全国中等行列。到 2025 年，基本建成满足城市信息化—数字化—智能化发展进程要求，涵盖基础地理信息、空间部件信息、基础设施信息、以三维模型为主体、标准化地址清晰的城市信息模型（CIM）基础平台。实现数据分析、运行感知、三维可视、预测预警、有效反馈、三级互通的基本功能，大幅提升住建领域治理能力和重大事件预警应急能力。

（三）系统推进数据资源融合共享

1. 完善省级规划，建立联动机制

结合国家发改委、住建部、科技部、工信部等多部委 2020 年各项工作要点，着眼于"新基建""新型智慧城市""智能建造与建筑工业化协同发展""新型城市基础设施建设"各项要求，发布黑龙江省相关政策，从省政府层面出台数字化城市发展规划。参考国家多部委联合发布若干指导意见的方式，省政府牵头建立健全黑龙江省多部门之间的联动协调机制，整体谋划、系统推进数字化、信息化、智能化城市发展。

2. 健全数字化标准体系

综合考虑新型智慧城市建设要求、"数字龙江"发展规划目标，"新基建"与"新城建"有机融合，瞄准城市信息模型（CIM）平台作为数据资源融合的一体化承载底板的建设方向，优先开展共性平台开发、产业链要素数据化、新一代数字技术、数据代码等共性问题的标准编制，构建多方协同、开源共享的标准体系模式。

3. 积极推动数据开放，释放数字经济价值

在 2020 年 4 月中共中央、国务院印发的《关于构建更加完善的要素市场化配置体制机制的意见》中，数据正式被纳入生产要素的范围，其中推进政府数据开放共享是培育数据要素市场的重点方向之一。截至 2019 年 10 月，51.6% 的省级、66.7% 的副省级和 24.2% 的地级行政区均已推出政府数据开放平台，地方政府数据开放平台总数首次超过 100 个，比 2018 年同

期增长近一倍。但在数据利用层面，实际被利用的数据集数量相对较少，目前开放数据集的主题中有近1/4为社保就业类，数据开放的广度有待提升。随着数据要素市场化配置改革的推进，政府数据将由内部共享协同进一步走向面向社会的数据开放。通过融合政府数据与社会数据，激发社会创新活力，将能够最大化地释放数字经济的价值。从服务赋能、示范赋能、业态赋能、创新赋能、机制赋能等多角度深入实施数字经济战略，构建新动能主导经济发展的新格局。

4. 严守信息安全红线

事关国计民生，数字城市各类信息安全合规、自主可控至关重要。网络安全是信息时代国家安全的战略基石，国际局势面临不确定性增强，逆全球化浪潮来袭，以政务云为首的数字城市信息事关国计民生，其网络安全的重要性不言而喻。由网络安全法和等级保护系列标准、电子政务安全系列标准、云计算服务网络安全审查系列标准组成的政务云网络安全合规体系将进一步完善优化，厂商可以通过参与标准制定来把握市场先机，而政府部门也需要和厂商协同履行自身的安全职责。未来数字城市的发展，将引发超千亿级的数字经济投资与海量数据资源的存储和使用。"谁来用，怎么用，信息安全谁负责"等一系列问题将信息安全问题推至数字经济发展的前端。找准数据开放共享与依法治国间的平衡点是新经济格局形成的基础要求。

（四）梳理培育新经济发展

从优化城镇化空间格局、提升城市综合承载能力，打造安全城市、宜居城市、韧性城市的角度进入数字城市发展领域，提升科技支撑能力、重构经济发展格局和培育壮大人才队伍是基础与条件。

1. 筑基础，夯实数字化转型技术支撑

依托黑龙江省云谷产业园区和高新科技园区，大力扶持具备条件的企业在大数据、5G+、云计算、人工智能、数字孪生、区块链等相关领域积极探索，提升软硬件支持力度，加快数字转型共性技术、关键技术的研发应用。确定以城市信息模型（CIM）平台为数字城市底板，三维可视、一体化承载不同行业数据资源，共享开发多维度、多场景的服务应用。建设完成集统计上报、数据采集、数据处理、预测预警、可视化呈现、运行调度、决策支持、展示宣传等功能于一体的城市信息模型（CIM）平台，同时开展基础设施要素分类、元数据质量、物联网标识、数据编码、信息安全、数据管理等基础共性问题的研究，重点关注 CIM 平台与 GIS、BIM、AIoT 等技术的对接和智慧融合，建立健全黑龙江省支撑城市信息模型（CIM）平台运行与拓展的基础标准体系。

2. 搭平台，构建联动共享的基础平台

政府出台相关政策，引导和培育企业技术中心、产业创新中心、综合服务中心，构建产业互联互通平台，共建数字化解决方案。由免费提供基础业务服务逐步转向增值业务有偿服务，实现市场化可持续运营。

3. 促转型，加快政府与企业数字化赋能

推动云服务基础上的软硬件资产分离，减轻政府硬件资产持有负担。鼓励平台型企业开展政务管理、产业流程、城市治理、物流售后、便民服务等多方向业务的数字化转型探索。

4. 建生态，构建跨界融合的数字化生态模型

系统协同推进产业要素数据化、要素数据资产化，打造围绕"大数据"的核心企业生态联盟。鼓励传统企业、平台企业、创新技术企业、金融机构等开展联合创新，打通资本、设施、数据、人才等共享渠道。积极探索数据估值和流通，产业流程重塑与数字化转型融合等新型商业模式。

5. 兴业态，拓展经济发展新空间

引导城市级大数据存蓄效应的多重演进，衍生共享经济、数字交易、线上商业、互联网医疗、一站式出行、共享员工、远程办公、"宅经济"等新业态。强化城市治理由"管"向"调"发展，重在疏通政策障碍和难点堵点，增强市场对资源配置的主导作用。

6. 重服务，引导数字服务机构承担社会责任

鼓励各类平台企业、科研院所、高校、第三方机构面向数字化城市演进

提供所需的开发工具和公共性服务。从政府政务到中小微企业，强化平台服务企业和数字化咨询服务机构的社会责任，创新金融服务形式。拓展数字化转型中多层次复合型人才培育机制，以政府购买服务、提供人才落地政策、企业专项补贴等形式，强化"大数据"理政惠民的社会效益。

7. 真惠民，智慧城市以人为本

重视应用效果，避免概念炒作、技术陷阱。从广大人民群众的切身利益出发，提升城市承载能力和宜居属性，自下而上，以需求引导数字化城市发展架构设计。提供多层次、低门槛、多样化、轻体量的应用服务模式，以数据引导资金流、技术流、人才流、产品流跨行业融合，构建数字城市发展各项要素配置新模式。

参考文献

黑龙江省政府：《"数字龙江"发展规划（2019—2025 年）》。
黑龙江省住房和城乡建设厅：《全省住房和城乡建设工作会议上的报告》，2019。
尹鹏程、凌海锋：《基于全空间城市信息模型的时空信息云平台建设实践》，《国土资源信息化（数据管理）》2020 年第 1 期。
住房和城乡建设部、中央网信办、科技部、工业和信息化部、人力资源社会保障部、商务部、银保监会：《关于加快推进新型城市基础设施建设的指导意见》。

黑龙江省乡村环境建设研究

孙晓铭 江星 杜蕾*

摘　要： 2016～2020年，黑龙江省乡村环境建设发展水平再上一个新台阶，乡村环境建设的合理规划进一步加强，但在乡村环境建设进程中仍然存在着一些发展桎梏，如何破解这些难题，逐渐成为新农村建设发展的重要课题。在"十三五"收官之际，本报告通过对黑龙江省乡村环境建设发展中的农村生活垃圾、非正规垃圾堆放点、村庄环境基础设施以及传统村落的现状分析，探讨阻碍深入发展的原因、存在的主要问题，为下一步发展提出可行性对策与建议。

关键词： 乡村环境建设　农村生活垃圾　村庄环境基础设施　传统村落

自党的十八大作出建设美丽中国和加快社会主义新农村建设的重大部署以来，我国农村地区迎来了新的历史发展机遇。"十三五"时期，中央和地方对新农村建设的投入比重明显加大，农村建设得到各个层面的政策和资金支持，通过加强农村基础设施和社会经济建设，以及对村容村貌和农村生态环境的改进，全力补齐全面建成小康社会中乡村环境建设这块"短板"。

---

* 孙晓铭，东北林业大学、黑龙江省乡村环境建设发展研究中心，主要研究方向为农村人居环境；江星，黑龙江省城乡建设研究所高级工程师，主要研究方向为乡村建设发展；杜蕾，黑龙江省城乡建设研究所工程师，主要研究方向为农村人居环境。

一 黑龙江省乡村环境改善取得的主要成效

近年来，黑龙江省住房和城乡建设厅总体部署、精心谋划，积极筹措加大乡村环境建设的投入力度，并取得了一定成效。

（一）农村生活垃圾收集转运体系全面建立

黑龙江省委、省政府将农村人居环境整治定位为乡村振兴战略的"头炮"工程，其中农村垃圾治理更是"当头炮"。截至 2017 年底，全省 8967 个行政村中仅有 408 个行政村达到国家农村生活垃圾治理要求。根据国家和黑龙江省相关文件要求，住建部门在农村生活垃圾治理及污染防治工作中主要承担两项任务：一项是非正规垃圾堆放点整治，实现污染"去存量"任务；另一项是建立农村生活垃圾分类收集转运体系，实现污染"减增量"任务。"去存量"任务要求在 2020 年底一次性完成，"减增量"任务是长期性、系统性的工作，应以有序转运生活垃圾、实现农村污染物持续减量为基本目标任务，促进村容环境的整体改善。

经过三年的统筹部署，黑龙江省各县（市）所有乡镇均建立较为完善的垃圾收集、转运体系，村内合理配备垃圾箱、垃圾桶等设施，能够满足清运日常产生的生活垃圾需要。

城乡垃圾治理必须"先规划、后建设"，紧密衔接《黑龙江省城乡固体废物分类治理布局规划（2019—2035 年）》，按照《黑龙江省〈县（市、区）域农村生活垃圾治理和设施规划建设方案〉编制纲要》，指导督促各县（市、区）科学编制农村生活垃圾治理方案。全省 106 个县（市、区）完成《方案》编制工作，按照"干湿分离 + 分拣利用"、湿垃圾不出村（户）自行堆肥等原则，基本形成干垃圾"户分类、村收集分拣和暂存、镇集中转运、县处理""户定时投放、小型垃圾车直收直运、镇集中分类资源化处置""城乡保洁收运一体化"等多种治理模式。

通过科学编制方案、合理设定源头减量目标、引导选用经济适用型设施设备（少用压缩设备）、有效利旧等途径，进一步提高省级财政资金使用效率3倍以上。此外，在规划方案编制过程中，还统筹考虑农垦、森工改革后，垦区生产联队和森工林场（所）社会职能移交地方在生活垃圾治理项目上的需求，在规划方案的中长期体系建设中留出有效接口，确保不存死角。

建立和优化全省农村生活垃圾治理项目库。省级财政分3年资金支持计划规模约为14.5亿元（其中50%为财政补贴，另外50%为一般性债券支持）。2018~2020年，省财政实际安排农村生活垃圾治理补助资金13.95亿元（含非正规垃圾堆放点整治补助），其中省级财政补助7.24亿元、一般性债券6.71亿元。资金到位率100%。全省8967个行政村全部完成生活垃圾收转运体系建设任务，并已将收运能力延伸至所辖自然屯，完成90%行政村生活垃圾治理目标任务。

（二）非正规垃圾堆放点整治任务全面完成

非正规垃圾堆放点是指城乡以生活垃圾、建筑垃圾、一般工业固体废物、危险废物、离田农业生产废弃物为主要成分的垃圾乱堆乱放形成的各类堆放点及河流（湖泊）与水利枢纽内一定规模的漂浮垃圾。

2017年以来，黑龙江省各地认真贯彻落实国家和地方关于非正规垃圾堆放点排查整治工作部署，坚持城乡统筹、科学施策、突出重点、分类整治，采取积极稳妥、切实可行的有力措施，加快补齐设施不足的短板，建立整治责任体系，加大财政支持力度，有效遏制城镇垃圾违法违规向农村转移，积极消纳非正规垃圾堆放点存量，严格控制增量，有效改善村容环境和面貌。全省各县（市、区）按照要求基本完成了非正规垃圾堆放点排查、信息系统录入、工作台账建立和实施方案制定，有序推进非正规垃圾堆放点整治。全省各县（市、区）和农垦总局、森林工业总局已全部完成非正规垃圾堆放点信息排查工作。录入国家住建部排查整治信息系统的非正规垃圾堆放点共计204处（见图1），其中，生活垃圾堆放点191处，建筑垃圾堆放点4处，农业生产废弃物9处。

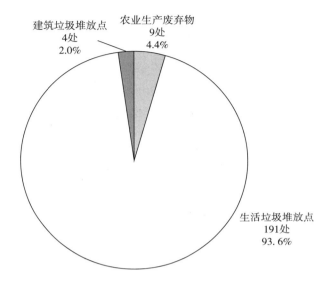

图1 黑龙江省非正规垃圾堆放点分类占比

资料来源：黑龙江省住房和城乡建设信息网。

截至 2020 年底，黑龙江省非正规垃圾堆放点采取整体搬迁、开挖筛分、覆土绿化以及生物降解等技术全面完成整治工作（见图2）。

（三）传统村落保护工作取得积极进展

传统村落承载着农民的生活和生产方式，承载着我国的传统文化，是孕育我国农耕文明的温床，是我国重要的物质文化和非物质文化遗产。传统村落是前人智慧与自然环境的交融，是在"天人合一"思想下营造的，能够体现我国传统文化的空间形态。传统村落具备历史文化积淀较为深厚、选址格局肌理保存较完整、传统建筑具有一定保护价值、非物质文化遗产传承良好、村落活态保护基础好的特质。2012~2019 年，国家共组织五批传统村落的组织申报和评选，通过国家评审委员会评审纳入国家传统村落名录的共有 6819 个村落。其中，第一批为 646 个，第二批为 915 个，第三批为 994 个，第四批为 1598 个，第五批为 2666 个。黑龙江省通过国家评审委员会评

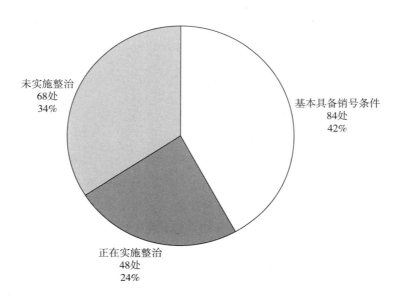
图2 黑龙江省非正规垃圾堆放点整治情况分析

资料来源：黑龙江省住房和城乡建设厅网站。

审纳入传统村落名录的共有14个村落，仅占全国总数量的0.2%（见表1）。其中，第一批为2个，第二批为1个，第三批为2个，第四批为1个，第五批为8个。

表1 黑龙江省第一批至第五批传统村落名单

年份	批次	数量（个）	传统村落名单
2012	第一批	2	齐齐哈尔市富裕县友谊达斡尔族满族柯尔克孜族乡宁年村富宁屯
			齐齐哈尔市富裕县友谊达斡尔族满族柯尔克孜族乡三家子村
2013	第二批	1	黑河市爱辉区新生乡新生村
2014	第三批	2	哈尔滨市尚志市一面坡镇镇北村
			牡丹江市宁安市渤海镇江西村
2016	第四批	1	齐齐哈尔市讷河市兴旺鄂温克族乡索伦村

年份	批次	数量（个）	传统村落名单
2019	第五批	8	齐齐哈尔市讷河市兴旺鄂温克族乡百路村
			黑河市爱辉区瑷珲镇瑷珲村
			黑河市爱辉区坤河乡坤河村
			佳木斯市同江市街津口乡街津口村
			牡丹江市海林市横道河子镇顺桥村
			大庆市杜尔伯特蒙古族自治县胡吉吐莫镇东吐莫村
			伊春市嘉荫县常胜乡桦树林子村
			伊春市嘉荫县乌拉嘎镇胜利村

资料来源：黑龙江省住房和城乡建设信息网。

省直各部门积极配合，组织省内各县市、乡镇深入学习文件精神，积极发掘省内具有文化特色、民族特点的村落，将符合申报条件的村落向国家推荐和选送，积极做好全省传统村落保护与发展的相关工作。制定《传统村落保护工作方案》，并明确各乡镇和村庄工作任务，建立工作联络机制，为传统村落的保护和发展奠定基础。对已经获得称号的县市要制定地方传统村落保护整体实施方案，明确保护责任主体以及各级责任分工，提出保护监督管理制度，因地制宜确定本地区传统村落保护的目标、任务。

为全面展现传统村落深厚的历史文化积淀、村落格局肌理风貌、传统建筑及建村智慧，全省十四个传统村落信息已全部录入中国传统村落基础资料申报系统；黑龙江省爱辉区新生乡新生村被中国传统村落数字博物馆收驻到"精品馆"展示。在保护项目设计中，充分发挥专家作用，对保护项目进行调研和论证，在技术上进行指导和把关。

（四）村内基础设施建设标准进一步明晰

近三年，黑龙江省不断加大村庄基础设施建设资金投入。图3～6为2019～2020年黑龙江省村庄基础设施建设情况对比。

按照实施乡村振兴战略和农村人居环境整治的总体部署，以习近平总

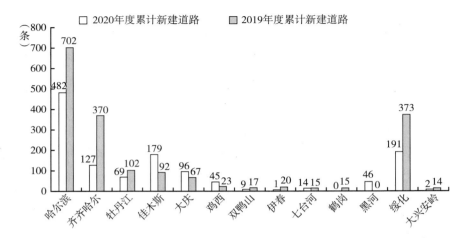

图3　2019～2020年黑龙江省村庄基础设施建设新建道路情况

资料来源：黑龙江省住房和城乡建设信息网。

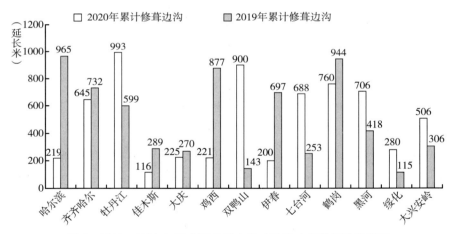

图4　2019～2020年黑龙江省村庄基础设施建设修茸边沟情况

资料来源：黑龙江省住房和城乡建设信息网。

书记生态文明思想和推进"四好农村路"建设重要指示为指导，为深入贯彻落实中央和省委省政府关于开展农村人居环境整治工作的部署要求，推动黑龙江省农村基础设施建设及整治工作，2019年黑龙江省住房和城乡建设厅组织有关专家，围绕全省农村巷道、边沟建设与整治的规划、设

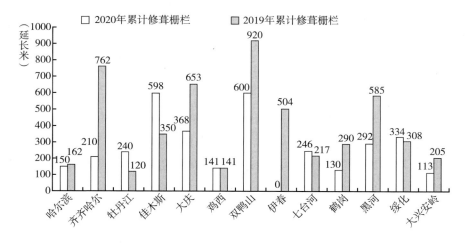

图5　2019～2020年黑龙江省村庄基础设施建设修葺栅栏情况

资料来源：黑龙江省住房和城乡建设信息网。

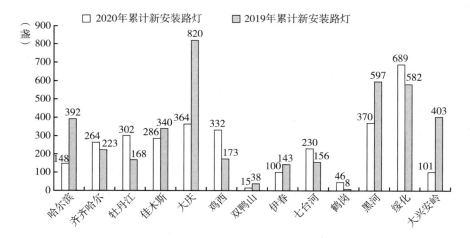

图6　2019～2020年黑龙江省村庄基础设施建设新安装路灯情况

资料来源：黑龙江省住房和城乡建设信息网。

计、施工及维护等方面开展了相关技术研究，并参照国家和其他省份农村基础设施建设相关技术规范，编制了《黑龙江省农村巷道与边沟建设技术导则（试行）》（以下简称《导则》），用以指导和规范全省农村巷道、边沟的建设与整治。

《导则》兼顾现实性与前瞻性，充分考虑全省不同地区农村在自然条件、经济、文化、社会发展等方面的差异，按照"安全合理、经济适用、生态环保、改善环境、惠及民生"的原则，紧扣"自然生态、改善民生"主题，提出"巷道与边沟建设应以现有设施完善和环境治理为主、就地取材降低能源与资源消耗、鼓励推广应用生态边沟、养护管理应形成制度化和规范化"等要求，结合黑龙江省省情对农村巷道规划、巷道路线设计、巷道硬化与管护、巷道桥涵和巷道沿线边沟提出了具体的指导性建议。

二　黑龙江省乡村环境建设存在的主要问题

2016 年以来，黑龙江省乡村环境建设取得了良好进展，但在资金运维和制度建设等方面仍然存在一些问题。

（一）农村生活垃圾治理运行维护负担较重

1. 保障垃圾处理设施建设运行与更新改造负担较重

垃圾中转站运行成本较大，建起来容易，运行比较难。垃圾中转站运行维护是刚性支出，运输费用居高不下，不少乡镇每年支出垃圾运输费用多则百万元，少则几十万元。同时，配齐垃圾专业运输车及更新维护各种设施也需要大量的资金。运维经费保障不足，影响治理成效，部分县虽已完成设备采购，但考虑到日常运行维护成本较高，县级财政负责能力较弱，且运维制度尚未健全完善，始终未全部设置到位。

2. 农村垃圾处理收费和管理不到位

县、乡镇没有建立完善的收费、使用、管理的规范性制度，存在收费主体不一的现象。逐步建立合理的垃圾处理收费制度，有利于培养农民的垃圾处理意识，改变多少年来农民乱倒垃圾、乱扔杂物的习惯。这也是发挥收费制度的教育作用，促进农民意识和农村生活的改变。农村垃圾处理收费标准的确定一定要综合考虑地方经济发展水平、垃圾处理成本、农民收入，尤其是低收入农民的承受力等因素。要进行广泛有效的政策宣传，让农民先接受道理再交钱。

3. 农民缺乏环保支付能力和支付意愿

农民收入低，本身环保支付能力不足，同时缺乏环保支付的意愿，农民主动缴费意识不强，农村生活垃圾处理费的收取面较窄、收取率较低。农民环保意识的提高刻不容缓，要提高农民参与保护家园的意识，只有农民真正行动起来，才有望解决农村的环境问题。

（二）农民参与乡村环境建设的主动性不强

1. 农民缺乏环境保护意识

农民对乡村环境建设工作自主投工投劳的热情和积极性还不强。农民群众既是农业农村污染物的主要排放者，也是污染问题的主要解决者；既是垃圾分类、资源节约的实施主体，也是保护庭院环境的责任主体。要把推进农村环境整治的过程变成组织群众、发动群众的过程，引导农民摒弃不良习惯，自觉参与维护干净整洁的公共空间和生活环境。

2. 农民缺乏自我管理能力

农村脏乱差问题还普遍存在。农村生活垃圾收集、清运不及时，生活污水任意排放，杂物乱堆乱放，畜禽乱跑、粪便到处拉，排水沟淤积比较严重。完善村级民主管理，建立村规民约，建立行为规范和处罚措施，强化基层自我管理能力，提高农民对乡村环境建设工作的参与和监督意识。

3. 农民缺乏主人翁精神

农民对党和政府的政策、改善环境的益处和自身责任义务缺乏了解，农民群众缺乏主人翁精神。充分激发农民群众"自己的事情自己办"的自觉，加强宣传引导，指导各地积极做好群众思想发动和教育引导工作，更好调动农民参与的积极性、主动性。从农民自己动手能干、易实施、易见效的村庄环境卫生问题入手实施先行整治，坚持花小钱办大事、少花钱办好事。

（三）传统村落制度管控缺失严重

1. 保护发展规划缺乏科学性

在进行基础和公共服务设施规划时，没有很好地对村庄自然环境条件进行科学配置，在村落保护范围内，虽然进行了"修补、修复、完善、提升"，但因在保护范围边界的具体工作中没有合理地进行规划安排，不能满足生产生活和发展需要，存在因完善设施而破坏村落原有历史文化肌理的问题。

2. 价值认定不重视，保护意识淡薄

黑龙江省普遍价值观仍把村庄与落后、环境品质低下等同，在这种意识状态下，难以形成重视、关注和保护传统村落的大环境。在城镇化推进进程中，受到国家层面在农村土地确权、农村土地流转方面的鼓励与推动的影响，城镇建设思想仍倾向于变现农村土地价值、推动农业人口城镇化进程，而忽视村落本土整体价值的重视与评估、传统文化的发扬与传承，普遍存在对于传统村落特色文化保护意识不强甚至歧视的现象。

3. 经济发展滞后，"空心村"现象严峻

黑龙江省整体经济发展滞后，作为经济发展的末端单元，乡村经济的落后往往使环境建设陷入恶性循环。年轻人进城务工，乡村"空心化"问题严峻，传统的生产、生活方式缺乏载体，导致乡村整体价值逐步丧失。

三 黑龙江省乡村环境建设水平提升的对策研究

乡村环境建设是实施乡村振兴战略的重要内容，针对黑龙江省乡村环境建设中出现的主要问题，提出如下对策建议。

（一）建立农村生活垃圾治理多渠道筹资体系

1. 建立省级农村生活垃圾治理经费保障机制

因地制宜通过财政补助、社会帮扶、村镇自筹、村民适当缴费等方式筹集运行维护资金。落实省级财政三年行动资金支持政策，重点用于农村生活垃圾收集转运体系建设。加强日常运行经费测算，争取省级财政补助投入，强化县级财政配套，畅通村民缴费政策渠道，确保机制长效运行。

2. 形成农村生活垃圾治理资金测算模板

邀请治理工作较好的县从保洁费用、收转运费用、设施维护保养费、垃圾处置费等方面开展运维成本测算。协调和配合财政部门，完成以行政村（不含自然屯）为单元的农村生活垃圾治理投资概算。

3. 建立健全处理费收取使用监管机制

建议政府广泛征求相关部门和群众的意见，经过严格的测算和论证程序，尽早研究出台统一的农村生活垃圾处理收费标准和征收使用管理规定，并深入做好垃圾处理费征收的宣传教育引导工作，使"谁污染谁治理谁付费"的观念深入人心。政府要制定并落实农村垃圾处理收费的指导性文件，对收费标准、使用范围、监督管理等进行规范、统一，明确收费主体，坚持收支两条线，收费和使用情况应在村务公开栏中公示，接受群众监督。大力推进农村垃圾治理示范乡镇、村的创建。并把农村垃圾处理费的收取和规范使用情况作为评定村级资金奖补获取资格的一项重要内容。

（二）补齐村内道路、边沟、亮化等环境设施建设短板

1. 建立了乡村基础设施建设情况年报制度

为动态掌握乡村巷道、边沟、栅栏、公共照明等设施建设情况，按住建部统一部署安排，分年度对乡村基础设施建设情况进行调度，并建立农村居住环境改善相关基础设施项目库。

2. 财政投入与社会投入相结合

科学谋划、统筹推进分类、分年度、分步骤农村基础设施建设方案，加大投入力度和资金整合力度，优先保障重点项目建设资金需求，加快项目建设。按照"市场为主、政府引导、多元筹措"的原则，积极创新投入方式，引导和鼓励各类社会资本投入农村基础设施建设。

3. 供给引导与需求导向相结合

补齐农村基础设施短板，离不开政府供给引导作用的发挥，但在具体项目决策中，要注重农民主体需求和乡村产业发展需求，充分发挥农民主体作用，调动其参与决策的主动性、积极性和创造性，使决策真实反映农民和市场需求，实现基础设施实际效用最大化。

（三）进一步强化乡村建筑风貌管控

"十四五"全省将大力推进农村住房建设的风貌塑造和管理，示范引导全省农房建设，依据"安全、适用、经济、绿色、美观"的要求，建设一批功能现代、风貌乡土、成本经济、结构安全、材料环保的宜居型农房。统筹生产生活生态，倡导新技术、新材料、新工艺的使用。

1. 推进黑龙江乡村住房风貌的建档立库

建立乡村住房风貌档案和资料库，利用文字、图片、视频等方式详细记录乡村住房的所在位置、建成时间、建筑材料、建筑特色、装饰纹样等。可采取"分级分类"的方式建档立库，并对传统村落、特色民居等具有保护价值的建筑予以高度重视，着重进行档案整理，为进一步发掘特色风貌提供依据。

2. 建立农村建筑工匠培养和管理制度

因地制宜开展农房设计工作。联合省科研院所、职业院校、行业学/协会等单位加强农村建筑工匠队伍建设，积极组织开展相关培训，并探索建立符合农村实际的建筑工匠培训和管理制度，提高农村工程施工人员能力和素质。探索建立村级农房建设协管员机制，吸收下乡服务的专家和大学生村官兼职村级农房建设协管员，有条件的地方推动将村级农房建设协管员纳入公益性岗位指导目录。

3. 继续完善全省农村民居示范图集

按照省政府关于推进全省农村民居风貌提升的工作要求，积极组织哈尔滨工业大学、黑龙江省寒地建筑科学研究院相关资深专家学者，对全省农村民居风貌情况进行调研，进一步梳理民居发展脉络，结合黑龙江省地域气候特点、历史文化背景、民族分布区域情况，设计出一整套农村特色民居示范图集，将图集按照黑土风情、历史人文、少数民族三大设计内容分册，其中包含"山林木板屋""寒地木刻楞""西部碱土房""简欧风情房""山地石头房""朝鲜特色民居"等共 3 大类 9 种 35 个户型民居，为了使用者能够更直观地看懂户型的立体和剖面结构，聘请专业团队做出实体模型，目前正在对典型的户型做建筑、结构、供水和电气施工图设计。

（四）加强传统村落保护开发利用

1. 成立保护专家委员会

为加强传统村落和传统民居的保护和建设指导工作，邀请文物、文化部门及科研单位专家和大学教授组织成立了传统村落和传统民居保护专家委员会。负责做好传统村落和传统民居保护工作的技术指导、研究制定支持措施、指导编制传统村落保护发展规划，指导传统建筑保护修缮工作。

2. 制定保护发展规划

结合全省实际情况，邀请资深规划编制单位来编制传统村落保护与发展规划。一是组织相关部门和规划编制单位学习传统村落保护发展规划编制基本要求；二是积极组织相关人员参加部里组织的传统村落保护发展专题培训班，提升黑龙江省传统村落规划编制和管理水平。

3. 加强监督管理，做好技术指导

对全省的传统村落进行了监督检查，从规划编制、审批，乡村建设规划许可，施工项目现场指导和系统录入资料保存等方面进行了检查，并为项目进行了现场技术指导和相关后期服务。

4. 加强媒体宣传

黑龙江省乡村中被认定为传统村落的数量少，应充分利用各种媒体进行实地采访和影视宣传，加强媒体对传统村落保护的宣传工作。

5. 制定保护发展方案

按照国家指导意见的要求，已经获得称号的县市要制定地方传统村落保

护整体实施方案，明确保护责任主体以及各级责任分工，提出保护监督管理制度，因地制宜确定本地区传统村落保护的目标、任务。

参考文献

张剑锋、李岩、孟杰、张梦：《黑龙江省传统村落文化保护与传承策略》，《黑龙江科学》2018 年第 3 期。

黑龙江省建设科技发展回顾及对策建议

孙彩燕 *

摘　要：　"十三五"时期是黑龙江省建设科技发展取得巨大成就的一
个阶段。本报告在回顾"十三五"时期黑龙江省建设科技发
展的基础上，立足省情，对制约黑龙江省建设科技发展的科
研投入力度较低、科技创新人才相对缺乏、科技成果转化程
度不高、绿色建筑技术供给与人居需求不平衡、数字智能化
发展尚需完善等主要问题进行了梳理和总结。并且针对国际
建设科技发展趋向、国内建设科技发展趋势及战略，客观研
判"十四五"时期黑龙江省建设科技发展"以人为本，绿色
发展""新城建""智能化＋科技"融合发展新业态将成为
三大趋势。与此同时，提出了推进黑龙江省城乡建设现代化
可持续发展的对策建议，即加强机构改革和人才队伍建设；
优化城乡建设领域科技发展政策环境；进一步提升城乡建设
领域建筑能效；紧扣民生供给需求狠抓绿色城乡建设；强化
信息化建设，促进智慧城建治理现代化。

关键词：　建设科技发展　数字赋能　科技创新

---

* 孙彩燕，黑龙江省社会科学院马克思主义研究所副研究员，主要研究方向为中国共产党的建
设、马克思主义哲学与文化。

一 黑龙江省建设科技发展回顾

"十三五"时期，黑龙江省深入学习贯彻习近平新时代中国特色社会主义思想，全面贯彻党的十九大，党的十九届二中、三中、四中及五中全会精神，按照中央和省委经济工作会议精神及国家和省住房城乡建设工作会议总体部署，紧紧围绕黑龙江省住房和城乡建设厅党组各项中心工作，各市（地）、各有关部门密切协作、狠抓落实，黑龙江省建设科技事业取得了长足发展，建设科技发展创新、运用、保护、管理和服务水平等各项工作显著提高。

（一）城乡规划编制管理不断取得新进展

"十三五"期间，黑龙江省根据具体省情变化，为了促进城乡经济社会全面协调可持续发展，改善人居环境，协调城乡空间布局，加强了城乡规划编制管理。

一是城镇体系规划编制常态化。2016 年黑龙江省完成了《黑龙江省城镇体系规划纲要》编制，省政府对绥化、安达、七台河市城市总体规划局部调整进行了批复，投入资金 2000 万元，编制完成了 54 个乡镇和 88 个村庄的规划。2017 年推进了《黑龙江省域城镇体系规划》编制报批，并在此基础上配合编制了《哈长城市群发展规划》，其中大庆市、佳木斯市总体规划获得国务院批复，密山市、同江市等 6 个城市总体规划获得省政府批复。2018 年，继 2016 年、2017 年工作，进行了《黑龙江省城镇体系规划》编制，齐齐哈尔等 7 个城市总体规划获国务院批复，哈尔滨市被列为全国首批试点城市。2019 年，黑龙江省城乡规划编制管理实行了分类指导，加快了村庄建设规划编制，发挥了规划引领作用。充分考虑各市（地）区农村差异性，注重分类指导，编制了《黑龙江省村镇规划建设发展纲要（2018—2035 年）》，加快了各地编制《县域乡村建设规划》的进度。

二是"多规合一"、稳步推进。2016 年，在"多规合一"原则的指导下，哈尔滨市阿城区、佳木斯市同江市完成了试点规划编制工作，并且通过了国家有关部委评审。印发了《关于开展城市设计试点工作的通知》，明确城市设计编制及审批要求，城市设计试点工作进一步加强。2017年，指导推进了佳木斯市同江市及哈尔滨市阿城区两个"多规合一"国家试点城市的规划编制，并且哈尔滨市按照"多规合一"要求编制了哈尔滨新区总体规划。全面启动了村镇规划编制设计工作，全省小城镇总体规划编制覆盖面不断扩大，覆盖率达82.6%，村庄规划完成63.7%，居民点空间布局规划全部完成。2019年，围绕"农房建设管理和解决农村人居环境"问题，编制了"村民易懂、村委能用、乡镇好管"的村庄建设规划。并在此基础上稳步推进特色小城镇建设和传统村落保护，加大了对少数民族和边境地区建设发展的支持力度。

三是强化规划制度建设及规划监督机制。2016年，经黑龙江省人大常委会审议通过并公布《黑龙江省历史文化建筑保护条例》，为黑龙江省历史文化建筑保护和利用提供了法律依据。印发了《关于进一步开放规划设计市场提高规划设计质量的通知》，强化市场管理，营造公平竞争环境。2017年，制定出台了《城乡规划建设项目行政许可规程》《乡村规划工作指导意见》等规范性文件，并以此为契机启动了拆除违法建筑专项行动，强化了规划监督检查。积极开展了全省城市规划建设管理调研。通过系统客观地收集信息及研究分析，会同有关部门代省委省政府起草了《关于进一步加强城市规划建设管理工作的实施意见》。2018年，依法依规启动了城市"双修"工作，开展了城市建成区违法建设专项治理五年行动。

（二）工程建设标准体系得到迅猛发展

"十三五"期间，为保护人类生态环境，有效配置资源，稳定和提高工程产品及服务质量，促进企业走"质量、效益"双赢型发展道路，黑龙江省工程建设标准体系得到迅猛发展。2016~2020年，全省起草并在国家备案的工程建设地方标准清单共计58项，其中2016年9项；2017年23项；2018年9项；2019年和2020年均为8项（见表1~5）。

表 1　2016 年黑龙江省工程建设地方标准清单

序号	标准名称	标准号	主要起草单位	国家备案号
1	黑龙江省预拌混凝土绿色生产及管理技术规程	DB23/T 1768—2016	黑龙江省寒地建筑科学研究院	J13479－2016
2	农村房屋建筑抗震设计技术规程	DB23/T 1770—2016	黑龙江省城镇建设研究所	J13478－2016
3	黑龙江省市政基础设施工程内业资料管理标准	DB23/T 1771—2016	黑龙江省建设工程质量监督管理总站	J13484－2016
4	轻集料混凝土小型空心砌块交替对孔砌筑承重节能复合墙体建筑技术规程	DB23/T 1793—2016	黑龙江省寒地建筑科学研究院	J13556－2016
5	黑龙江省村镇绿色建筑评价标准	DB23/T 1794—2016	哈尔滨工业大学	J13591－2016
6	黑龙江省既有建筑绿色改造评价标准	DB23/T 1767—2016	哈尔滨工业大学	J13480－2016
7	预制装配整体式房屋混凝土剪力墙结构技术规程	DB23/T 1813—2016	哈尔滨工业大学	J13657－2016
8	城市融雪剂	DB23/T 1795—2016	黑龙江省城镇建设研究所	J13656－2016
9	城市道路清除冰雪规范	DB23/T 1801—2016	黑龙江省城镇建设研究所	J13655－2016

资料来源：黑龙江省住房和城乡建设厅网站。

表 2　2017 年黑龙江省工程建设地方标准清单

序号	标准名称	标准号	主要起草单位	国家备案号
1	黑龙江省既有采暖居住建筑节能改造技术规程	DBJ23/T 07—2017	黑龙江省寒地建筑科学研究院	J13770－2017
2	黑龙江省建筑工程施工质量验收标准　统一标准	DB23/724—2017	省工程质量监督总站	J13789－2017
3	黑龙江省建筑工程施工质量验收标准　地下防水工程	DB23/717—2017	省工程质量监督总站	J13782－2017
4	黑龙江省建筑工程施工质量验收标准　建筑节能工程	DB23/1206—2017	省工程质量监督总站	J13792－2017
5	黑龙江省建筑工程施工质量验收标准　混凝土结构工程	DB23/714—2017	省工程质量监督总站	J13786－2017

续表

序号	标准名称	标准号	主要起草单位	国家备案号
6	黑龙江省建筑工程施工质量验收标准 砌体结构工程	DB23/715—2017	黑龙江省工程质量监督总站	J13788－2017
7	黑龙江省建筑工程施工质量验收标准 钢结构工程	DB23/720—2017	黑龙江省工程质量监督总站	J13785－2017
8	黑龙江省建筑工程施工质量验收标准 木结构工程	DB23/719—2017	黑龙江省工程质量监督总站	J13787－201
9	黑龙江省建筑工程施工质量验收标准 屋面工程	DB23/718—2017	黑龙江省工程质量监督总站	J13790－2017
10	黑龙江省建筑工程施工质量验收标准 建筑地面工程	DB23/716—2017	黑龙江省工程质量监督总站	J13781－2017
11	黑龙江省建筑工程施工质量验收标准 建筑装饰装修工程	DB23/712—2017	黑龙江省工程质量监督总站	J13791－2017
12	黑龙江省建筑工程施工质量验收标准 电梯工程	DB23/713—2017	黑龙江省工程质量监督总站	J13784－2017
13	黑龙江省建筑工程施工质量验收标准 建筑给排水及供暖工程	DB23/722—2017	黑龙江省工程质量监督总站	J13811－2017
14	黑龙江省建筑工程施工质量验收标准 通风与空调工程	DB23/721—2017	黑龙江省工程质量监督总站	J13812－2017
15	黑龙江省建筑工程施工质量验收标准 建筑电气工程	DB23/711—2017	黑龙江省工程质量监督总站	J13783－2017
16	黑龙江省建筑防水工程技术标准	DB23/T 1073—2017	哈尔滨市建设工程质量监督总站	J13964－2017
17	黑龙江省埋地塑料排水管道工程技术标准	DB23/T 847—2017	黑龙江省寒地建筑科学研究院	J14001－2017
18	民用房屋空心 EPS 模块围护结构技术标准	DB23/T 1355—2017	哈尔滨鸿盛房屋节能体系研发中心 哈尔滨工业大学建筑设计研究院	J11534－2017
19	EPS 模块外保温粘贴系统技术标准	DB23/T 1350—2017	哈尔滨鸿盛房屋节能体系研发中心 哈尔滨工业大学建筑设计研究院	J11533－2017
20	空腔 EPS 模块混凝土结构房屋技术标准	DB23/T 1454—2017	哈尔滨鸿盛房屋节能体系研发中心 哈尔滨工业大学建筑设计研究院	J11874－2017

续表

序号	标准名称	标准号	主要起草单位	国家备案号
21	HS-ICF 外墙保温系统技术标准	DB23/T 1167—2017	哈尔滨鸿盛房屋节能体系研发中心　哈尔滨工业大学建筑设计研究院	J11055-2017
22	工业建筑空心 EPS 模块围护结构技术标准	DB23/T 1390—2017	哈尔滨鸿盛房屋节能体系研发中心　哈尔滨工业大学建筑设计研究院	J11615-2017
23	装配式配筋砌块砌体剪力墙结构技术规程	DB23/T 2066—2017	哈尔滨达成绿色建筑技术开发有限公司	J14117-2018

资料来源：黑龙江省住房和城乡建设厅网站。

表3　2018年黑龙江省工程建设地方标准清单

序号	标准名称	标准号	主要起草单位	国家备案号
1	黑龙江省螺旋波纹钢管技术标准	DB23/T 2112—2018	哈尔滨金阳光管业有限责任公司	J14255-2018
2	发泡水泥防火隔离带	DB23/T 2188—2018	黑龙江省寒地建筑科学研究院	J14476-2018
3	黑龙江省居住建筑节能65%+设计标准	DB23/1270—2018	哈尔滨工业大学	J14381-2018（2019年发布了新标准，此标准废止）
4	长螺旋钻孔压灌混凝土旋喷扩孔桩基础设计与施工技术规程	DB23/T 1320—2018	黑龙江省桩基础工程公司	J14498-2018
5	黑龙江省海绵城市建设技术规程	DB23/T 2220—2018	哈尔滨工业大学	J14499-2018
6	贯入法检测砌筑砂浆抗压强度技术规程	DB23/T 2236—2018	黑龙江省寒地建筑科学研究院	J14513-2019
7	建筑桩基技术规程	DB23/T 2237—2018	黑龙江省寒地建筑科学研究院	J14514-2019
8	被动式低能耗居住建筑设计标准	DB23/T 2277—2018	黑龙江辰能盛源房地产公司等	J14574-2019
9	黑龙江省叠合整体式预制综合管廊工程技术规程	DB23/T 2277—2018	哈尔滨市市政工程设计院等	J14518-2019

资料来源：黑龙江省住房和城乡建设厅网站。

表4 2019年黑龙江省工程建设地方标准清单

序号	标准名称	标准号	主要起草单位	国家备案号
1	黑龙江省建筑外墙用真空绝热板（STP）应用技术规程	DB23/T 2473—2019	黑龙江省寒地建筑科学研究院	J14894－2019
2	黑龙江省居住建筑节能设计标准	DB23/1270—2019	哈尔滨工业大学	J14381－2019
3	黑龙江省住宅小区有线数字电视工程技术规程	DB23/T 1453—2019	黑龙江广播电视网络股份有限公司	J11847－2019
4	黑龙江省建筑工程质量鉴定技术标准	DB23/T 2418—2019	哈尔滨市建设工程质量监督总站	J14935－2019
5	住宅厨房和卫生间排气系统应用技术规程	DB23/T 2417—2019	黑龙江省寒地建筑科学研究院	J14936－2019
6	承重混凝土多孔砖建筑技术规程	DB23/T 1359—2019	大庆油田工程有限公司	J14893－2019
7	黑龙江省装配式混凝土结构工程施工质量验收标准	DB23/T 2505—2019	哈尔滨市建设工程质量监督总站	J15016－2020
8	建筑地基基础设计规程	DB23/T 902—2019	黑龙江省寒地建筑科学研究院	J15015－2020

资料来源：黑龙江省住房和城乡建设信息网。

表5 2020年黑龙江省工程建设地方标准清单

序号	标准名称	标准号	主要起草单位	国家备案号
1	黑龙江省既有居住建筑加装电梯工程技术规程	DB23/T 2618—2020	黑龙江省电梯行业协会 黑龙江省寒地建筑科学研究院	J15156－2020
2	低温辐射电热膜供暖系统应用技术规程	DB23/T 1203—2020	中惠地热股份有限公司	J11151－2020
3	黑龙江省建设施工现场安全生产标准化实施标准	DB23/T 1318—2020	黑龙江省建设安全协会	J15223－2020
4	农村生活垃圾分类、收集、转运标准	DB23/T 2639—2020	东北林业大学 黑龙江省城乡建设研究所	J15225－2020
5	农村生活垃圾处理标准	DB23/T 2638—2020	东北林业大学 黑龙江省城乡建设研究所	J15224－2020

序号	标准名称	标准号	主要起草单位	国家备案号
6	黑龙江省地热能供暖系统技术规程	DB23/T 2661—2020	哈尔滨工业大学	J15228 – 2020
7	住宅使用说明书编制标准	DB23/T 2640—2020	哈尔滨达成绿色建筑技术开发有限公司　黑龙江省建设工程监测中心	J15226 – 2020
8	黑龙江省城镇生活垃圾分类标准	DB23/T 2665—2020	黑龙江省寒地建筑科学研究院	J15285 – 2020

资料来源：黑龙江省住房和城乡建设信息网。

（三）建设科技发展领域建筑节能成效显著

"十三五"期间，根据黑龙江省经济社会发展需求以及科技创新基础优势和持续发展的长远目标，深入对接我国国家重大建设领域科技节能专项和重大项目，围绕国家重大创新战略布局和全省重点任务，集成科技创新资源。在新材料、新能源、高端装备、新一代信息技术、节能环保等多个科技创新领域，加强自主创新，强化重点领域关键环节的重大技术研究开发，加速培育了一批建设科技发展领域重大创新成果，一定程度上突破了黑龙江省产业转型升级和新兴产业发展的技术瓶颈，实现了建设领域科技节能的跨越式发展。

一是对既有居住建筑科技节能改造。2016 年，黑龙江省坚持将既有居住建筑节能改造与主街路综合改造、老旧小区改造相结合，大力推广以政府主导、供热企业参与、合同能源管理和 PPP 等制度创新的改造模式，改造了既有建筑 1595 万平方米，超额完成国家下达任务，使 20 余万户居民住上了"暖"房子。学习借鉴宁夏中卫市"以克论净"的深度清洁模式。按照全省"三年行动计划"部署要求，持续开展环境专项整治，重点解决老旧城区、背街小巷、城乡接合部环境脏乱差问题。齐齐哈尔、伊春、铁力等市（地）县在国家支持政策调整的情况下，自行筹资开展既有建筑节能改造工作，完成改造面积约 406.8 万平方米。2017 年既有科技节能进一步提升，公共建筑节能改造完成 82 万平方米，鹤岗、齐齐哈尔、鸡西、伊春、海林等市（地）县自筹资金完成既有建筑节能改造 290 万平方米。

二是推动装配式建筑发展。2016 年，黑龙江省积极借鉴国内外先进技术，完善标准体系，制定指导意见。选择试点城市，给予税费减免等政策支持，培育龙头企业，依托全省 5 个国家级住宅产业化基地，落实若干试点项目，逐步扩大装配式建筑应用比例。2017 年，全省加大了对装配式建筑、海绵城市、宜居村庄等建设领域重点项目的科学研究和技术攻关力度，开展新技术、新产品、新工艺、新设备的研发和推广应用。向住房和城乡建设部推荐地下装配式结构关键技术研究等科学技术项目 20 项，获批 11 项。2018 年，黑龙江省在 2017 年技术实践的基础上，积极推进实施装配式建筑示范管理办法，完善有关技术标准，指导各地出台具体政策措施，宣传推广使用装配式建筑部品部件，预制装配整体式城市地下综合管廊技术得到推广，加快培育产业基地，推进试点示范工程建设。

三是推广建设领域新材料、新技术。2016 年，黑龙江省推广建设领域新材料、新技术 40 余项，并且向住房和建设部推荐包括被动式低能耗建筑等 3 项技术。推广应用地源热泵、水源热泵、太阳能发电等新能源技术和绿色新型建材，完成既有居住建筑节能改造 1000 万平方米。2018 年，组织严寒地区中深层地源热泵供暖关键技术、寒区村镇生活污水处理工艺及设备两项研究落地应用，并获得省级应用技术研究与开发计划立项课题。组织开展建筑节能玻璃的推广应用，支持节能环保产业加快发展。

四是推进行业标准体系提升建筑能效。黑龙江省的超低能耗建筑处于国内领先水平。2017 年，黑龙江省制定发布 24 项地方标准，强化建设领域科技创新，获得省科技进步一等奖 2 项、三等奖 5 项。2018 年，全省编制居住建筑 65%＋节能设计标准，加强新建建筑节能从设计、施工到竣工验收的全过程监管，推进新建建筑全面执行更高水平的节能标准。继续推动既有建筑节能改造、超低能耗建筑试点示范。按照专业类别重新梳理了 1998 年以来黑龙江省住房和城乡建设厅组织发布的地方标准共计 98 部，做到摸清底数。完成了《黑龙江省工程建设地方标准编制修订工作指南》的编写，规范了标准管理流程。制订了 2018 年度标准修订计划，组织专家完成了年度标准复审和 16 项标准编制审查。住房和城乡建设部组织参与了 3 项标准实施评估课题调研。年度组织发布了 9 项地方标准。2019 年，行业标准体系进一步完善。黑龙江省住房和城乡建设厅牵头梳理完成了建设领域各行业主要应用的国家和地方标准 1102 部，初步形成 8 大类 20 个分项的《标准体系框架图》，拟定了《高质量发展待完善标准清单》。按照年初计划，组织编制完成了地方标准 10 部。

五是推动省级专项重点实验室建设。2018 年，黑龙江省制定了《建设行业科技创新发展指导意见》，大力推广先进适用技术，促进科技成果的推广应用，并且支持厅属事业单位、科研院校、科技服务型企业与市（地）县签署战略合作协议，开展城乡建设领域专业性、系统性的技术项目研究。

六是加强公共建筑节能监管体系建设。2016 年，黑龙江省进一步强化节能工程监管模式，实现了新建建筑全部达到节能标准；并且完成了公共建筑节能监测平台建设，实现了对 200 栋建筑能耗情况的实时监测。2018 年，按照"整合精简、有效适用"的原则，在完善工程建设标准体系，着力加强军民融合相关行业标准研究，规范标准编制管理，加强标准宣传、贯彻等工作基础上，进一步落实了监督行业强制性标准实施。

（四）建设绿色发展理念助推绿色建筑发展

"十三五"期间，黑龙江省住房和城乡建设系统各级政府始终坚持"创新、协调、绿色、开放、共享"的发展理念，大力发展绿色建筑，助力推进黑龙江省生态文明建设。

一是加强对绿色建筑规划设计专项审查。黑龙江省不断加强绿色建筑推广工作，对绿色建筑规划设计进行了专项审查，积极引导商业房地产开发项目执行绿色建筑标准。2016 年，启动了首批绿色建筑评价标识工作，建立了绿色建材管理协调机制，新建绿色建筑 150 万平方米，多个项目获得国家绿色建筑设计标识。2017 年，全省新建绿色建筑 313 万平方米。

二是严格执行住房和城乡建设部绿色村庄标准，狠抓试点及经验推广。2016 年，为贯彻落实"适用、经济、绿色、美观"的建筑方针，黑龙江省在新建建筑中，积极引导、推广节能、节水、节地、节材和环保的设计理念及建设实践，防止片面追求外观形象而导致环境生态的破坏。并且严格执行住房和城乡建设部绿色村庄标准，在全省设立了 5 个试点单位，总结经验并积极推广。

三是拓宽融资渠道改善农村人居环境、发展绿色建筑。2016 年，黑龙江省各市（地）县按照住房和城乡建设部、农发行要求建立了项目库，并且以此为基点，搭建了以农发行长期低息贷款支持为引领、优惠政策为核心、企业和社会资本为主体的融资平台。为改善农村人居环境发展绿色建筑拓宽了融资渠道。

四是推进海绵城市试点建设和黑臭水体整治工作。2016 年，黑龙江省针对海绵城市建设和黑臭水体整治出台了《关于推进海绵城市建设的实施意见》，其中哈尔滨、伊春、大庆等 6 个城市编制完成海绵城市专项规划，新建改造项目 8 个、面积 182 万平方米，牡丹江、齐齐哈尔等城市的 22 个黑臭水体项目被整治。2018 年，黑龙江省加大力度解决重点镇污水收集处理，遵循全省重点镇污水设施建设布局规划，全面启动 90 个国家级重点镇、重点流域镇的污水收集处理设施建设工作。2019 年，黑龙江省黑臭水体治理成效显著，发现的 44 个黑臭水体项目，2018 年完成整治 20 个，2019 年完成 24 个，基本消除黑臭。同时，污水治理能力明显提升，开展了"深入推进污水处理提质增效三年"行动，开工建设污水处理项目 85 个，新建改造排水管网 750 公里，完成投资 34 亿元。

五是推行垃圾分类提高垃圾无害化处理。2016 年，黑龙江省学习借鉴浙江省先进经验，开展垃圾分类试点工作，对一般生活垃圾、餐厨垃圾、建筑垃圾实行分类收集。大力推广压缩式收运设备，实现分类运输。全面完成县级以上城市生活垃圾处理设施建设，限期完成高风险等级的存量垃圾场治理，配合省发改部门督办哈尔滨、齐齐哈尔、牡丹江、大庆试点城市完成餐厨废弃物处理设施建设，城市生活垃圾无害化处理率达 87% 以上。与此同时，大力推进《县域乡村建设规划》编制工作，重点开展农村垃圾治理、污水处理、绿色村庄创建、道路硬化、灯光亮化、特色小镇培育等工作。坚持试点先行，深入推进试点村垃圾处理设施建设。开展农村污水治理模式研究，推广"户式""移动式"污水收集、处理等小型污水处理设备。2017年，黑龙江省深入贯彻落实国家《生活垃圾分类制度实施方案》和省政府办公厅《关于做好生活垃圾分类工作的通知》，有序推进了农村垃圾治理试点，排查非正规垃圾堆放点185处。鼓励采取"车载桶装"等收运方式，加快推进卫生填埋、焚烧发电、餐厨废弃物等终端处理设施建设，确保各类垃圾得到无害化处置。2018年，黑龙江省认真推进落实《农村人居环境整治三年行动实施方案（2018—2020年）》，在全省开展"三清理"专项行动，解决农村"脏、乱、差"问题。黑龙江省政府办公厅印发了《农村生活垃圾治理专项实施方案（2018—2020年）》，完成全省"三供三治"项目245项，总投资69.31亿元。2019年，黑龙江省建立了行政村村庄日常保洁制度，省委省政府确定了10个示范县、59个示范乡镇和189个示范村率先完成农村生活垃圾治理任务，90%的村庄实现生活垃圾无害化治理。并且实施了生活垃圾焚烧发电项目11个、餐厨治理项目10个，完成投资21.1亿元。哈尔滨市双城区、肇东市生活垃圾焚烧发电项目和牡丹江市餐厨垃圾处理项目已建成投入使用，新增生活垃圾无害化处理能力1000吨/日，餐厨垃圾处理能力100吨/日。

六是重点完善农村改厕技术及模式。2017年，黑龙江省加强农村改厕技术路径研究，探索出适合高寒地区的农村改厕模式，以农户自愿为基础，结合农村危房改造同步改建室内厕所，推进农村"厕所革命"，促进乡风文明。2018年，黑龙江省出台了《农村公共厕所建设基本要求》《农村室内改厕补助资金管理办法》，积极搭建农村改厕质量监控和技术服务平台，各地按照"简单、实用、经济、耐久、环保"原则，严格落实设备生产企业与施工队伍一体化和技术备案制度，加强施工全过程监理，完成了12.8万户室内厕所、500座室外卫生公共厕所建设任务。

七是"节能＋绿色"推广成为建设主旋律。2017年，黑龙江省坚持扩绿色调结构。始终坚持"绿水青山就是金山银山"的发展理念，切实把绿色发展贯彻到城乡规划建设管理的各个方面和各个环节，发展绿色建筑、建设生态城市，推动形成绿色低碳的生产生活方式和城市建设运营模式，实现生产空间集约高效、生活空间宜居适度、生态空间山清水秀。2018 年，黑龙江省修订了《黑龙江省节约能源条例》，首次将发展绿色建筑、实施大型公建节能后评估制度写入黑龙江省法规。修订了《黑龙江省绿色建筑行动方案》，强化了层级监督，扩大了强制执行绿色建筑范围，引导房地产开发项目执行绿色建筑标准，打造绿色小区，促进绿色建筑区块化发展。统计显示，全省完成了 235 个绿色建筑设计项目共计 560 万平方米，其中哈尔滨、大庆、佳木斯推进力度较大。加强新建建筑"节能 + 绿色"从设计、施工到竣工验收的全过程监管，推进新建建筑及既有建筑全面执行更高水平的节能标准。加强目标考核，将建筑节能和绿色建筑完成情况纳入省政府对各市（地）能耗总量和强度"双控"以及控制温室气体排放目标责任考核体系，进一步全面推广绿色建材、新型墙体材料，切实抓好"禁实"工作。

（五）数字赋能建设科技智能发展成为亮点

科技是国家强盛之基，创新是民族进步之魂。"十三五"期间，黑龙江省大力加强科技创新，在新基建、新技术、新材料、新装备、新产品、新业态上不断取得新突破，创新驱动力显著增强，数字赋能建设科技智能发展成为亮点。

一是构建数字化城市管理系统。2016 年，黑龙江省印发了《关于在住建领域加快推进"互联网 + 城市生活"行动的指导意见》《黑龙江省城市网格化管理规定》，组织召开了全省数字化城市管理工作推进视频会议，9 个地级以上城市建立了数字化城市管理系统。加快推进"互联网 + 龙江城市生活"系统全面运行，探索智慧城市建设。各市（地）县完成了数字化城管平台建设，提升 12319 热线服务质量，推动城市管理精细化、制度化、数字化。2017 年，黑龙江省住房和城乡建设厅组织建立数字化城管专家委员会，印发《数字化城市管理系统建设实施方案示范文本》《数字化城管系统验收导则》，加强基础数据库建设，全面掌握行业内工程项目、设施设备、管线部件、企业人员等情况，为研判趋势、科学决策奠定了基础。深入推进"互联网＋政务服务"城管数字化平台和应用系统建设，实现"一门式、一网式、一站式"的全程电子化政务服务。建成了"全省统一、动态更新、开放共享"的省级住房和城乡建设系统数据中心。全面推进各项市政公共服务网上或手机 App 缴费，启动房屋建筑、市政工程施工图数字化审查工作，让群众和企业"少跑腿"。2018 年，全省 29 个城市建成数字化城管平台，并且启动"电子政务平台"信息系统，加快了全省住房和城乡建设系统"互联网＋政务服务"一体化建设，推进了行政处罚属地化改革，贯彻落实了"双随机、一公开"制度，强化事中、事后监管，严厉惩处破坏发展环境的行为。

二是推进城市管理精细化、标准化、信息化建设。2017 年，黑龙江省落实中央经济工作会议精神，提出"提高大城市精细化管理水平"要求，制定了《全省城市精细化管理实施意见》，推进省级数字城管综合监管和应急指挥平台建设。各市（地）县完善了城市管理基础数据库，加快推进了数字化城管平台建设，着力提高城市信息化、智能化管理水平。

三是建立智能化停车管理系统。2017 年，黑龙江省倡导大城市错时停车、车位共享，鼓励有条件的机关、企事业单位将内部停车设施在非工作时间对大众提供停车服务，建立了智能化停车管理系统，让有限的停车资源实现最大化利用。并且出台了相关管理办法实施细则，明确部门责任，强化跟踪监督。支持地上地下立体停车场建设，全省积极推广停车智能化管理技术，对专用固定车位按"一表一车位"模式进行充电设施规划建设。

四是推进 BIM 技术应用。2017 年，黑龙江省在政府投资大型公共项目工程和装配式建筑项目中推广应用 BIM 技术，为项目后期使用管理奠定基础。2018 年，黑龙江省全面启动施工图数字化审查，规范审查流程、提升审查效率，推进 BIM 技术在建筑设计、造价、监理、施工、运营维护等领域的应用。

五是建设电子招投标监管系统。2018 年，黑龙江省为加强对国有资金投资项目招标投标活动的监管，建设电子招投标监管系统，确保招投标过程监管全程覆盖。正式启用全省工程项目信息化监管平台和农民工工资代发平台，在建项目全部纳入平台管理，施工现场实现信息化管理，提升监管效能，保障从业人员特别是农民工的合法权益。构建以信用为核心的建筑市场监管体系，建立健全守信激励和失信惩戒机制，实行差异化监管，对诚信企业在承揽工程、评优评先等方面给予支持和激励，相反对失信企业和人员在招投标、市场准入等方面予以限制。

六是实施智慧供暖试点。2018 年，黑龙江省制定了智慧供暖标准规范，对新建建筑全面推行供热计量收费，为智慧供暖创造条件，并且在哈尔滨市实施智慧供暖试点。2019 年，黑龙江省哈尔滨智慧供暖试点在本供暖期投入运行，且反馈良好。

七是推动冬季清洁取暖。2016 年，黑龙江省各市（地）县积极配合有关部门推动清洁取暖工作，完成了城市供热规划的编制报批，加大集中供热智能化等新技术应用，在集中供热管网无法达到的老旧城区、城乡接合部，以及学校、商场、办公楼等公共建筑范围内，积极推广应用电蓄热、热泵、电采暖、生物质能、燃气等清洁能源，分散取暖方式。2018 年，黑龙江省重点支持建设了一批生物质热电联产、中深层土壤源热泵供暖、污水源热泵供暖、电供暖等清洁能源取暖工程项目。

二 影响黑龙江省建设科技发展的主要问题

在回顾总结"十三五"时期黑龙江省建设科技发展工作取得瞩目成绩的基础上，立足省情，对制约黑龙江省建设科技发展的主要问题要有清醒认识及客观研判，才能全面提升黑龙江省住房和城乡建设的经济效益、社会效益和环境效益，为实现"十四五"时期黑龙江省住房和城乡建设可持续发展提供核心竞争力。

（一）科研投入力度较小，科研潜能有待进一步释放

一方面，虽然总体来说"十三五"时期黑龙江省比较重视建设行业的研发投入，从2016年起就投入了大量的人力及资金等，且至2020年其投入统计呈现不断递增态势，但是与北京、上海、深圳等全国较发达的省、市相比，黑龙江省城乡建设领域经费，即全社会研究与试验发展（R&D）经费折合全时当量也远低于北京、上海及浙江。另据相关技术性标志显示，当（R&D）经费投入强度不超过1%时，技术研发处于使用技术阶段；（R&D）经费投入强度为1%~2%时，技术研发处于改进技术阶段；而（R&D）经费投入强度超过2%时，技术研发处于技术创新阶段。另一方面，从建设科技系统研发机构规模来看，黑龙江省城乡建设领域研发机构及企业数量也较少，且研发市场化运作规模比较低。以黑龙江省工程建设地方标准清单起草及申报单位为例（见表1~5），可见，黑龙江省城乡建设领域研发主体仍然以省政府为主导、省内科研院所为主体，企业研发主体及市场化多元主体参与有很大空间可以释放科研潜能。

（二）科技创新人才相对缺乏

一方面，黑龙江省城乡建设领域从业人员结构有待优化，高素质的领军人物与优秀的研发团队相对缺乏，高端建设科技创新能力不足，导致黑龙江省科技成果产出质量不高，人才队伍总量和素质还不能适应行业发展要求；与智能建筑相关的技术人员从业压力较大，人才培养力度不足，供不应求；相关高校设置相关专业的机制还不完善，短期培训达不到市场所需的要求，人才供应不足，无法满足市场要求。另一方面，系统干部、行业从业人员专业能力和精深务实作风有待提升，不能适应当前重任务、高标准、快节奏要求。

（三）科技成果转化程度不高

一方面，黑龙江省城乡建设领域开展的科技课题大多为应用攻关型项

目，科技成果产出良好，但高新技术成果产业化水平相对较低，多为政府主导推广型，成果转化率远低于发达省份的水平；科技进步对建筑业产出增长的贡献不足，低于农业、化工行业，人均产值更是低于发达省份。另一方面，科技转化中介工作体制机制有待完善。目前全省科技转化中介服务机构多数都是由各级城乡建设领域主管部门直属的科研单位或者科技推广部门负责，更多是通过技术认定、评估和发布目录公告的管理形式进行推广，且均属引导推荐性推广，其形式比较单一，信息传递纽带作用比较传统，机制路径尚待完善，政府、科技界、金融界、产业界之间系统性支持和互动关系尚未完全建立，活力比较欠缺。

（四）绿色建筑技术供给与人居需求不平衡

一方面，黑龙江省"十三五"时期在人居环境建设和绿色建筑技术领域所取得的成就有目共睹，在社会效益、环境效益、节能减排等方面取得了诸多突破。但也要看到黑龙江省在城乡建设领域目前的技术探索更多是从工程建设角度出发，技术供给聚焦于物质空间建设的标准制定与技术提升，忽视了对黑龙江省人民日常生活需求变化的精准感知与回馈，使技术的革新对市民日益增长的美好生活需求的支撑作用不够显著。另一方面，2020年全球出现的新冠肺炎疫情等突发事件，充分暴露出黑龙江省人居环境和绿色建筑领域在应对未来不确定性的公共卫生事件方面仍存在短板与不足，绿色城市建设指标体系还不够完善，绿色生产和生活方式尚未形成，污水垃圾治理能力不足，人民对人居环境和绿色建筑发展成就的获得感、幸福感、安全感仍有待提高。

（五）数字智能化发展尚需完善

一方面，黑龙江省智能建筑尚在发展期，许多技术支持和产品需求还对外界存在依赖，暂时不能单独承担一些难度较大的重要项目，且在很多方面存在不足。另一方面，黑龙江省城乡建设领域市场鱼龙混杂，智能公司数量急剧增长，公司在管理、维护和设计等方面良莠不齐，城乡建设领域法律法规和技术标准还不够完备，行业乱象依然存在。城市建设管理监管方式和手段相对落后，信息化程度相对较低，规范化、精细化、智能化管理水平有待提升。这些突出问题要尽快解决。

三 "十四五"时期黑龙江省建设科技发展展望

根据"十三五"时期黑龙江省城乡建设领域科技发展进程及存在的主要问题，结合国际发展趋向、国内发展趋势及战略，研判黑龙江省建设科技发展逻辑，可以展望"十四五"时期黑龙江省建设科技发展趋势。

（一）建设科技国际发展趋向

一是全球基础设施需求旺盛，工程建设标准编制国际化。数据显示，2019年建筑业全球就业人口超过1亿人，占全球GDP的6%，其增加值约占发达国家GDP的5%，占发展中经济体GDP的8%。世界建筑市场规模预计2030年有望在2014～2019年的年均复合增长率3.71%的基础上增长至3.9%。2016～2030年有望达到212万亿美元，其中共建"一带一路"国家超过60个，总人口超过30亿人，累计产值有望达到44.6万亿美元，年均市场空间有望突破3万亿美元。[①]伴随着我国国际工程企业海外业务经验的不断丰富，工程建设标准编制标准化、国际化成为一种新要求、新趋向。

二是颠覆性技术层出不穷，绿色、健康引领建设科技发展新方向。信息网络、生物科技、清洁能源、新材料与先进制造等作为全球科研投入最集中的领域，必将产生一批具有巨大变革前景的颠覆性技术，低能耗、高效能的绿色技术与产品得到极大丰富。

三是"互联网＋大数据"蓬勃发展，将全方位改变人类生产生活。随着"互联网＋大数据"的普及，新网络形态不断涌现，智慧地球、智慧城

---

① 《2020世界建筑科技博览会》，智能建筑与智慧城市网，2020年6月2日，http：//www.ibzxchina.com/news/view？id=514。

市、智慧生活、智能建筑等应用技术不断拓展其信息网络数字环境，人类社会及文明将继工业社会及文明后，迈入"智能"社会及文明时代。

（二）建设科技国内发展趋势及战略

一是城市发展将更加注重建设科技系统智能转型。一方面，根据国务院下发的《中国制造2025》，部署全面推进实施制造强国战略。"十四五"期间加大关键技术装备、智能制造标准/工业互联网/信息安全、核心软件支撑能力显著增强，重点产业逐步实现智能转型。另一方面，根据工业和信息化部和财政部印发的《智能制造发展规划（2016—2020年）》，2025年前，推进智能制造发展实施"两步走"战略。第一步，到2020年，智能制造发展基础和支撑能力明显增强，重点产业智能转型取得明显进展；第二步，到2025年重点产业初步实现智能转型。可以预见，建设科技发展产业"智能＋"将成为"十四五"时期我国智能发展的趋势及战略之一。

二是"绿水青山就是金山银山"已经成为建设科技发展中的全民共识。2020年10月，党的十九届五中全会审议通过的《中共中央关于制定国民经济和社会发展第十四个五年规划和二〇三五年远景目标的建议》明确指出，推动绿色发展，发展绿色经济。随后，住房和城乡建设部在11月召开的"2020绿色发展科技创新大会"上再次重申其未来绿色发展战略部署，即"坚持新发展理念，全力推进致力于绿色发展的城乡建设，大力实施城市生态修复功能完善工程；全面推进绿色建筑发展，推动既有建筑绿色化改造，加强绿色建筑评价管理，鼓励引导低能耗建筑和绿色农房建设，加大民用建筑领域节能减排；推动形成绿色生活方式，实施垃圾分类和资源化利用，大力倡导绿色出行和低碳消费"①。

三是可再生能源将成为建设科技发展系统能源需求新方向。围绕全球重大自然灾害、传染性疾病疫情和贫困等一系列重要问题，太阳能、风能、地

---

① 杨保军：《推动城乡建设绿色发展，全面推进以人为核心的新型城镇化》，《2020绿色发展科技创新大会上的致辞》，http://bbs.planning.org.cn/news/view? cid＝0&id＝11023。

热能等可再生能源在建设科技发展系统过程中将成为需求新方向。据国际能源署（IEA）预测，到2035年可再生能源将占全球能源的31%，成为世界主要能源。提升新能源利用效率和经济社会效益，深刻改变现有能源结构，大幅提高能源自给率已经上升为中国国家层面的共同行动。2020年11月财政部下发《2021年可再生能源电价附加补助资金预算通知》，根据可再生能源电价附加补助资金预算汇总表，总计59.5419亿元，其中光伏预算资金33.8437亿元、风电23.1121亿元、生物质5978万元，公共可再生能源独立系统19883万元。同时提出，在"十四五"时期乃至更长时期内，中国可再生能源有望进入倍速发展阶段，提出要努力争取在2060年前实现碳中和，这一目标将倒逼中国能源转型大幅提速，利好蓝天。

（三）黑龙江省建设科技发展趋势

一是"以人为本，绿色发展"。根据黑龙江省城乡建设领域科技发展"十三五"发展现状及主要问题，在"十四五"时期要实现"坚持以人民为中心的发展思想，牢固树立新发展理念"，要以黑龙江省"十四五"规划城乡建设领域部署为统领，顺应建设科技发展国际新趋向，结合国内建设科技发展趋势及战略，突出"绿色住建、和谐住建、匠心住建、法治住建、智慧住建、廉洁住建"等重点任务，努力推动全省住房城乡建设再发展。

二是城乡建设"新城建"。"十四五"时期，随着黑龙江省新型城镇化发展走向精细化、高质量发展阶段。在信息化、数字化、智能化的新型城市基础设施建设背景下，对接我国"新基建""新能源"等趋势及战略，对标国际工程建设标准编制标准化、国际化等新走向，加速全省城乡建设科技"新城建"大发展必将成为黑龙江省"十四五"时期建设科技发展新亮点。

三是"智能化＋科技"融合发展新业态。随着黑龙江省在"十三五"时期城乡建设科技大数据智能化的发展，"十四五"时期，国际国内"互联网＋大数据""智能＋"技术的不断利好，绿色建筑生态等"以人为本"的建设科技发展系统必将得到协同发展，形成城乡建设"智能化＋科技"融合发展的新业态。

四 黑龙江省建设科技发展的对策建议

针对"十三五"时期，影响黑龙江省建设科技发展的主要问题，提出"十四五"时期，黑龙江省城乡建设科技发展领域要以习近平新时代中国特色社会主义思想为指导，全面贯彻党的十九届五中全会精神，认真落实黑龙江省"十四五"规划部署，以实践新阶段、新发展理念为动力，以推进城乡建设科技改革为主线，加快推进黑龙江省城乡建设领域现代化可持续发展，全面提高城乡建设领域人才队伍建设、政策环境建设、标准化体系建设、绿色城乡及智慧城建建设，为现代化新龙江建设提供有力支撑。

（一）加强机构改革和人才队伍建设

首先，加强机构改革，调整优化机构职能。坚决落实好黑龙江省"十四五"时期城乡建设领域机构改革部署要求，建立健全设置科学、权责协同、运行高效的职责体系和行政机制，调整优化城乡建设领域机构职能。其次，深化科研院所分类改革，培育面向市场的新型研发机构，构建更加高效的科研组织体系。再次，要贯彻落实新时期好干部标准，突出选人用人的政治标准，大力选拔任用敢于负责、勇于担当、善于作为、实绩突出的干部，激发和保护干部干事创业的积极性。加强干部能力建设和实践锻炼，强化业务学习和知识积累，全面提升工作能力和业务水平，打造高素质专业化干部队伍。最后，引导和推动高等学校和科研院所依靠市场化组织方式推动科技成果产业化，完善科研人员创新创业的激励渠道。

（二）优化城乡建设领域科技发展政策环境

首先，优化城乡建设领域科技发展政策环境是黑龙江省城乡建设领域科技发展的条件。健全相关法律法规，实现法律政策和配套措施的针对性和操作性，重点要建立健全知识产权保护方面的政策法规。其次，加大政策扶持力度。建立健全黑龙江省城乡建设领域科技发展激励机制。通过设立专项资金支持和税收政策优惠等，鼓励全省城乡建设领域科技发展机构、企业及人员的科技创新与成果转化动力。构建资金保障制度，黑龙江省政府除了增大对城乡建设领域科技发展机构、企业及个人的财政扶持外，也应给予一定的政策，鼓励各地方性商业银行和金融机构参与城乡建设领域科技发展研发及获利。最后，强化行政及工程建设过程双向层级监管、监督。一方面，要强化建设行政主管部门层级监管、监督；另一方面，要强化工程建设过程中落实"建设、勘察、设计、施工、监理"五方主体责任监管、监督。确保建设过程中的监管、监督落实到位，严格依法依规进行工程建设。

（三）进一步提升城乡建设领域建筑能效

首先，严格执行建筑节能标准。标准化工作体系不是一成不变的，需要根据黑龙江省城乡建设领域发展形势的变化持续改进和优化。对新发布的《黑龙江省居住建筑节能设计标准》（DB23/1270—2019）加大宣传、贯彻及执行力度。黑龙江省"十四五"时期要进一步建立健全全省城乡建设领域科技评估标准化动态跟踪体制机制，对不适应形式发展的予以及时调转。组织修订黑龙江省公共建筑节能设计标准，积极推进新建公共建筑能效提升。加强新建建筑节能管理，构建促进黑龙江省城乡建设各类标准的升级体制机制，地方标准适用性较强时可以考虑升级为行业标准，团体标准和企业标准也是如此。确保全省建筑节能标准设计执行率和施工执行率达到100%。积极拓展超低能耗建筑试点示范建设，推广低能耗建筑技术综合应用示范项目。其次，继续推进既有建筑节能改造。全省要在2020年度居住建筑节能改造超过100万平方米、公共建筑节能改造超过10万平方米的基础上，加大各市地既有居住建筑和公共建筑节能改造力度，积极鼓励各市地在"十四五"时期，年度完成改造面积不低于全省年度计划目标的20%，扩大改造面积。最后，完善可再生能源建筑应用。继续贯彻落实好黑龙江省住房和城乡建设厅等四部门下发的《关于加强黑龙江省地热能供暖管理的指导意见》（黑建规范〔2019〕5号），继续促进全省地热能供暖可持续发展。建立健全可再生能源建筑应用项目台账，加强其项目的跟踪指导、服务管理，提高利用效率。

（四）紧扣民生供给需求，狠抓绿色城乡建设

首先，黑龙江省"十四五"时期要紧扣民生供给需求，坚持"以人民为中心"的发展理念，改善居民住房条件，提升城乡环境面貌，增强服务经济社会发展能力，着力解决城乡建设领域中人民日益增长的美好生活需要和不平衡不充分的发展之间的矛盾，要继续贯彻落实好新建绿色建筑季报制的跟踪督导，各市（地）结合本地实际细化落实好具体措施。力争年度绿色建筑设计面积占新建建筑比例大于 50%，积极引导鼓励新建建筑全面执行绿色建筑评价标准。其次，要抓好绿色生态城市建设。要继续加强城市修补、生态修复工作，认真梳理各类城市问题，编制好"十四五"时期城市"双修"规划，补足生态绿地，完善城市功能。最后，要积极践行生态优先发展理念，进一步落实好"适用、经济、绿色、美观"这一新的建筑方针，努力推动装配式建筑、绿色建筑、超低能耗建筑发展，全力攻坚城乡建设领域大气、水污染等的治理。加大对绿色建筑材料的宣传推广力度，引导建设单位和居民消费者使用绿色建材。

（五）加强信息化建设，促进智慧城建治理现代化

首先，进一步推进完善数据化政务建设。以哈尔滨为试点，加快推进居间服务合同网签备案。强化棚改全过程网上监管流程，密切跟踪项目进程，及时应对各类问题。加快推进各类行政许可审批网络化，建立 24 小时自助办理资质事项变更等。整合执业人员注册审批流程，推进完善提高公积金提取和贷款办理效率。其次，进一步推进完善智能化执法管理建设。推动行政执法事项全覆盖、行政执法公示、行政执法过程全记录、重大执法决定法制审核和行政执法数据可共享、可分析、可回溯。推进完善行政执法依据数据库建设。最后，进一步推进完善信息化、智能化监管体系建设。加快城建系统信息模型（BIM）技术的推广应用，完善 BIM 技术的配套标准规范体系。推进完善施工现场信息化管理，建设全省工程承发包电子化监管系统。搭建全省供热信息化监管平台，建立污水处理厂在线动态监测信息系统等。

管 理 篇

黑龙江省住建领域优化营商环境研究

韩国元　林金枫*

摘　要：　"十三五"期间，黑龙江省住建领域持续推进"放管服"改
革，在制度建设、简政放权、执法监督、化解矛盾、社会参
与等方面取得显著成效，但也存在诸多短板问题。"十四
五"期间需要继续深化"放管服"改革，统筹推进"五位一
体"总体布局，以供给侧结构性改革为主线，围绕实现住房
和城乡建设领域治理体系和治理能力现代化，推动全省住房
城乡建设高质量发展，全面优化住建领域营商环境，为黑龙
江省营商环境持续改善提供制度保障。

关键词：　住建领域　营商环境　"放管服"改革

---

* 韩国元，副教授，哈尔滨工程大学经济管理学院院长助理，主要研究方向为公共管理；林金
枫，哈尔滨工程大学经济管理学院讲师，主要研究方向为公共管理。

一 "十三五"期间黑龙江省住建领域优化营商环境建设工作回顾

（一）组织、制度建设回顾

"十三五"期间，组织和制度建设取得长足进展。成立深化机关作风、整顿优化营商环境的领导小组和工作机构，提升了组织协调能力、增强了专项整治工作力度、强化了监督问责机制，工作人员的服务意识、大局意识有了明显跃升。"十三五"期间制定旨在优化营商环境的政策10余项，累计清理规范性文件486件次，废止规范性文件100件，理顺了行政执法依据，推动了企业和市场的健康发展，进一步夯实了营商环境建设的制度基础。"十三五"期间黑龙江省住建领域营商环境建设的部分配套制度如表1所示。

表1　"十三五"期间黑龙江省住建领域营商环境建设部分配套制度

序号	文件名称
1	黑龙江省城乡规划条例（2018年修正）
2	黑龙江省历史文化建筑保护条例（2016）
3	黑龙江省优化营商环境条例（2019）
4	省住建厅深化机关作风整顿优化营商环境工作实施方案（2018、2019）
5	省住建厅政策性文件起草意见
6	厅机关"五个好作风"评价考核办法
7	城市管理主管部门整顿机关作风优化营商环境工作考核细则
8	行业优化营商环境考核办法
9	住建系统整顿机关作风优化营商环境考核办法
10	省住建厅对市（地）住建行业整顿机关作风优化营商环境考核办法（暂行）
11	黑龙江省住房和城乡建设厅失信被执行人信用监督、警示和惩戒机制建设工作方案
12	黑龙江省住建系统行政权力清单标准目录（2016）
13	黑龙江省住房和城乡建设系统行政处罚裁量基准
14	黑龙江省住建厅权限内责任主体不良行为记录管理办法
15	黑龙江省住房和城乡建设厅重大行政决策合法性审查制度（试行）
16	黑龙江省住建厅"四零"承诺服务创建原则要求和基本标准
17	黑龙江省住建厅"四零"服务创建公开承诺
18	黑龙江省住建系统行政监督实施办法

（二）简政放权进程回顾

"十三五"期间以"放管服"改革为切入点，深化简政放权、建立权力清单、实施流程再造，全面提高行政效率。

1. 编制行政权责清单，全面履行住建职能

2015年，根据国务院及省政府的统一部署，黑龙江省住房和城乡建设厅对行政权力进行全面梳理，取消了非行政许可及各类年检事项，编制了省住建厅行政权力清单。印发了《关于进一步开放规划设计市场提高规划设计质量的通知》，禁止地方保护行为，营造公平竞争环境；推进公积金异地贷款业务，简化手续、优化服务流程；深入清理行政审批事项，行政权力核减率达到50%；制定并公布了权力清单、责任清单和权力流程图；成立了行政许可服务中心，搭建网上行政审批平台，优化了审批流程，提高了服务效能。积极推进市政基础设施市场化改革，印发了《关于鼓励和引导社会资本参与市政基础设施建设运营的若干意见》。2016年，住建系统会同五部门印发了《关于提高全省保障性安居工程项目行政许可效率工作的指导意见》，实行统一受理、统一收费、统一时限，联合许可、并联许可，简化办事流程，提高项目审批效率。加快建筑业诚信体系建设，着力规范建筑市场秩序。清退工程建设领域各类保证金2795万元，切实减轻企业负担。深化行政审批制度改革，黑龙江省住房和城乡建设厅行政权力继续缩减；编制了住建系统省、市、区、县四级行政权力标准目录，对行政许可权限和内容实施动态管理；推行电子政务和网上审批，行政审批效率进一步提高。规范事中事后监管，黑龙江省政府办公厅印发了《关于全面推行"双随机、一公开"工作机制实施细则》，率先开展勘察设计市场检查，收到良好效果。系统发展环境进一步优化，组织召开了"转行风、优环境、促发展"视频会议，印发了《黑龙江省住房和城乡建设系统优化发展环境实施方案》。2017年，全面实现了权责清单的动态化管理。根据国务院、住建部及省政府的相关政策调整，同步调整全省权责系统的相关内容。

五年来，取消了物业服务企业二级资质认定等21项行政许可事项。将

供热许可证等 13 项行政许可事项下放至市（地）归口单位。将安全生产许可证三类人员资格延续、变更审批等 7 项行政审批事项交由市（地）归口单位或行业协会组织实施。陆续出台了《关于调整省住房和城乡建设厅行政审批事项的通知》《关于进一步规范全省建设行业行政审批工作的通知》等一系列文件，确保下放、取消的行政权力"接得住、管得好"。目前，省住建厅保留的行政权力由 2015 年的 312 项缩减为 127 项，其中行政许可 11 项、行政处罚 22 项、属地化管理 90 项、行政复议 1 项、行政奖励 1 项、行政确认 1 项、行政监督检查 1 项。

2. 指导市（地）编制权力清单，规范权力运行

2016 年，按照省政府关于指导市（地）归口单位编制权力清单工作的要求，抽选了哈尔滨市、大庆市、宾县、杜尔伯特蒙古自治县等地的规划、房产、住建、城管部门作为权力清单编制试点部门，汇总整理后形成了《黑龙江省住建系统省、市、县、区四级住建系统权力清单标准目录》，为地方各级住建系统主管部门编制权力清单起到了示范作用。2018 年，制定了国家基层政务公开目录、标准和流程。以保障房建设、农危房改造、房屋征收安置、市政服务四个领域为抓手，对 7 个试点市县上报的政务公开目录、标准和流程进行梳理和审核，经过归纳、汇总各公开事项，形成了基层政务公开目录，逐一绘制了工作流程图，为指导各市县开展政务公开工作制定了基准，迈出了政务公开规范化、标准化的关键一步。

3. 全面清理行政审批中介服务事项

依据《国务院关于第一批清理规范 89 项国务院部门行政审批中介服务事项的决定》及《国务院关于第二批取消 152 项中央指定地方实施行政审批事项的决定》有关要求，对黑龙江省住建厅行政许可涉及中介服务事项进行了全面清理，共取消了 13 项中介服务事项。规范了 5 项中介服务事项。通过全面清理，省住建厅现保留企业资产负债证明、抗震试验研究报告等 4 项行政审批中介服务事项。

4. 开展全省住建系统政务服务流程再造工作

对 66 项省级行政审批和公共服务事项进行了全面清理，保留政务服务

事项 22 项，其中行政许可 12 项、公共服务 6 项、其他 4 项。在省级审批事项清理的基础上，对各地住建系统上报的 6773 条行政审批事项进行了全面梳理，并组织人员逐项审核，形成了《黑龙江省住建系统省、市、县三级行政权力和公共服务事项清单模板》，在全省范围内实现了事项名称、职权类别、事项类别、审批时限"四统一"。

（三）行政执法监督状况回顾

1. 推进行政处罚裁量基准，指导处罚案件公正办理

依据省政府确认的权力清单，对涉及住建领域的 119 项行政处罚项目进行了认真梳理，制定了《黑龙江省住房和城乡建设系统行政处罚裁量基准》，在法律、法规规定的范围内将行政处罚自由裁量标准细化为四个档次，增加行政执法操作性，减少执法部门裁量随意性，进一步规范了行政机关的执法行为。在此基础上，还形成了《黑龙江省住房和城乡建设厅行政权力责任清单》，确立了行政处罚的层级间责任边界，有效地指导地方各级住建系统行政管理部门开展行政处罚工作。

2. 建立"双随机、一公开"制度，加强事中事后监管

根据国务院和省政府关于开展和推广随机抽查规范事中事后监管的要求，制定下发了《关于加强我省住建系统随机抽查规范事中事后监管的实施意见》，明确了总体要求、基本原则，制定了具体推进措施。根据国务院办公厅和省政府要求，制定下发了《黑龙江省住建系统"双随机、一公开"监管实施细则》，确定了工作原则，明确了职责分工，理顺了工作程序。同时制定了《随机检查事项清单》和《随机检查事项检查表》，整理了《被检查市场主体名录库》和《行政执法检查人员名录库》，信息平台的搭建基本完成。随着"放管服"改革的不断深入，实时调整《黑龙江省住建厅随机检查事项清单》，取消了 4 项检查事项。截至 2020 年 6 月，省住建厅开展建筑市场检查、质量检测机构检查、施工安全生产检查、工程质量检查等 16 次检查，累计检查被检主体 809 家，检查内容覆盖了规划、工程质量、工程安全和企业资质等各个方面，基本实现了行政执法检查全部采取"双随机、一公开"的方式。

3.换发行政执法证件，健全行政执法人员管理制度

2015 年底，按照省政府法制办的要求，严格实行行政执法人员持证上岗和资格管理制度。2019 年，按照司法厅要求，组织全省住建系统行政执法人员开展换发执法证件工作，编制了专业法律知识题库。组织厅机关行政执法人员 175 人参加法律知识培训和考试。

（四）化解突出矛盾状况回顾

加强行政复议工作，有效化解行政矛盾。"十三五"时期，积极贯彻实施《行政复议法》和《行政复议法实施条例》，纠正违法或不当行政行为，提高行政复议办案质量。起草并印发了《黑龙江省住房和城乡建设厅行政复议工作规程（试行）》，配备了行政复议听证室和全过程记录设备，充分发挥行政复议在解决行政争议中的重要作用。累计受理行政复议案件 61 件，涉及申请人 244 人。

积极参与行政应诉，切实提高政府公信力。自觉接受人民法院司法监督，积极做好行政应诉工作，五年共参与行政应诉 53 起，严格落实行政机关负责人出庭应诉制度，机关负责人累计出庭应诉 35 次，起草了《黑龙江省住房和城乡建设厅行政应诉管理办法》，对行政应诉败诉进行了具体界定，规定了实施责任追究以及从重、加重或免于追究责任的情形，待办法正式实施后，有望加强和改进省住建厅的行政应诉工作，提高行政应诉质量。

（五）社会参与评价状况回顾

黑龙江省住建厅开发住建系统优化营商环境提升服务效能网络评议评价系统，链接到黑龙江建设网开设"优化营商环境，评价行业作风"专栏，开展网上评议，扩展社会监督渠道，推动作风整顿向行业基层延伸。统一印制发放移动终端二维码，各市（地）归口单位在办公楼大厅和窗口服务大厅显著位置张贴开展网络评议工作的通知和移动终端二维码，利用网站、手机自媒体等网络载体广泛宣传。网络评议面向全社会开放，广泛接受监督。

服务对象可通过网站登录和移动终端扫码的方式对厅 17 个行政处室、各市县住建、规划、房产、公积金、城管 5 项行业管理工作，以及供暖、供气、供排水 3 项公共服务进行网络评价。

二 "十三五"期间黑龙江省住建领域优化营商环境中存在的问题

省住建领域营商环境建设取得了一些成效，但对照中央和省委要求、对照企业群众期盼还存在一定差距。

（一）部分工作短板亟待补齐

在学懂弄通做实习近平新时代中国特色社会主义思想上有差距，个别干部在学习习近平新时代中国特色社会主义思想上仍然存在应付学、被动学的情况，对党的创新理论学思践悟不够，满足于一知半解、浅尝辄止，学习的自觉性、持续性还有待提高，在推动学用转化上还需下大功夫。绿色城市建设指标体系还不够完善，绿色生产和生活方式尚未形成，污水垃圾治理能力不足。棚户区和老旧小区存量较大，城市基础设施建设滞后于城市发展，补短板任务依然较重。系统干部、行业从业人员专业能力和精深务实作风有待提升，不能适应当前重任务、高标准、快节奏的要求。住建行业法律法规和技术标准还不够完备，行业乱象依然存在。城市建设管理监管方式和手段落后，信息化程度不高，规范化、精细化、智能化管理水平有待提升。这些突出问题要尽快解决。

（二）系统性对接体系应进一步完善

现阶段，尽管结合机构改革的契机，黑龙江省住建领域在转变政府职能方面花大力气、下深功夫，但在制定营商环境政策时往往根据的是一时或片面需要，不利于政策平稳落地施行。政策执行中往往缺乏对前序政策的准确分析，或是工作人员对于政策理解不充分，导致营商环境政策在具体理解和执行中标准不统一，往往同一件事项产生不同的说法、同一项审批提供不同的材料，直接影响政策的贯彻落实。缺乏系统性对接体系，在一定程度上导致相关省营商环境政策的运行效率低下。

（三）行政执法"三项制度"工作需加快推进

目前，行政执法公示信息录入进度未达预期。全省住建系统行政执法人员开展换发执法证件工作已经完成，执法记录设施设备进一步更新完善，对执法人员也进行了系统培训，但执法全过程记录制度落实不到位问题还时有发生。《黑龙江省住房和城乡建设厅重大行政决策合法性审查制度（试行）》执行情况离预期目标仍有一定差距。

（四）主动服务群众的温度还不够

系统内一些基层干部"以人民为中心"的思想树得不牢，对群众反映问题不关心、不上心，不作为、缓作为、乱作为的现象仍然存在，一定程度上损害了住建系统的形象。

（五）法律制度体系有待完善，对法治政府建设进展情况的督促检查力度需要加强

有些地方性法规因为立法时间太早，存在法规滞后现象，立法质量有待提高，例如规范行业秩序的力度还不够，全省房地产经纪机构数量多、分散广、备案率低，经营不规范、侵占挪用、延缓退还客户交易资金等问题频发，但对于经纪机构的监管处罚，没有上位法依据，缺乏有效手段。在优化营商环境现实要求下，一方面需要对法规本身进行调整，另一方面要解决法规之间相互掣肘问题。住建行业法律法规和技术标准还不够完备，行业乱象依然存在。部分地市住房和城乡建设主管部门仍在不同程度上存在法治政府建设机构设置不合理、人员力量不强、业务素质不高等情况。

三 "十四五"黑龙江省住建领域优化
营商环境工作展望

（一）"十四五"黑龙江省住建领域优化营商环境的总基调

全省住建系统要以习近平新时代中国特色社会主义思想为指导，全面贯彻党的十九大和十九届二中、三中、四中、五中全会精神，贯彻落实习近平总书记在深入推进东北振兴座谈会上的重要讲话、在黑龙江省考察时的重要指示精神和对全国住房和城乡建设工作的重要批示精神，认真落实中央和省委经济工作会议精神、省委十二届七次全会精神，统筹推进"五位一体"总体布局，协调推进"四个全面"战略布局，围绕"六个强省"目标，坚持"以人民为中心"的发展思想，牢固树立新发展理念，以供给侧结构性改革为主线，贯彻落实"稳增长、促改革、调结构、惠民生、防风险、保稳定"和"八字方针"、"六稳"要求，围绕实现住房和城乡建设领域治理体系和治理能力现代化，以"九抓九紧扣"为统领，突出绿色住建、和谐住建、匠心住建、法治住建、智慧住建、廉洁住建重点任务，努力推动全省住房城乡建设高质量发展，住建领域营商环境持续全面优化。

（二）"十四五"黑龙江省住建领域优化营商环境的对策

1. 紧扣机关政治建设抓党建

把抓党建作为首要政治任务，加强政治能力建设，推动党员干部从政治角度、用政治观点，分析解决问题。提升专业素养，强化干部专业能力、专业素质，增强分析研究问题的高度、广度和深度。

2. 科学规划引领抓体系

住房和城乡建设工作包含诸多要素、结构和环节，是复杂的系统工程。要围绕加快推进"六个住建"，研究编制住房保障、市政设施、建筑业发展等方面"十四五"规划，从大的体系上统筹谋划，系统推进各项工作，坚持问题导向、目标导向、结果导向，建设思路清晰、目标明确、措施到位的工作体系。

3. 全面稳固专项整治工作成果

进一步推进专项整治，对房地产开发企业违法违规行为、房地产经纪违法违规行为、房地产"烂尾楼"、物业服务管理、建筑市场秩序、棚改乱象、供热服务、城镇燃气 8 个行业专项整治工作要常抓不懈，持续攻坚克难，巩固整治成效。

4. 加快推进和谐住建，促进群众诉求和民生难题有效解决

坚持"以人民为中心"的发展思想，始终把人民对美好生活的向往作为奋斗目标，集中力量把群众最急最忧最盼的问题一件一件解决好，使人民获得感、幸福感、安全感更加充实、更有保障、更可持续。

5. 运用大数据、信息化手段全面提升工作效能

运用大数据提升行业管理现代化水平，建立健全大数据辅助科学决策机制。加强城镇房屋、市政设施和行业管理基础数据库建设，全面掌握住建领域基本数据信息，为研判趋势、科学决策奠定基础。优化行业监管模式，聚焦施工现场、城市设施、城市环境、城市执法等领域，推进监管方式智能化，变人工巡查发现问题为智能监管发现问题，实现管理更高效。升级政务服务系统，推行证明事项告知承诺制，大力推进"网上办"和不见面审批，加大"放管服"改革，深化流程再造，精简审批事项，提高审批服务效能。

（三）全面推进住建领域法制建设

完善立法体制，推进科学民主立法。加强重点领域立法，主动适应改革和经济社会发展的需求，对于过时的法律法规要及时清理，做到立、改、废、释并举，该制定的要制定、该修改的要修改、该废止的要废止、该解释的要解释。

加大普法投入，保障普法工作顺利开展。树立领导干部依法治国的思维与理念，学会运用法治方式维护社会发展与化解社会矛盾。建议加大普法宣传培训力度，将普法预算纳入各级财政预算，建立动态调整机制，形成以财

政投入为主渠道的普法经费投入保障体系，确保经费能满足工作需要，保障普法工作顺利开展。

加强行政执法监督，完善行政执法体制。明确各类监督主体的权限范围，针对交叉带，加强综合执法；针对空白带，强化责任，各司其职，拒绝互相推诿，同时要做到权责一致。提高行政执法人员的综合素质，严格岗前培训与教育，定期进行考核和评价。

参考文献

蔡莉丽、李晓刚：《基于"多规合一"的建设项目审批制度改革探索——以厦门自贸区为例》，《城市规划学刊》2018年第9期。

公丕潜：《营商环境的法治意涵与优化路径——以〈黑龙江省优化营商环境条例〉为参照》，《哈尔滨商业大学学报》（社会科学版）2020年第7期。

国务院：《优化营商环境条例》，2019年10月8日。

黑龙江省人大常委会：《黑龙江省城乡规划条例（2018年6月修正）》，2018年6月28日。

黑龙江省人大常委会：《黑龙江省历史文化建筑保护条例》，2015年12月18日。

黑龙江省人大常委会：《黑龙江省优化营商环境条例》，2019年1月18日。

宋毅、张国莲、欧亮：《多举措做好建设项目环境管理"放管服"工作》，《环境保护》2017年第6期。

袁幸：《改革开放以来我国城市住宅建设行政审批探析》，《中国行政管理》2018年第10期。

中共中央党校（国家行政学院）课题组：《一枚印章管审批：银川行政审批制度二轮改革实践》，《行政管理改革》2019年第3期。

张占斌：《"十四五"期间优化营商环境的重要意义与重点任务》，《行政管理改革》2020年第10期。

黑龙江省城市管理体制机制研究

柳 丹[*]

摘　要： 高水平的城市管理，既是城市建设快速发展的需要，也是打
造和谐人居环境的需要，更是推动区域经济健康发展的需
要。当前，黑龙江省城镇化快速发展，城市规模不断扩大，
建设水平逐步提高，保障城市健康运行的任务日益繁重，加
强和改善城市管理的需求日益迫切，城市管理工作的地位和
作用日益突出。城市管理既面临区域经济实力增强和人民群
众热情参与的新机遇，又面临经济利益多元化和体制转轨带
来的新挑战。"十四五"期间，黑龙江省应主动适应社会发
展形势，积极做好城市管理工作，探索提高城市管理执法和
服务水平，改善城市秩序、促进城市和谐、提升城市品质，
建立既完善又适应新形势的城市管理体制机制。

关键词： 城市管理　执法体制　协调创新

一　黑龙江省城市管理总体情况

"十三五"期间，黑龙江省不断深化对城市建设与管理的认识，加强城
市基础设施建设，加大城市管理力度，城市面貌得到很大改善，城市品位得
到质的跃升。

---

* 柳丹，黑龙江省寒地建筑科学研究院工程师，主要研究方向为寒区城市建筑、工程管理。

（一）城市管理体制逐步理顺

城市管理不仅是各级政府依法行政的重要组成部分，更是各级政府执政水平的生动体现。从全国大中城市的发展历程来看，城市管理是一个不断推陈出新、规范完善的过程。"十三五"期间，黑龙江省加强政策措施的配套衔接，强化部门联动配合，有序推进相关工作。以网格化管理、社会化服务为方向，以智慧城市建设为契机，充分发挥现代信息技术的优势，加快推进数字化城市管理系统建设，全省 29 个城市建成数字化城管平台，加快形成与经济社会发展相匹配的城市管理能力。

1. 推进数据化房产

推进房地产市场监测系统建设，整合涉房信息和资源，提升对房地产市场运行情况分析研判的能力。加快房地产市场、住房保障、物业管理等信息系统建设，力争实现房屋全生命周期管理。以哈尔滨为试点，加快推进居间服务合同网签备案。强化棚改全过程监管，对征收拆迁、项目建设、资金使用和回迁安置管理等实施信息管理，密切跟踪项目进程，及时应对各类问题。

2. 推进智能化城管

搭建全省供热信息化监管平台，实时监测企业运行数据，线上办理供热服务投诉，促进供热服务质量提升。建立污水处理厂在线监测信息系统，实时监测污水处理厂运行和达标排放情况。加快数字化城管建设，牡丹江、鸡西、双鸭山建成数字化城管平台并投入使用，实现全省地级及以上城市数字化城管平台全覆盖。

3. 推进信息化监管

加快建筑信息模型（BIM）技术在勘察、设计、施工和运营维护全过程的集成应用，完善 BIM 技术应用的配套标准规范体系。推进施工图数字化审查。推进质量安全监管信息系统建设，构建危大工程信息化管理平台，加大工程项目监管力度。推进施工现场信息化管理，落实劳务工人实名制和工资银行代发制度。建设全省工程承发包电子化监管系统，建立围标串标预警机制。

4. 推进智能化执法

建设全省住建系统行政执法管理系统，建立行政执法依据数据库，归集汇聚日常检查、行政许可、行政处罚、行政强制等行为数据，实现行政执法标准统一、数据共享、部门协同、结果公开。推动行政执法事项全覆盖、行政执法公示、行政执法过程全记录、重大执法决定法制审核和行政执法数据可共享、可分析、可回溯。

5. 推进信息化政务

依法依规进行政务公开和答复。加快推进各类行政许可审批网络化，实行企业资质、职业资格、牌匾广告、道路占用、园林绿化、垃圾排放网上申报受理审批，将"见面"审批大幅改为"不见面"审批，24 小时自助办理资质事项变更等。整合执业人员注册审批流程。加强住房公积金管理信息化建设，完善综合服务平台功能，进一步提高公积金提取和贷款办理效率。建立住建领域信访信息系统，拓宽信访投诉举报渠道。

（二）城市管理机制有所创新

紧紧依靠群众参与，广泛发动部门联动，形成社会齐抓共管的局面，是实现城市长效管理的基础。"十三五"期间，黑龙江省始终把人民对美好生活的向往作为奋斗目标，集中力量把群众最急最忧最盼的问题一件一件解决好，使人民获得感、幸福感、安全感更加充实、更有保障、更可持续。

1. 促进房地产市场平稳健康发展，保持政策连续性稳定性

根据《关于建立房地产市场平稳健康发展城市主体责任制的通知》精神，研究制定本地具体贯彻落实意见。加强购地资金审查，落实项目资本金制度，严格执行预售标准，防范房地产市场风险。强化舆论引导和预期管理，确保市场稳定。建立健全住房供应体系，着力提高商品住房供给质量，大力发展住房租赁市场，积极扶持租赁企业发展，提高租赁服务水平。推进全省统一的网签备案管理系统建设，实现与国家和其他省份实时联网。健全房地产市场监测指标体系，加快推进监测系统建设，全省各地实行月度监测、季度评价、年度考核。加强同专业机构合作，深度分析研判房地产市场

形势，定期发布本地房地产市场运行情况报告，引导市场理性发展。

2. 扎实推进保障房建设

健全住房保障体系，以政府为主提供基本住房保障，继续推进城镇棚户区改造，加大公租房保障力度，因地制宜发展共有产权房，多渠道满足住房困难群众的基本住房需求。严格落实省政府办公厅印发的《关于进一步完善棚户区改造工作的意见》，切实提升棚改规划设计水平。

3. 加快推进老旧小区改造

各地建立改造项目公示和调度制度，科学合理组织实施，鼓励支持采取工程总承包方式实施老旧小区改造，确保如期完成改造任务。提高项目谋划水平，科学编制年度改造计划，强化项目前期摸底，完善改造信息内容，引入全过程咨询服务，吸引社会资本参与。深入推进"共治、共建、共享"理念，支持物业服务企业参与改造或提前进驻，推动形成由业主、物业服务企业、社区共同参与管理和改造的机制。

4. 加强城市公共秩序整治

着眼建立长效机制，加大露天烧烤整治、占道经营监管、私搭乱建查处、渣土运输管理等工作力度，规范城市街路两侧牌匾广告设置，加强市场摊区规范化管理，推动流动商贩入市经营，着力营造整治有序、环境美观、人民满意的城市生活环境。

5. 防范化解住建领域重大风险

坚持底线思维，认真落实防范措施和化解标准。加强城镇供排水、供气、供热、道路桥梁、环卫设施和城市公园等风险排查和隐患治理，降低重大风险发生概率。着力化解信访难题，积极解决群众合理诉求，紧盯信访积案，梳理问题台账，实行领导包案，采取因人施策、一案一策，有效解决信访积案。

（三）执法体制建设水平明显增强

1. 多数市县实现机构综合设置

全省 80 个市（地）、县（市）中，75 个设立了城市管理执法部门（大兴安岭地区为住建局内设机构，伊春市新增的 4 个县尚未设置），并统一名称为"城市管理综合执法局"（哈尔滨市的为"城市管理局"）。其中 38 个市县设置为政府组成部门，34 个市县设置为住建局挂牌机构，3 个市县设置为政府直属单位。36 个市县全部整合了市政公用、市容环卫、园林绿化、城市管理执法等城市管理相关职责，占比 45%；23 个市县部分整合了市政公用、市容环卫、园林绿化、城市管理执法等城市管理相关职责，占比 29%。通过机构综合设置，有效减少了市容环卫、市政公用、园林绿化、城市管理执法等方面的职责交叉和矛盾，增强了城市管理统筹协调能力，城市管理和服务水平整体得到提升。

2. 数字化城市管理平台建设取得积极进展

全省始终把数字化城管平台建设作为创新城市管理机制、提升城市管理服务水平的重点工作，先后印发《关于加快推进全省数字化城市管理工作的指导意见》《黑龙江省城市网格化管理规定》《黑龙江省加快城市地下管线探测及信息化管理的指导意见》《黑龙江省数字化城市管理系统建设实施方案示范文本（框架）》等规范性文件和技术规范，并通过召开培训会、现场会、约谈会等形式，督促指导各地开展数字化城管建设工作。全省已有31 个城市建成数字化城管平台，地级及以上城市（8 个）覆盖率为 62%，县级城市（23 个）覆盖率为 34%，其余市县正在积极推进中。

3. 行政处罚权相对集中行使取得一定进展

各地因地制宜推进环保、交通、水务、工商、食药监 5 方面 16 项处罚权集中行使。13 个地市城管执法部门均行使露天烧烤污染、违规设置户外广告的处罚权；11 个地市城管执法部门行使户外公共场所无照经营的处罚权；10 个地市城管执法部门行使建筑施工噪声污染、城市焚烧沥青塑料垃圾等烟尘恶臭污染的处罚权；9 个地市城管执法部门行使社会生活噪声污染、建筑施工扬尘污染、露天焚烧秸秆落叶等烟尘污染的处罚权；8 个地市城管执法部门行使餐饮服务业油烟污染的处罚权；6 个地市城管执法部门行使交通管理方面侵占城市道路、水务管理方面向城市河道倾倒废弃物和垃圾及违规取土、城市河道违法建筑拆除、食品药品监管方面户外公共场所食品销售和餐饮摊点无证经营的处罚权；5 个地市城管执法部门行使燃放烟花爆竹污染的处罚权；4 个地市城管执法部门行使违法停放车辆、违法回收贩卖药品的处罚权。通过行政处罚权的集中行使，整合了原来分散的执法力量，减少了多头执法扰民等问题，提升了城市管理执法效能，促进了严格规范公正文明执法。

（四）综合执法队伍建设显著提升

1. 加强队伍能力建设

分 11 期组织 176 名城管执法处级干部参加国家培训。分 8 期组织 1200 余名城市管理执法科级干部参加省内培训，实现城管执法科级以上干部全员轮训。持续抓好科级以下城市管理执法人员业务技能培训工作，累计培训城市管理执法业务骨干 1200 余人次，执法队伍整体素质得到明显提升。

2. 进一步规范队伍形象

印发了《关于加快推进城市管理执法制式服装和标志标识配备工作的通知》（黑建执法〔2017〕2 号），统一城市管理执法制式服装和标志标识。向各地发放各类服装材质样本，规范制式服装生产制作，实现执法制式服装统一规范。落实住建部《城市管理执法执勤用车标识涂装式样》，基本完成全省执法车辆标识统一。

3. 提高服务管理水平

推行城市管理执法全过程记录、行政执法公示和重大执法决定法制审核三项制度，对违法问题进行有效治理。充分发挥数字化城管和 12319 指挥中心效能，积极承办各类群众反映问题，快速反应，在最短的时间内进行核实，并做好反馈工作。加强执法监督，对城管执法人员不定期进行抽查，严格执法责任，规范执法行为。有效动员发挥新闻媒体、网络问政平台、12319 数字城管热线的监督作用，充分了解社情民意，推动公众参与和社会监督，城市管理执法服务水平显著提高。

二 创新城市管理体制机制中存在的主要问题

城市管理出现的相关问题，从现象上看，是管理工作力度不够造成的，城市管理的各个环节都还有需要改进的地方，但从大范围看，比较普遍和集中的是管理体制问题。城市管理体制机制跟不上城市发展的形势，城市管理的方式方法滞后于现代城市的管理需求。"十三五"以来，黑龙江省城市管理打开了新的局面，各项工作迈上了新的台阶，但是受体制机制影响，城市管理仍存在一些问题。

（一）综合执法总体水平不高

现行的综合执法还缺乏统揽全局的法律依据。城市管理工作涉及众多部门，综合执法缺少一部独立完备的城市管理法律法规。综合执法主体责权不对等。城市管理执法权分散，造成管理部门多，职能交叉，功过不明，出现棘手问题时，该管的不管，能管的又不主动，缺乏权威性。在城市管理执法过程中，常用的是突击式管理，大部队执法，造成决策与执行上不同程度的脱节，执法效率低下，职能部门的效能没有得到很好的发挥，社区的作用没有得到很好的体现，城市管理总体处于较低层次状态。

（二）城乡、区域建设不平衡不充分

部分城镇供水、污水和垃圾处理等市政设施服务能力短缺，运营管理存在诸多薄弱环节。城市基础设施建设滞后于城市发展，补短板任务依然较重。棚户区存量仍然较大，棚改逾期未回迁等乱象问题仍然未得到彻底解决。农危房改造任务重，保精准、保质量、保进度工作有待加强。房地产市场发展不平衡，潜在风险不容忽视。信息化程度不高，规范化、精细化、智能化管理水平有待提升。

（三）城市管理资金支持不足

城市管理是一项公益性事业，工作的开展需要大量的经费支撑，尽管财

政不断加大城市管理资金投入，但历史上基础设施建设欠账较多，城市配套设施投入不足的问题依然存在，城市配套设施难以满足可持续发展的需求，环境卫生管理投入的人力、财力不足，严重影响到城市管理的进程和质量。城管工作人员的装备较差、待遇较低，一定程度上影响了城管队伍的工作积极性。

（四）城市建设与城市文化之间存在冲突

一个城市的灵魂就在于城市文化，而城市文化最为直接的表现就是城市的建设，城市文化的发展以及创新需要城市建设来进行传承，随着社会的不断发展和进步，城市建设的规模也在逐渐增大，与此同时也出现了相应的问题，例如部分城市在风景区建起高楼大厦，对城市景观造成很大影响；再如在对于旧城区的建设以及更新的过程中，不注重对于历史文化街区的保护，很多具有历史价值的东西随之消失。

三　关于加强黑龙江省城市管理的对策建议

工业化和城市化的快速推进，对城市管理提出了更新更高的要求，城市管理必须与时俱进、开拓创新，才能适应日新月异的发展变化的需要。当前，解决城市管理中存在的问题，必须从体制机制上找原因和谋出路。因此，创新体制机制，着力完善城市功能，推动城市管理向科学化、法制化、精细化、智能化方向转变显得尤为紧迫。

（一）理顺城市管理和综合执法体制

框定管理职责，城市管理执法要根据国家法律法规规定履行行政执法权力。明确主管部门，积极推进地方各级政府城市管理事权法律化、规范化。各市地政府应当确立相应的城市管理主管部门，加强对辖区内城市管理工作的业务指导、组织协调、监督检查和考核评价。综合设置机构，按照精简统一效能的原则，遵循城市运行规律，建立健全以城市良性运行为核心、地上地下设施建设运行统筹协调的城市管理体制机制。有条件的市和县应当建立规划、建设、管理一体化的行政管理体制，强化城市管理和综合执法工作。推进综合执法，重点在与群众生产生活密切相关、执法频率高、多头执法扰民问题突出、专业技术要求适宜、与城市管理密切相关且需要集中行使行政处罚权的领域推行综合执法，实现住房和城乡建设领域行政处罚权的集中行使。下移执法重心，按照简政放权、放管结合、优化服务的要求，逐步实现城市管理执法工作全覆盖，并向乡镇延伸，推进城乡一体化发展。

（二）强化城市管理综合执法队伍建设

优化执法力量，根据执法工作特点合理设置岗位，科学确定城市管理执法人员配备比例标准，统筹解决好执法人员身份编制问题，执法力量要向基层倾斜，适度提高一线人员的比例，通过调整结构优化执法力量，确保一线执法工作需要。严格队伍管理，优化干部任用和人才选拔机制，加强领导班子和干部队伍建设，严格执法人员素质要求，加强思想道德和素质教育，着力提升执法人员业务能力，打造政治坚定、作风优良、纪律严明、廉洁务实的执法队伍。注重人才培养，加强现有在编执法人员业务培训和考试，严格实行执法人员持证上岗和资格管理制度，建立符合职业特点的职务晋升和交流制度，切实解决基层执法队伍基数大、职数少的问题，确保部门之间相对平衡、职业发展机会平等。鼓励高等学校设置城市管理专业或开设城市管理课程，依托党校、行政学院、高等学校等开展岗位培训。规范协管队伍，建立健全协管人员招聘、管理、奖惩、退出等制度。保障执法人员待遇，完善适当提高基层城市管理综合执法人员工资等待遇政策。研究通过工伤保险、抚恤等政策提高执法风险保障水平。

（三）提高综合执法水平

制定权责清单，全面清理调整现有城市管理和综合执法职责，优化权力运行流程。依法建立城市管理和综合执法部门的权力和责任清单，向社会公开职能职责、执法依据、处罚标准、运行流程、监督途径和问责机制，规范执法制度、完善执法程序、规范办案流程、明确办案时限、提高办案效率。积极推行执法办案评议考核制度和执法公示制度，确保执法公信力，维护公共利益、人民权益和社会秩序。改进执法方式，城市管理执法人员应当严格履行执法程序，做到着装整齐、用语规范、举止文明，依法规范行使行政检查权和行政强制权。坚持处罚与教育相结合的原则，灵活运用不同执法方式，综合运用行政指导、行政奖励、行政扶助、行政调解等非强制行政手段，引导当事人自觉遵守法律法规，及时化解矛盾纷争，促进社会和谐稳定。完善监督机制，畅通群众监督渠道、行政复议渠道，加强城市管理部门内部流程控制，健全责任追究机制、纠错问责机制。充分征求社会各界对城市管理和综合执法工作的意见和建议，有效加强对城市管理和综合执法工作的广泛监督。

（四）进一步完善城市管理工作

加强市政管理，建立完备的城建档案，实现档案信息共享。加强市政公用设施管护工作，保障安全高效运行。加强城市道路管理，严格控制道路开挖或占用道路行为。加强城市地下综合管廊、给排水和垃圾处理等基础设施管理，服务入廊单位生产运行和市民日常生活。维护公共空间，加强城市公共空间规划，提升城市设计水平。优化城市交通，坚持公交优先战略，着力提升城市公共交通服务水平。加大交通需求调控力度，优化交通出行结构，提高路网运行效率。加强城市交通基础设施和智能化交通指挥设施管理维护。综合治理非法占道停车及非法挪用、占用停车设施，鼓励社会资本投入停车场建设，鼓励单位停车场错时对外开放，逐步缓解停车难问题。提高城市园林绿化、环卫保洁水平，加强大气、噪声、固体废物、河湖水系等环境管理，改善城市人居环境。提高城市防灾减灾能力，保持水、电、气、热、交通、通信、网络等城市生命线系统畅通。加强城市基础设施安全风险隐患排查，建立分级、分类、动态管理制度。完善城市管理应急响应机制，提高突发事件处置能力。积极推进城市管理数字化、精细化、智慧化，综合运用现代信息技术，加快数字化城市管理向智慧化升级，实现感知、分析、服务、指挥、监察"五位一体"。强化城市运行数据的综合采集和管理分析，促进多部门公共数据资源互联互通和开放共享，建立用数据说话、用数据决策、用数据管理、用数据创新的新机制。加强城市基础设施智慧化管理与监控服务，加快市政公用设施智慧化改造升级，加快城市管理和综合执法档案信息化建设，综合利用视频一体化技术，探索快速处置、非现场执法等新型执法模式，提升执法效能。

（五）全面创新城市治理方式

发挥市场作用，吸引社会力量和社会资本参与城市管理。推进网格管理，建立健全市、区（县）、街道（乡镇）、社区管理网络，科学划分网格单元，将城市管理、社会管理和公共服务事项纳入网格化管理，及时发现和快速处置问题，有效实现政府对社会单元的公共管理和服务。加强社区服务型党组织建设，依法建立社区公共事务准入制度，充分发挥社区居委会作用，增强社区自治功能。依法规范公众参与城市治理的范围、权利和途径，畅通公众有序参与城市治理的渠道，引导社会组织、市场中介机构和公民法人参与城市治理，形成多元共治、良性互动的城市治理模式。广泛开展城市文明教育，大力弘扬社会公德，不断提升市民文明素质和城市文明程度，促进城市和谐稳定。

（六）完善保障机制

健全法律法规，完善城市管理和执法方面配套法规和规章，实现深化改革与法治保障有机统一，加快制定修订一批城市管理和综合执法方面的标准，形成完备的标准体系。保障经费投入，按照事权和支出责任相适应原则，健全责任明确、分类负担、收支脱钩、财政保障的城市管理经费保障机制，实现政府资产与预算管理有机结合，防止政府资产流失。加大财政支持力度，统筹使用有关资金，增加对城市管理执法人员、装备、技术等方面的资金投入，保障执法工作需要。充分运用市场规律，吸引社会资本进入城市管理公用行业，推动城市建设的可持续发展。加强司法衔接，建立城市管理部门与公安机关、检察机关、审判机关信息共享、案情通报、案件移送等制度，实现行政处罚与刑事处罚无缝对接，加大城市管理执法行政处罚决定的行政和司法强制执行力度。

黑龙江省建设工程领域法制建设研究

任广章*

摘　要： "十三五"期间，黑龙江省建筑业由发展速度向发展质量转变，并取得了显著成绩。建设工程领域的法制建设为建筑业由速度向质量的转变提供了稳定的依据和法治保障。但企业资质管理、工程质量验收、工程价款争议仍是建设工程领域合同纠纷的主要矛盾所在，虽然"十四五"期间黑龙江省建筑业将出现科技创新和信息化建设成为新常态，绿色低碳和节能环保成为新主题、适宜居住和体现人文关怀成为新目标等新变化，但建设工程领域上述矛盾纠纷仍然会是主要问题，应继续完善相关法律法规和管理制度，保障黑龙江省建设工程领域持续健康发展。

关键词： 建筑业　建设工程　法制建设

　　建筑业是国民经济的支柱产业，在国民经济中占有重要地位。党的十九大做出了"我国经济已从高速增长阶段转向高质量发展阶段"的重要判断，建筑业也要从高速发展阶段转向高质量发展阶段。"十三五"期间，受全国建筑市场整体形势影响，黑龙江省建筑业增加值经历了 2016～2018 年的持

---

* 任广章，黑龙江省社会科学院助理研究员，主要研究方向为民商法学和地方法治研究。

续增长和 2018 年至今的逐年回落两个阶段①，全省完成房屋建筑施工面积则逐年下降②，发展相对放缓③，但黑龙江省建筑业由粗放管理向精益建造、由传统建筑向绿色建筑取得长足发展，充分体现了黑龙江省建筑业由发展速度向发展质量的转变。建筑业的法制建设，特别是建设工程领域的法制建设，为建筑业由发展速度向发展质量的转变提供了稳定的依据和法治保障。

一 "十三五"时期黑龙江省建设工程领域法制建设的主要成绩

（一）针对建筑信息模型应用出台指导意见，推动工程建设信息化、集成化、智能化发展

随着我国工业化、信息化、市场化的深入发展，在保持基本建设规模的同时，黑龙江省持续推进工程建设的信息化、集成化、智能化发展。2016年省住建厅发布《关于推进黑龙江省建筑信息模型应用的指导意见》，提出开展推进 BIM 技术的应有试点工作、培育 BIM 技术应用骨干企业、积极做好 BIM 技术的宣传引导及完善应用扶持政策四点意见，指出 BIM 技术在提升设计施工质量、协同管理、减少浪费、降低成本、缩短工期等方面具有明显成效，要求各地开展 BIM 技术试点示范应用，形成可复制的成熟经验，使科学技术在工程中的应用迈上了新台阶。

---

① 黑龙江省统计局历年发布的黑龙江省国民经济和社会发展统计公报数据显示，2016～2018年，建筑业增加值每年保持 2% 以上的增长，2018 年和 2019 年建筑业增加值分别为 852.0亿元和 419.2 亿元，下降明显。

② 黑龙江省统计局历年发布的黑龙江省国民经济和社会发展统计公报数据显示，2016 年全省完成房屋建筑施工面积 5404.1 万平方米，比 2015 年下降 3.8%；2017 年全省完成房屋建筑施工面积 4768.7 万平方米，比 2016 年下降 11.8%；2018 年全省完成房屋建筑施工面积 3765.4 万平方米，比 2017 年下降 21.0%；2019 年全省完成房屋建筑施工面积 3429.7 万平方米，比 2018 年下降 8.9%。

③ 赵峰、王要武、金玲、李晓东、徐亚军：《2018 年建筑业发展统计分析》，《工程管理学报》2019 年第 2 期；赵峰、王要武、金玲、李晓东：《2019 年建筑业发展统计分析》，《工程管理学报》2020 年第 2 期。

（二）针对建筑市场管理、建设工程质量制定管理条例，维护和规范建筑市场秩序

黑龙江省第十二届人民代表大会常务委员会第十九次会议同时通过了《黑龙江省建筑市场管理条例》和《黑龙江省建设工程质量管理条例》，其中了《黑龙江省建筑市场管理条例》对建筑市场准入、建设工程发包与承包、建设工程中介服务、建设工程合同与造价进行了规范。《黑龙江省建设工程质量管理条例》对工程质量监督注册、质量行为监督、竣工验收监督进行了规范。加强了建筑市场管理和建设工程质量监督管理。

（三）针对建筑业纠纷在处理时需要较强的专业性特点，完善纠纷处理机制

建筑业纠纷具有明显的专业性、复杂性特征，纠纷处理难度大，《黑龙江省建设工程质量管理条例》专章规定了纠纷处理问题，明确了房屋所有权人与实际使用人有维护建筑质量安全的义务，明确建筑施工过程中出现工程质量缺陷时的责任主体，明确了工程质量保修的执行规定。还特别规定了在建或者保修期内的建设工程发生质量纠纷的，当事人可以向建设工程所在地的工程质量监督机构提出质量纠纷调解申请，并对工程质量监督调解程序进行了明确，如规定工程质量监督机构受理调解的期限、调解纠纷时应坚持的原则以及有关工程质量投诉的处理问题等，形成了行政主管部门主持下的工程质量纠纷调处机制，由专业的人做专业的事，有效缩短纠纷处理周期的同时让质量纠纷处理结果更切合工程实际。

二 "十三五"时期黑龙江省建设工程领域的法治实践情况

法律的生命在于运用。法律、法规及规范性文件只有运用于实践才能体

现出它的价值和生命力，也只有在运用过程中才能充分体现出它的优点和不足。建设工程领域作为建筑业的重要组成部分，其合同标的巨大、履行周期长、涉及的法律关系复杂，从这个意义上讲，建设工程合同的履行情况直接反映着建筑业的法制建设情况。本报告将通过北大法宝司法案例数据库，检索出黑龙江省各级法院审理的建设工程施工合同纠纷案件，从案件总体情况、争议焦点两个维度进行分析，其中争议焦点以高级人民法院适用二审程序审理的建设工程施工合同纠纷判决结案案件为样本①，总结黑龙江省建设工程领域法治实践问题。

（一）案件总体概况

1. 2016～2020年建设工程施工合同纠纷判决结案案件总体平稳

2016～2020年全省建设工程施工合同纠纷判决结案案件共5836件，其中民事案件2016年1393件、2017年1203件、2018年1402件、2019年1401件、2020年380件。2020年统计不足一年，数据不完整，不能体现全年判决结案情况，2016～2019年黑龙江省建设工程施工合同纠纷判决结案案件数量增幅总体平缓（见图1）。

2. 上诉率始终高位运行

2016～2020年黑龙江省建设工程施工合同纠纷判决结案案件一审3423件、二审2211件，一、二审案件数量相当，再审144件数量较少（见图2）。可见建设工程施工合同纠纷案件双方当事人争议较大，服判息诉率低。再审数量较少，说明对于终审结果当事人双方普遍接受。

3. 二审发改率高

随着相关法律及司法解释的分布，具体案件的法律适用过程中一、二审法院观点分歧仍然很大，仍有不少新问题和细节问题需要进一步加以解决。二审高发改率在一定程度上也体现建设工程施工合同专业性较强，审理难度大。

---

① 选择省高级人民法院审理的建设工程施工合同纠纷案件为样本，主要是出于审判层级、案件影响和裁判权威性角度的考虑。案件统计区间为北大法宝司法案例数据库2016年1月1日至2020年11月14日的案件，最后统计日期为2020年11月19日。

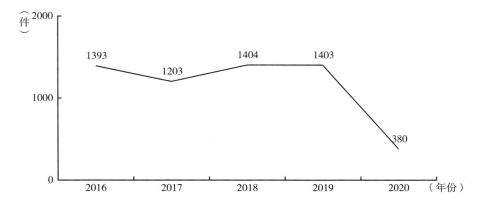

图 1   2016～2020 年黑龙江省建设工程施工合同纠纷判决结案案件数量

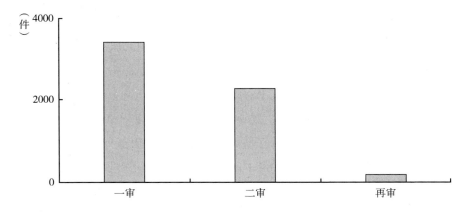

图 2   2016～2020 年黑龙江省建设工程施工合同纠纷判决结案案件审级分布

（二）焦点问题分析

争议焦点是案件双方当事人纷争的核心问题和矛盾所向，是双方矛盾的集中点。通过对争议焦点的分析总结，可以理清案件争议的事实和双方发生利益冲突的原因，客观的体现黑龙江省建设工程领域存在的突出问题。

1. 涉及合同效力的争议焦点

2016～2020 年黑龙江省高级人民法院审理的建设工程施工合同案件并判决结案的共 379 件，其中涉及合同无效的案件有 169 件，在这 169 件中因承包方不具备施工资质而影响合同效力的案件有118件。建设工程对国计民生具有重要的影响，工程质量与安全事关人民群众的普遍利益，因此国家对建筑市场规定了严格的准入机制，主要表现在资质审查方面。《最高人民法院关于审理建设工程施工合同纠纷案件适用法律问题的解释》第一条明确了认定建设工程施工合同无效的情形共三种，其中两种情形直指企业资质，即承包人未取得建筑施工企业资质或者超越资质等级的情形和没有资质的实际施工人借用有资质的建筑施工企业名义的情形。可见建筑施工企业资质对建设工程施工合同的影响。

2. 涉及工程质量的争议焦点

2016～2020年黑龙江省高级人民法院审理的建设工程施工合同案件中，涉及工程质量的案件有217件。在建设工程施工合同纠纷中，由于工程质量具有滞后性特点，往往是在工程使用之后甚至是使用若干年之后才发现质量问题，故实践中以工程质量问题作为诉讼请求的案件较少，更多的工程质量问题是作为抗辩理由提出的，即当承包方或者实际施工人要求发包方给付工程款时，发包方通常会以工程存在质量问题提出抗辩，拒绝支付工程款或者扣抵工程款。工程质量问题的产生是多方面原因造成的，有的是材料问题、有的是施工技术问题、有的是监督管理问题，这些问题一方面与施工企业的资质水平有关，现在工程领域存在的大量质量问题往往都是不具备相应企业资质的实际施工人施工造成的；另一方面，建筑工程竣工验收走过场，流于形式，验收质量不高也是造成建筑工程质量争议的重要原因。

3. 涉及工程款结算的争议焦点

2016～2020年黑龙江省高级人民法院审理的379件建设工程施工合同案件中，涉及工程款结算问题的建设工程施工合同纠纷案件多达356件，基本上所有的建设工程施工合同纠纷最终都指向了工程款问题。有的是单纯的工程款结算纠纷，有的是因建设工程施工合同无效后，就合同价格调整或者合同价款支付产生的争议，有的是因工程质量问题影响最终的工程款结算。这其中除少数建设单位故意拖欠或者无力支付外，大多数是因存在合同效力争议或者工程质量争议，此类纠纷的处理还需建立在查明合同效力和工程质量的基础之上。

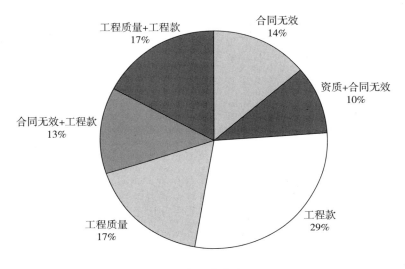

图3　争议焦点占比

三 "十三五"时期黑龙江省建设工程领域法制建设的主要问题

通过对黑龙江省建设工程施工合同类司法案例数据的分析，发现在黑龙江省建设工程施工领域的问题集中表现为三个方面：一是建筑企业资质管理力度不够；二是工程质量验收的质量不高；三是工程款结算纠纷解决机制不全。其中建筑企业资质问题最为突出，不仅直接影响到建设工程施工合同的效力，还间接影响建设工程质量和工程款结算。

（一）建筑企业资质动态监管力度不足

《建筑法》和《建设工程质量管理条例》均规定了"应发取得资质证书""禁止超越等级范围承揽合同""禁止向他人出借企业资质证书"等，

以此强化市场准入条件，加强对建筑市场的规范，保证工程质量合格。同时，《建筑业企业资质标准》将企业资质等级分为施工总承包、专业承包、劳务分包三大门类 85 个具体类别，又规定了每个类别的具体标准，并规定对企业资质采用动态化管理，以确保企业资质管理落实。但实践中，行政主管部门只注重企业入门时的事前审查，缺乏对资质获得后的事后监督，造成企业资质管理动态监管不足问题。

1. 对企业获得相应资质后的人员变动情况缺乏跟踪管理

一方面，技术人员的等级和数量是企业申请资质的一项必备条件，由于具备较高等级的技术人员比较缺乏，技术人员招聘竞争激烈，"挖角"技术人员成为业内常态，技术人员流动性较大。另一方面，有的企业自身经济能力有限，不能负担过多技术人员的开支，但又需要有一定数量的技术人员以获取企业资质，于是企业普遍采用与技术人员租证、借证、一证多挂的合作模式，一般在企业取得相应资质后，双方的合作解除，客观上造成技术人员流动的假象。不论是哪种原因的流动，在技术人员发生变动后，缺少人员变动报备的流程和机制，行政监管部门对企业人员缺乏后续的跟踪管理，一些企业在获得资质证书后，不思进取，高枕无忧，即便技术人员变动较大，实际上已不符合承揽某项工程的实质条件，但仍能凭借已经获得的企业资质参与投标并承揽工程。

2. 对企业获得相应资质后的实际工程管理情况缺乏跟踪管理

企业工程业绩情况是企业获得相应资质的又一条件。企业工程业绩是一段时间内企业工程经营情况的积累和总结，是企业自身经济、技术、人才实力的体现，真实、准确的企业工程业绩能够客观反映企业的实际工程管理情况。企业资质申请条件中的工程业绩标准，是企业经营管理努力的方向，是对企业工程管理的正向引导。实践中，由于缺乏对企业取得资质后的实际工程管理跟踪，很多企业在取得相应资质后，放松对自身管理的要求，怠工对实际工程的管理，工程项目经理、现场负责人常为临时雇佣人员，项目安全管理虚置、文明施工环境不达标、生产管理活动记录缺失、遗漏等时有发生，严重影响工程施工进度及质量，埋下纠纷隐患。

3. 对企业获得相应资质后滥用资质行为缺乏跟踪管理

企业资质是企业自身建筑能力的集中体现，是为事关国计民生的建筑质量设计的保障措施。通过企业资质等级的划分，实现企业建筑实力与承担的工程项目级别相对应，为工程质量提供有效保障。但实践中，由于对取得相应资质的企业的资质使用情况缺乏跟踪管理，在建设工程施工领域无资质的企业借用有资质的企业的资质、较低资质等级的企业借用高资质等级的企业的资质，有资质的企业超越自身资质，个人通过挂靠的方式以有资质企业的名义对外承揽工程的情况普遍存在，甚至出现有资质的企业不承揽工程，而以提供资质并收取管理费的方式经营。完全背离资质等级管理的初衷，资质等级管理被无视、虚置，不仅达不到保障工程质量的目的，还因超越资质、借用资质及提供挂靠引发大量建设工程施工合同纠纷案件。

（二）建设工程竣工验收的质量不高

工程验收是指根据相关行业标准，对工程建设质量和成果进行评定的过程，一般可分为工程初步验收和工程竣工验收。在建设工程施工合同纠纷案件中，工程质量问题是建设方拒付工程款的主要理由，但实践中工程质量抗辩成立的案件较少，究其原因是很多质量问题往往是在工程投入使用后期出现的，此时施工方早已取得了竣工验收合格的报告，建设方再追究施工方工程质量责任时举证难度加大。造成这种局面的主要原因是工程验收质量不高。

1. 工程质量验收专项规章制度建设不足

我国工程施工所依据的质量标准是国家标准规范，包括施工规范和验收规范。验收规范在执行中含有一定概率，即工程质量只要满足一定的概率就可达到标准，这就意味着存在小概率的局部工程施工质量不达标的可能。从施工整体角度来看，对工程质量留有小概率空间是有必要的。但由于工程质量验收专项规章制度不健全，小概率保留的主观性增强，为工程质量验收人员提供了发挥空间，出现存在施工质量问题的工程被验收合格。

2. 工程竣工资料检验流于形式

竣工资料是工程建设必要部分，记录了工程施工的主要过程，竣工资料的管理反遇了施工方的综合技术水平，是对工程施工质量的书面呈现，是工程质量验收检查的一部分。实践中由于工程的层层分包、违法转包，实际施工人与承包人不符，工程管理混乱，工程竣工验收流于形式，很多工程通过了工程质量验收，但工程竣工资料缺失、不完整，甚至存在没有工程竣工资料的情况。在这种情况下，被验收合格的工程投入使用后出现质量问题，建设方若举证工程施工存在质量问题往往口说无凭，甚至因为竣工资料不完善或者没有工程竣工资料而使工程质量鉴定都无法进行，严重损害了建设方的利益。

3. 对工程使用功能抽查、试验，验收浮于表面

工程质量验收通常分为三个部分：一是检查工程实体质量，二是检查工程竣工资料，三是对工程使用功能进行抽查、试验，如通水、通电检查、防水试验等。一般在进行局部施工时，对于水、电、气等隐蔽工程事先已做了验收，在进行工程竣工验收时，验收人习惯以局部带整体，当然认为工程使用功能具备，在抽查、试验时走形式、浮于表面。实践时，工程存在质量问题最多的地方恰恰是局部与整体的连接部分，如水电接口处、防水边缘处，这些需要在验收时进行细致检测的部分，这些部分的质量问题多会在投入使用一段时间后表现出来，这也是建设工程质量争议具有滞后性及常出现拒付工程尾款纠纷的原因。

（三）工程款纠纷解决机制不全

在建设工程施工合同纠纷案件中，纠纷产生的原因不论是资质问题还是质量问题，最终多指向工程款问题，主要表现为两种情况：一种是因合同价格调整争议；另一种是合同价款支付争议。前者多表现为工程采用固定单位，但施工过程中出现较大市场波动或者增加临时施工内容，需要调整合同价格；后者则多表现为付款进度、付款额度和付款比例未按合同约定履行。由于建设工程施工合同内容复杂、影响工程价款因素多，依靠诉讼解决工程

价款纠纷的周期普遍较长，现有的纠纷解决机制还存在一定问题，制约其作用的发挥。

1. 合同履行沟通尚处企业自发阶段，没有形成第三方介入

建设工程施工合同内容复杂、涉及环节众多，合同的顺利完成，需要合同双方的相互配合，合同履行过程中的有效沟通也必不可少。目前，合同履行过程中建设方与施工方基本自发形成了通气会、沟通会、协调会等解决争议的平台，并产生了积极效果。但当建设方与施工方对合同管理、履行的理解出现差异时，特别当出现合同价格这种直接关系各方利益的争议时，这种自发的争议解决平台发挥的作用就显得有限了，需要更具权威的第三方介入，统一两者的理念，消除差异。

2. 工程款纠纷解决平台尚未建立

合同意思自治原则要求合同双方当事人应本着自己的真实意思去订立合同。依合同意思自治原则，合同价款应由合同双方当事人协商约定，减少人为干扰。所以关于工程款发生纠纷的，一般都诉交法院裁决。行业协会和行政主管部门很少关注。事实上，建设工程施工合同作为专业性很强的合同，其合同定价同样具有很强的专业性，即便是当事人依意思协商确定，也要参考诸多客观因素。而人民法院在审理此类案件时，更多是从合同本身约定的内容进行审查，依法律规定进行裁判，存在裁判周期长、与市场反馈有差距等问题。实践中，合同当事人有寻求其他解决途径的意愿，但缺少相应的机制引导。

3. 工程款纠纷解决缺乏具体细则

现代社会提倡建立纠纷解决多元机制，提倡在进行诉讼程序前通过其他纠纷解决机制化解矛盾。纠纷解决多元机制，一方面要建立纠纷解决多元平台，另一方面要形成纠纷解决的具体细则。其中的纠纷解决具体细则是在法律框架下，结合纠纷特点形成的，具有充分尊重纠纷双方意愿，切合客观实际需求的特点。工程款纠纷解决长期依赖审判机关一元解决，尚未形成适合工程款纠纷解决的具体细则。

四 "十四五"时期黑龙江省建设工程
领域的展望及法制建设建议

"十四五"时期是我国全面建成小康社会、实现第一个百年奋斗目标之后，开启全面建设社会主义现代化国家新征程的时期。黑龙江省经济社会发展将迎来新的发展机遇与挑战。在习近平新时代中国特色社会主义思想指导下，在全面建设社会主义现代化国家、全面深化改革、全面依法治国、全面从严治党的布局下，在"创新、协调、绿色、开放、共享"的新发展理念导引下，在坚持稳中求进工作总基调，以推动高质量发展为主题，以深化供给侧结构性改革为主线，以改革创新为根本动力，以满足人民日益增长的美好生活需要为根本目的的宗旨下，黑龙江省建设工程领域必将把握机遇、直面挑战、稳中求进。

（一）"十四五"时期黑龙江省建设工程领域展望

预计"十四五"时期黑龙江省建设工程领域将在"十三五"时期成绩的基础上继续深化改革，持续推进由高速度发展向高质量发展转变，优化产业升级，由投资驱动转向创新驱动，持续推进技术革新和技术创新，持续推进低碳节能环保型绿色建筑标准，建设工程更加强调人与自然和谐共处和人文主义关怀。

1. 科技创新和信息化建设成为新常态

"十三五"期间，黑龙江省建设工程领域企业普遍加大科研投入力度，开展施工工艺关键技术研究，提高创新能力，取得了明显成效。"十四五"期间，在创新发展理念的指引下，黑龙江省建设工程领域的创新将发展为常态化，持续推进新技术在建设工程领域的应用。同时，在信息时代，网络系统、大数据管理也将运用到建设工程领域。"十三五"期间，我国已经基本建成全国建筑市场监管公共服务平台，在全国建筑业信息化建设的引领带动下，"十四五"期间黑龙江省在建筑市场信息化监管方面必将发生根本性转变。

2. 绿色低碳和节能环保成为新主题

"十三五"期间，国家层面的建筑节能法律法规体系初步形成，积极推进绿色建筑成效明显。黑龙江省作为"十三五"期间国内较早推广绿色建筑的省份，在绿色建筑方面取得实质性突破，大型公共建筑和政府投资项目基本全面执行绿色建筑标准，2019 年黑龙江省推广绿色建筑面积占新建建筑面积的比重在 64% 以上。党和国家早已将"绿色"作为新发展理念，《民法典》中也增加了"绿色原则"。"十四五"期间，绿色低碳和节能环保将成为建设工程领域的新主题，建设绿色建筑将成为建设工程领域的主流。

3. 适宜居住和体现人文关怀成为新目标

"适用、经济、绿色、美观"是建筑业的指导方针。以人为本，建设宜居建筑将成为建设工程领域的新目标。加快传统建筑业与先进制造技术、信息技术、节能技术的融合发展，推广绿色建筑、绿色建材，提升建筑节能低碳水平，更广泛地利用自然资源、自然环境，提高工程环境质量，实现建筑业与自然的和谐共处，使居住更舒适、更健康。

（二）"十四五"时期黑龙江省建设工程领域法制建设建议

为适应建设工程领域的新发展、新变化，"十四五"期间黑龙江省应研究制定相应的法律法规及政策，进一步完善黑龙江省建设工程领域的法律法规体系和政策体系。

1. 完善低碳、节能、减排方面的"绿色"法律法规和管理制度

目前，我国部分经济发达地区已经制定了相关规范性文件，如上海于2020 年 10 月出台的《上海市建筑节能和绿色建筑示范项目专项扶持办法》，有效推进了当地建筑节能和绿色建筑发展。北京市于 2017 年 6 月发布的《关于进一步加强建筑拆除工程安全生产和绿色施工管理工作的通知》，明确了建筑拆除工程相关各方安全生产和绿色施工的责任。绿色、环保是未来建设工程领域的主题，为确保这一主题的开展与落实，应当制定相关法律法规及规范性文件，如制定绿色规划、绿色施工等有关标准规范、技术准则和评价体系，推动建筑垃圾的高效处理与再利用，为实现建设工程施工过程低

碳环保、节能减排提供依据。

2. 完善企业资质等级管理相关的法律法规和管理制度

改革企业资质等级管理，减少不必要的资质认定条件，强化企业资质动态管理，完善企业资质动态管理规范文件，使企业资质动态管理有据可依，打击租用借用、挂靠使用企业资质的行为。完善建设工程领域职业技术人员执业资格制度，严格规范注册执业人员权利、义务和责任，打击出租出借和租借资格证书的行为。使企业资质真正体现企业能力，维护建筑市场安全与秩序。

3. 完善建设工程质量相关的法律法规和管理制度

以工程的设计、施工、监理、验收各环节为落脚点，严格执行工程质量终身责任书面承诺制度、建立质量信息档案管理制度，制定工程质量验收实施细则，全面落实各环节和各方主体的工程质量责任。研究建立公共建筑后期评估制定，加强对工程地基基础、主体结构、竣工验收环节的管理，打击不实验收、虚假验收等行为，确保工程质量验收监管有法可依、有章可循。

4. 完善工程款纠纷相关机制，建立纠纷化解多元平台

建设工程纠纷具有专业性强、案情复杂、受行业惯例影响大的特点。应充分发挥建筑业行业协会作用，探索建立工程款纠纷解决机制，订立行业规范及从业人员行为准则，制定工程款纠纷解决办法。在工程款纠纷进入诉讼程序前，通过组建行业内专业人士调解平台，解决纠纷、化解矛盾，缩短纠纷解决周期，避免增添不必要的诉累，促进行业健康发展。

结　语

建设工程为发展国民经济和改善人民生活水平提供重要的物质基础，带动相关产业振兴发展，在国民经济发展建设中发挥重要作用。随着经济社会的不断发展，对建设工程提出了更高的要求，面临更大的挑战，要善于运用法律手段，通过制定各项法律法规和管理制度，完善建设工程领域法制建设，推动和保障建设工程领域的持续健康发展。

参考文献

崔玉清、林文学：《建设工程合同纠纷案件的审理情况分析及审判理念探讨》《法律适用》2013 年第 12 期。

高晟垚：《改革开放以来黑龙江省建筑业发展综述》，《统计与咨询》2019 年第 1 期。

黑龙江省统计局：《黑龙江省国民经济和社会发展统计公报（2016—2019）》。

赵峰、王要武、金玲、李晓东：《2019 年建筑业发展统计分析》，《工程管理学报》2020 年第 2 期。

赵峰、王要武、金玲、李晓东、徐亚军：《2018 年建筑业发展统计分析》，《工程管理学报》2019 年第 2 期。

黑龙江省建设工程质量安全管理研究

王首良　李会义*

摘　要： 本报告以习近平新时代中国特色社会主义思想和党的十九届三中、四中全会精神为指导，坚持问题导向、目标导向、结果导向和责任导向，通过网上调研、查阅相关文献、发放调查问卷、年度数据量化对比等路径，认真分析了"十三五"时期黑龙江省工程质量安全管理现状、存在的主要问题和薄弱环节，对加强工程质量安全管理工作中遇到的问题提出了解决对策和建议。

关键词： 建设工程　工程质量　安全管理　质量管理

党的十九届三中全会通过了《中共中央关于深化党和国家机构改革的决定》，旨在以推进党和国家机构职能优化协同高效为着力点，改革机构设置，优化职能配置，深化转职能、转方式、转作风，提高效率效能，积极构建系统完备、科学规范、运行高效的党和国家机构职能体系。按照改革方案要求，黑龙江省建设工程质量安全管理体制机制发生重大变革，将各级质量安全监督站的政府职能收回行政机关成立质量安全处（科），原质量安全监督机构去行政化。改革打破了原有工程质量安全监管格局，行政机关质量安全处（科）无论是编制数量、专业水平、专业

---

* 王首良，黑龙江省住建厅二级巡视员，主要研究方向为建设工程管理。李会义，教授级高级工程师，现任黑龙江省建设工程监测中心主任，主要研究方向为建设工程质量监督管理。

结构和管理经验等方面尚不适应现行法规体制下的工程质量安全监管需要，这给工程质量安全监管工作带来了新的课题，值得我们深入思考和研究。

一 "十三五"时期建设工程质量安全管理回顾

（一）工程质量安全管理工作回顾

1. 行政质量安全处（科）监管能力尚未形成，存在"三有三缺"

一是有行政编制缺行政人员，行政机关内懂质安、会监管的人才短缺（2020年6月，在编在岗公务员仅占58%，另42%为事业单位借调）；二是有编制缺专业，新组建的质量安全处（科）多数是从机关内调配，缺少建筑工程及相近专业人才（2020年6月，具有工程类专业背景的公务员仅占28%）；三是有专业缺少经验，机关内少数专业人员都是招录的年轻干部，没有工程质量监督管理经验（2020年6月，有监督经验的公务员仅占17%）。

2. 工程质量安全管理不平衡，存在"三长三短"

一是有地方法规《黑龙江省建设工程质量监督管理条例》、地方标准《建筑工程施工质量验收标准》《建设工程施工操作技术规程》《住宅工程质量通病防控规程》等系列标准较为完善之长，同时有法规、标准执行不力、落实不到位之短，施工质量安全符合率不高，与经济发达省份90%以上的符合率有差距（见图1）；二是有省、市、县三级工程质量安全监管机构（中心）健全之长，同时有实际监管能力不强、专业不配套、机构建设有待加强之短；三是有严寒地区墙厚基深有利于质量安全保障，建筑工程质量事故基本杜绝之长，同时有因严寒而质量常见问题多发、不易治理、群众仍有投诉，因有效施工期短而抢工期、安全事故多有发生之短。据2016~2019年统计，每10万平方米投诉起数始终在2左右（见图2），如果以100平方米/户计算，每500户就有1起投诉（与长沙市数据相当）。2019年，全省

255

房屋建筑和市政基础设施工程共发生生产安全事故 28 起，死亡 34 人。其中发生纳入住建部统计范围的事故 19 起，死亡 24 人。

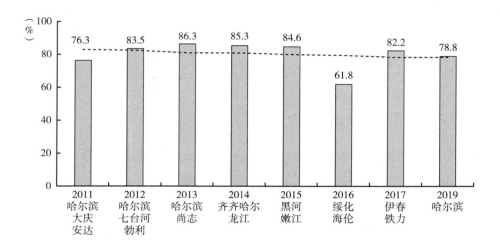

图 1　施工质量安全国检符合率

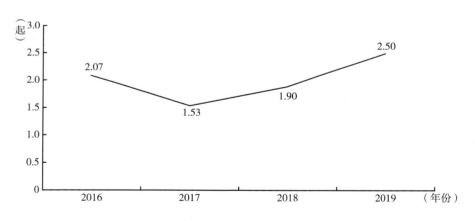

图 2　每 10 万平方米投诉起数曲线

资料来源：历年《地市质量统计报表》。

3. 工程质量安全管理不充分，存在"三个不强"

一是质量安全意识不强，"质量第一""安全至上"的价值取向在全社会尚未有效形成，追求进度倒排工期较为常见，高质量发展任重道远；二是黑龙江质量品牌、建筑工匠不强，"十三五"时期与"十二五"时期相比，"龙江杯"获奖数量基本持平，"鲁班奖""国优奖"获奖数量虽稍有突破，但并未随着建设规模的增长而显著增加（见图3），本地企业获得国家级奖项的占比为42%，且局限在省建工集团、龙建路桥等少数国有企业；三是省内企业质量安全竞争力不强，质量安全技术基础薄弱、投入不足。"越来越多的外埠建筑企业进入黑龙江省市场，对黑龙江省建筑业市场格局产生了较大影响"，"外埠企业个数：本地企业个数为0.24：1，但完成产值外埠企业：本地企业为0.79：1"①，本埠企业竞争力劣势明显。

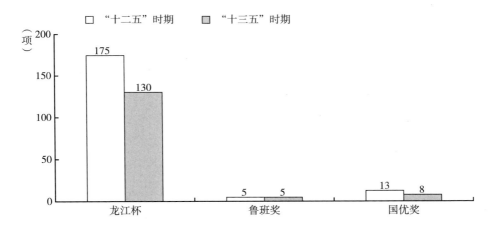

图3 "十二五"时期、"十三五"时期创优获奖数量对比

资料来源：历年《地市质量统计报表》。

4. 新旧工程质量安全监管不协同，面临"两个弱化"风险

新一轮机构改革中，绝大多数市、县（市）原质量安全监督机构去行政化，法规不再授权，委托也未明确，监督、指导、服务责任不清，机构名称改中心了、机构职责变服务了，但仍按以往的方式方法、内容、程序承担着质量监督工作，实施质量安全监督名不正言不顺。新成立的质量安全科（处）人员数量少，专业不配套，实施日常监管可谓是"巧妇难为无米之炊"。新机

---

① 威萍：《从外埠企业的影响看我省建筑业市场的发展》，《统计要报》2019年第25期。

构与老机制不协调，无疑对工程质量安全监管和监管队伍建设都产生了较大影响，甚至是弱化风险。

（二）工程质量安全总体评价

黑龙江省工程质量安全总体可控，稳中有升，地基基础、主体结构安全，工程质量安全重大事故得到有效遏制，人民群众生命财产安全得到有效保障，居住品质不断提升，获得感显著增强。同时，质量常见问题、一般安全事故依然多发，工程质量安全水平与发达省份质量安全水平，特别是与人民群众对美好住房的需要差距仍然较大。

二 "十三五"时期工程质量安全主要问题梳理

（一）工程实体质量主要问题

经调研，目前影响群众满意度的工程质量主要问题表现为质量常见问题（见图4），具体为：门窗渗漏占16.2%、内墙抹灰裂缝占14.5%、墙体结霜霉变占14.3%、屋面渗漏占13.2%、墙体渗漏占7.6%、外保温板裂缝占6.1%、给排水管道渗漏占4.3%、楼板裂缝占3.3%，这八项质量常见问题合计占79.5%。

（二）施工安全主要问题

据省安委会统计分析，2016～2018年度建筑施工领域事故198起，死亡217人，事故起数、死亡人数均呈递增态势。其中从地域分布看，省会城市91起，占事故总起数45.97%，占比较大；从事故类型看，高处坠落、坍塌和物体打击是事故主要类型，占事故总起数69.19%；从事故发生部位看，施工机具、脚手架、洞口和临边、基坑是事故多发部位，占事故总起数49.51%；从工程类别看，新建工程占比较大，为70.2%；从形象进度看，

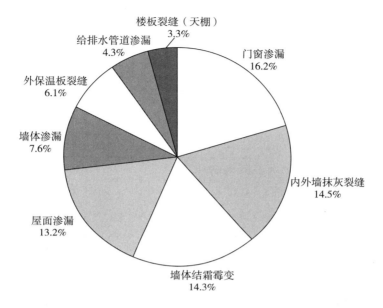

图4　质量常见问题占比（前十项占84.5%）

资料来源：历年《地市质量统计报表》。

主体结构阶段和装饰装修阶段是事故的高发阶段，占56.06%；从行业类别看，房屋建筑业、建筑装饰业是事故多发行业，占45.45%；从行业主管部门看，住建行业管理部门占62.63%。

（三）责任主体质量安全行为主要问题

1. 建设单位

压缩合理工期（抢工期）、迫使低价中标，导致质量安全保证措施难以落实，甚至酿成事故，例如2017年明水县仕林苑小区"10·24"事故就是建设单位压缩合理工期，施工单位在混凝土强度没达到拆模条件且未经批准和计算，强行提前拆模导致混凝土构件破坏而酿成的，事故导致3人死亡、1人轻伤，直接经济损失约400万元，属于较大安全事故。"有的开发企业盲目赶工期，不考虑东北季节特点，不按规定流程施工，导致楼盘建成后质量不过关，出现楼板开裂、楼板塌陷、返潮发霉等问题，引发矛盾纠纷。如哈尔滨市爱达壹号项目 2018 年冬季施工，2019 年春季外墙保温层脱落，导致下半年业主不进户，多次出现群体事件。"

2. 施工单位

落实质量常见问题、安全隐患防控措施不到位，个别企业偷工减料、以次充好、野蛮施工，个别从业人员无证上岗、不按图施工，例如望奎县东福花园工程项目被举报的主要问题就是施工单位偷工减料，施工人员故意不按图施工，经寒地院检测钢筋"以小代大""外保温板不阻燃"等问题属实。再如阿城区"12·23"坍塌安全事故，项目未办理施工许可手续，现场管理混乱，未编制冬施和危大工程专项方案，未采取必要防护措施。

3. 监理单位

发现问题能力、解决问题手段不足，发挥质量安全把关作用不到位，被行业广泛诟病。

4. 设计单位

一是设计选用材料背离规范规定，较多的设计单位砌体材料选用陶粒混凝土砌块，实际上黑龙江省建材市场陶粒混凝土砌块或一块难求，或价格较高，材料选择背离了"建筑设计应根据当地墙体材料的种类及质量状况选择质量可靠、技术成熟、经济合理的材料"原则，施工单位因材料难求而不按图施工，例如 2016 年国检发现绥化某工程施工单位使用的所谓陶粒混凝土砌块中根本没有陶粒，砌体材料不符合设计要求。二是设计深度不足，如节能建筑热桥部位节点做法、门窗大样图等标注不明确，再如设计文件中注明涉及危大工程的重点部位和环节，提出保障工程周边环境安全和工程施工安全的意见不到位。三是设计变更把控不严，对设计变更的合理性、合规性审查不重视，因建设方、施工方主观意愿而变更的现象时有发生。

5. 检测机构

不按强制性标准检测，检测行为不规范，"省住建厅暗访发现，部分抗震钢筋未按标准要求进行最大力下总伸长率试验、苯板胶试验使用作废标准进行试验、轻集料混凝土小型空心砌块冻融试验不符合标准要求"①。

（四）质量安全监管主要问题

1. 落实工程质量安全监管制度"最后一公里"问题

以贯彻落实住建部《工程质量安全手册》制度为例，调研29个市、县（市），仅有13个市、县（市）印发了贯彻落实文件，占44.8%，18个市、县（市）组织了宣传贯彻活动，占46.2%，8个市、县（市）有企业制定细则，占27.6%。

2. 实施工程质量安全监管手段不充分

实施工程质量约谈，约谈企业数（见图5）、行政处罚起数（见图6）、信用惩戒起数（图7）呈下降的态势，显示监管力度不足。安全事故发生后，住建主管部门已经从事故调查单位弱化为被调查单位，行业管理地位严重弱化，在事故处理上的话语权严重不足。

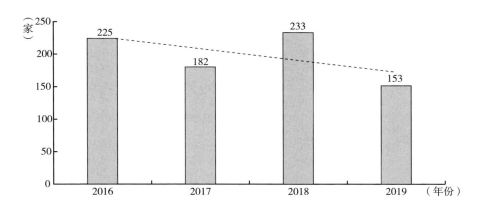

图5　2016～2019年约谈企业数

---

① 《黑龙江省住房和城乡建设厅关于各地市对全省工程质量检测机构和预拌混凝土质量专项检查发现问题进行整改的通知》。

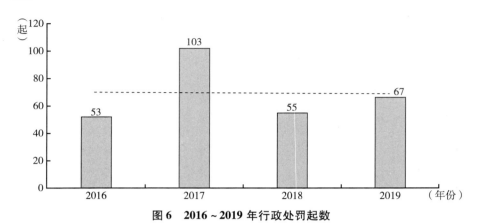

图6 2016~2019年行政处罚起数

资料来源：历年《地市质量统计报表》。

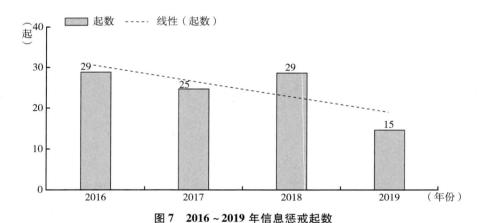

图7 2016~2019年信息惩戒起数

资料来源：历年《地市质量统计报表》。

三 对策与建议

黑龙江省工程质量安全管理存在不平衡、不充分、不协同等问题，同时面临着三个政策机遇。一是《国务院办公厅转发住房和城乡建设部〈关于完善质量保障体系提升建筑工程品质指导意见〉的通知》（国办函〔2019〕92号）要求"健全省、市、县监管体系，加强工程质量安全监督队伍建设，监督机构履行监督职能所需经费由同级财政预算全额保障";二是住建部强调"各地在改革中一定要有底线思维,坚决保持监督队伍的稳定性,进一步明确监督机构职责和定位,支持监督机构切实履行好监督检查职能,依法履职尽责";三是"推进国家治理体系和治理能力现代化","坚持和完善中国特色社会主义行政体制,构建职责明确、依法行政的政府治理体系"。依据上述政策和要求,结合黑龙江省实际现提出如下对策和建议。

(一)构建分工协作、职责明晰、高效协同的工程质量安全监管体系

1. 分工协作

工程质量安全监管工作是一项政策性、专业性很强的工作,要求了解相关法律法规,掌握相关专业技术标准和验收规范,熟悉勘察、设计、施工、验收等要求,基于目前机构改革后的"质安处(科)+中心机构"设置以及中心将"再参公"的实际,建议按照行政处(科)"工作重心向上、侧重顶层设计协调,综合管理并重、建立健全制度体系"和质量安全站(中心)"工作重心向下、突出施工现场管理,指导检查并重、推动落实主体责任"的分工协作思路明晰质量安全监管职责,形成工程质量安全监管合力,助推工程质量安全治理体系现代化。

2. 明晰职责

表1为行政机关(处、科)与质量安全站(中心)职责明晰对照情况。

表1 职责明晰对照情况

行政机关(处、科)	质量安全站(中心)
贯彻国家法律法规	贯彻工程质量强制性标准
监管责任主体质量安全行为	监管工程实体质量、施工现场安全
行政许可审批	事中事后监管
实施行政处罚、信用管理	日常检查+抽查抽测+双随机、一公开检查
牵头调查处理质量安全事故、投诉	参与调查处理质量安全事故、投诉

3. 强化队伍建设

建议地方政府尽快落实质量安全站（中心）机构编制和参公属性，不断优化监管队伍专业结构、年龄结构，保持并发展质量安全站（中心）专业能力、监督能力。落实"对本行政区域内监督机构每三年进行一次考核。每两年对监督人员进行一次岗位考核，每年进行一次法律法规、业务知识培训，并适时组织开展继续教育培训"① 要求，确保这支队伍的能力不因机构改革而弱化。

（二）建立技术先进、简单实用、切实可行的工程质量安全监管模式

1. 大力推行"互联网＋"质量安全监管

加快推进施工现场工程质量安全监管信息化建设，建立工程质量安全重点部位、关键环节和工程建设强制性标准管控的"互联网＋"，推动市、县（市）及具体工程项目对平台应用尽用，提高平台使用率，尽快形成"互联网＋"质量安全监管的工程质量安全监管手段。

2. 大力推行施工图审查电子化监管

加强工程建设设计质量安全管理，强制推行施工图电子化审查，审图机构即时将审查意见推送设计单位、建设单位和属地住建主管部门，住建主管部门利用系统及时督促设计单位按照审查意见修改补正，实现设计质量电子化监管。

3. 大力推行质量检测信息化监管

尽快完成全省工程质量检测信息化监管系统，实行质量检测报告即时上传监管系统，防控虚开或随意补开检测报告，严厉打击虚假检测、出具虚假检测报告等行为，严把建筑材料质量关。

4. 建立完善工程质量安全检查模式

建立基于企业工程质量行为、强制性标准监管的"日常检查＋抽查抽

---

① 《房屋建筑和市政基础设施工程质量监督管理规定》（住建部令第5号）。

测＋双随机、一公开检查"的质量安全监督检查模式。在信息化监管的基础上，制定工程质量安全巡查管理办法，对于信息化监管数据上传及时、质量高的建设工程予以免查；对于数据上传不及时，疑似问题较多的建设工程予以巡查，实施差异化监管。

5. 完善综合考核评价指标体系

结合工程项目审批制度改革和《黑龙江省绿色城镇建设评价指标体系》，按照质量安全标准化工地创建率、竣工工程一次验收合格率、龙江杯优质工程创建率、每10万平方米质量投诉起数、百亿元产值事故起数和死亡人数等指标，考核市、县（市）工程质量安全管理工作，推动完成"六个住建"目标任务。

6. 推广政府购买服务的监管方式

推广哈尔滨高新区、齐齐哈尔、大庆等政府购买服务加强工程质量安全监管的经验，贯彻落实《黑龙江省财政厅关于进一步做好政府购买服务管理工作的通知》，推动更多的地市采取政府购买服务的方式，委托具备条件的社会力量进行工程质量安全监督检查和抽测，探索工程监理企业参与监管模式，进一步强化省、市、县监管体系。

（三）压实主体责任、落实质量安全政策、应用现代技术推行全面质量管理

1. 强化建设单位的首要责任

落实建设单位保证工程合理工期和造价的责任，为落实质量安全措施营造条件；建立工程质量安全公示制度，实施社会监督；强化房地产开发企业保修责任落实，出台地方标准《住宅工程安全使用说明书编制标准》及《住宅质量说明书》《住宅质量保证书》示范文本；探索增加商品房现房销售比例试点，倒逼房地产开发企业提升住宅品质。

2. 落实参建单位的主体责任

落实参建单位工程质量"两书一牌"制度，实施工程质量终身责任制。一是落实建设、勘察、设计、施工、监理、审图、检测七方主体法定代表人

授权书，企业对项目负责人授权，并承担相应质量责任；二是参建单位项目负责人签订《质量终身负责制承诺书》，对工程质量终身负责；三是工程竣工后在建筑物醒目位置设置质量责任永久性标牌，载明参建主体单位名称、主要负责人姓名。

3. 贯彻落实《工程质量安全手册（试行）》制度

以贯彻落实《工程质量安全手册（试行）》为引领，要求各方主体不断完善质量安全管理体系，强化施工过程质量安全管控，进一步贯彻实施国家、省施工、验收相关标准，推行工程质量安全管理标准化。

4. 推广应用建筑新技术

加大"新技术、新材料、新设备、新工艺"的推广力度，发挥建筑业十项新技术应用示范工程的示范带动、典型引路作用，用新技术解决工程质量安全问题，及时公布推广应用和限制、禁止使用材料和工艺名录，加大BIM技术的推广应用，实现工程质量安全管控精准化，依托新技术提高工程质量安全水平。

5. 深入推行全面质量安全管理

建立健全工程质量安全保障体系，指导施工单位全员参与质量安全管理，建立全面质量安全管理制度体系，把管理中心放在项目建设上，加强全面质量安全管理，开展 QC 小组活动，实施"PDCA"循环，全面提升工程质量。强化工法编制和推广应用，促进工程质量稳步提升。

（四）规范市场行为、发挥品牌效应、树立工匠精神，努力提高工程质量安全水平

1. 持续开展建筑市场专项整治

严厉打击违法发包、围标、串标、转包、挂靠、违法分包行为。查处建筑市场挂证行为，制定工程项目班子人员配备标准，健全工程项目质量安全保证体系，严格工程质量安全管理制度落实。

2. 开展龙江质量品牌创建活动

培育龙江建筑品牌（品牌企业＋品牌项目），实施建筑业品牌引领战略

和质量激励机制（优质优价＋优质优先）。"集中我省建筑业企业优势资源，努力打造自主品牌和区域龙头企业。树立精品意识，打造样板工程、精品工程，引领企业提高工程质量，提高企业市场竞争力。"

3. 指导企业弘扬龙江工匠精神

充分发挥建设全省住建行业就业服务平台优势，开展工程质量安全和技术标准培训，将黑龙江省在施工、验收、质量通病防控方面的标准体系优势转变为工程质量安全治理效能。厚植"工匠精神"沃土，开展建筑业工匠评选，用精细操作实现精品工程。

4. 指导建设单位科学组织项目建设

宣传贯彻新版建设工程计价依据（定额），规范建设工程计价办法，合理安排建设工期，摒弃"超常规施工""倒排工期""低价中标"做法，倡导科学工期、合理造价，形成建筑业科学发展观。

5. 开展质量常见问题、安全隐患治理行动

贯彻落实《国务院办公厅转发住房和城乡建设部〈关于完善质量保障体系提升建筑工程品质的指导意见〉的通知》《关于深入开展安全生产大体检大执法大培训大曝光"四大"行动的工作意见》要求，开展建筑工程质量常见问题、安全隐患防控专项行动，及时发现、解决质量常见问题、安全隐患，不断提高工程质量安全群众满意度。

黑龙江省物业管理发展趋势研究

唐超然　韩宏伟　孙力矸　程　迪*

摘　要：　黑龙江省物业管理行业起步于20世纪90年代初，经过多年的
发展，已经与人们日常生活、工作和社会各方面紧密相连，
成为全省经济发展中的重要组成部分。随着社会的进步和人
民生活水平的提高，广大业主对物业管理工作有了新的、更
高的要求。本报告阐述了黑龙江省物业管理行业的发展特
点，政策法规、运行机制和企业现状，分析物业管理市场形
势，指出物业行业存在诸如对物业管理的重要性认识不足、
物业服务不到位、物业收费难、专项维修基金使用不当等方
面的问题及出现的原因；对物业管理发展趋势进行预测展望，
提出要树立以人为本的核心理念，保持可持续发展，适应信
息化、多元化趋势；具有针对性地为物业管理进一步发展提
出相应对策建议。

关键词：　物业管理　运行机制　信息化　多元化

　　黑龙江省物业管理行业发展迅速，已成为政府和社会关注、群众关心的
重要行业之一，其产生的社会效益、经济效益和环境效益日渐显著。逐步形

---

　*　唐超然，黑龙江省城乡建设研究所副所长、高级工程师，主要研究方向为房地产开发与经营管
理；韩宏伟，黑龙江省城乡建设研究所副所长、高级工程师，主要研究方向为建筑材料、市政
公用设施管理；孙力矸，黑龙江省城乡建设研究所高级工程师，主要研究方向为物业管理、社
区管理；程迪，黑龙江省城乡建设研究所工程师，主要研究方向为物业管理、社区管理。

成了一个社会化、市场化、专业化的运行模式，在满足广大群众生活需求的同时，推进了城市就业，符合城镇化发展的大方向。

一 黑龙江省物业管理行业发展概述

（一）黑龙江省物业管理发展特点

黑龙江省地处老工业基地，近年来实施大规模城市棚户区改造和保障性住房建设，大力推进新型城镇化建设，一大批城市居民住上了梦寐以求的好房子，一大批农民从泥草房搬进楼房，对优质物业服务的要求日渐凸显。

2016～2020年黑龙江省物业管理行业呈现出快速发展形势，规模迅速增长。黑龙江省物业管理行业2016年度产值为70亿元，2017年度产值为75亿元左右，2018年度产值为80亿元左右，物业管理行业产值呈逐年增长态势（见图1）。物业管理行业已成为一个具有朝气和活力的新兴行业，在服务业中的占比逐渐增多，已经成为人们日常生活中必不可少的部分，显现出服务市场化、企业规模化、业主维权多样化、管理智能化等特点。

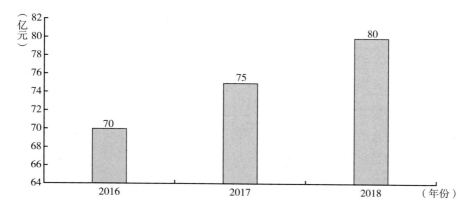

图1 2016～2018年黑龙江省物业管理行业年度产值

（二）黑龙江省物业管理市场发展形势分析

1. 物业管理市场规模不断扩大

从全国情势看，2018 年全国物业服务企业共有 12.7 万家，比 2017 年增加 0.9 万家，增长率为 7.2%；行业职员数量方面，2018 年全国物业管理从业人数约 983.7 万人，比 2017 年增加 8.7%，新增 79.0 万人；2018 年，物业管理行业经营收入为 7043.63 亿元，同比增长 17.25%；行业管理总面积达 279.3 亿平方米，比 2017 年增加 32.65 亿平方米，同比增长 13.2%①。行业发展指数持续走高，在大时代大趋势下，预计物业行业的增长态势仍会在相当长时期内持续。

黑龙江省物业管理行业不断壮大。截至 2017 年末黑龙江省住宅物业管理面积 5 亿平方米，非住宅物业管理面积近 2 亿平方米，其中哈尔滨、齐齐哈尔、牡丹江、佳木斯、大庆、绥化 6 个中心城市的物业管理面积近 5 亿平方米，全省城镇住宅物业管理覆盖率达 70% 以上，哈尔滨、大庆两个城市的物业管理覆盖率达 95% 以上，行业重要性凸显。

2. 黑龙江省物业企业发展情形

截至 2019 年末，在市场监管部门办理营业执照的物业服务企业近 8000 家，其中，有物业服务项目的企业 3400 余家，占物业服务企业总数的 42.5%，物业从业人员 25 万余人。现有住宅小区 2.2 万个，900 多万住户，总建筑面积 7 亿多平方米。已施行物业管理的小区 1.5 万个，720 多万户，总建筑面积近 6.2 亿平方米②。物业管理企业中人才匮乏的现象较为突出，由于物业管理人才市场还未形成，管理岗位招募不到足够的合格管理人才。同时，物业管理公司的许多岗位部门在招募工作人员时只考虑降低成本，但当这些部门的人员如保安人员、电梯管理人员、保洁员等缺乏正确的服务意识时，消费者必然会增加对物管公司的不满。

---

① 《"数读"中国物业管理——〈2019 物业服务企业发展指数测评报告〉节选》，《城市开发》2019 年第 20 期。

② 根据黑龙江省住房和城乡建设厅提供资料整理。

3. 物业管理信息化工作取得进展

2018 年，黑龙江省住建厅指导省房协物专委，依托黑龙江雅天网络科技有限公司，加快推进"互联网＋物业"工作，哈尔滨市、牡丹江市和大庆市已签约联盟合作物业项目覆盖管理面积 4500 余万平方米；已完成南极国际社区，随后大庆滨海花园、哈尔滨群力家园、哈尔滨梧桐花园等 72 个智慧社区的落地工作，覆盖管理面积 1400 余万平方米，7.6 万余户居民。[①]

物业管理行业处于高速发展的黄金时期。2010 年指数基期值为 100 点，2018 年物业管理行业发展指数达到 247.2 点（见图 2），相比 2010 年提高 147.2 个点，指数复合增长率为 11.98%。[②] 近些年来物业管理行业发展指数呈持续稳定的提升态势，这种态势预计会长期延续。

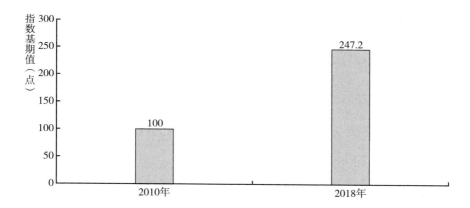

图 2　2010 年与 2018 年物业管理行业发展指数对比

（三）政策法规情况

2017 年度与 2018 年度的《黑龙江省政府工作报告》数次提及物业服务工作，将物业服务作为惠民生的重要工作来抓，行业发展势头良好。

---

① 根据黑龙江省住房和城乡建设厅提供资料整理。

② 《与业主关系站上 C 位　物业成房企新压舱石》，金融界，2020 年 3 月 5 日，http://finance. jrj. com. cn/2020/03/05013628954892. shtml。

2017 年黑龙江省住房和城乡建设厅下发《全省物业管理服务提升年活动工作方案》，并于 2017 年 6 月 2 日，向全省各地市建设局下发了《关于加强和规范全省物业管理工作的指导意见》，积极推进全省物业管理服务水平的提高。《哈尔滨市物业管理条例》《牡丹江物业管理条例》正式实施后，齐齐哈尔、佳木斯市、大庆市等地市也积极出台各项政策法规。七台河市现行规章为《七台河市物业管理暂行办法》。

2020 年 5 月 28 日，十三届全国人大三次会议表决通过了《中华人民共和国民法典》。这次《民法典》中物业管理领域最大的突破在于在：物权、合同，两边竖立两大支柱，明确了物业服务企业和业主的相关责任和义务、物业服务合同的内容和形式。《鸡西市物业管理条例》已通过市级立法程序并报省政府审查，因《民法典》的颁布，省政府要求按《民法典》修改后重新申报；《双鸭山市物业管理条例》已通过市人大二审，现按照要求依据《民法典》修改后再行审议。

至 2020 年 10 月黑龙江省住房和城乡建设厅广泛征求省直有关部门、各地物业行业管理部门、物业服务企业及社会群众的意见建议，经过多次集中修改、多方调研、专家论证等工作，形成《黑龙江省物业管理条例》，已提报审查，力争尽快出台。

（四）物业管理运行机制情况

黑龙江物业管理为坚持党的领导、政府主导、业主自治、专业企业服务、多方参与、协商共建的工作机制。由省级主管部门制定实施物业管理相关政策，指导和监督市、区、县（市）主管部门开展物业管理方面的工作，指导行业协会制定和实施自律性规范；市主管部门负责全市物业管理事务的监督管理，区、县（市）主管部门负责所辖区内物业管理事务的监督管理，市、区、县（市）主管部门的职责分工由市人民政府确定；县级以上主管部门按照职责分工，贯彻、执行物业管理法律、法规和相关规定，制定实施物业管理相关政策制度，指导、监督住宅专项维修资金缴存、管理和使用，指导、考核街道办事处或者乡镇人民政府物业管理相关工作等；街道办事处、乡镇人民政府统筹协调、监督管理辖区内物业管理活动；居（村）民委员会协助街道办事处或者乡镇人民政府做好与物业管理有关的工作。①

二　黑龙江省物业管理行业存在的主要问题

（一）对物业管理作用认识不足

对物业管理的重要性认识不足，物业服务企业、业主、政府职能及相关部门对物业服务产业存在不同程度上的认识误区，都没有充分认识到物业管理在城市管理中的作用。物业管理服务行业既有经济属性，也有社会属性。对物业的认识还仅仅停留在打扫卫生、小区看护、收取费用等简单层次上，没有从业主需求角度提供多元化、个性化的服务，更没有将其提升或打造成支柱产业的规划。

在法律规制方面还有不足之处。全省物业立法工作明显滞后，可操作性较差，有的条款内容比较粗放，细化不够。黑龙江省13个市地在物业服务上，除哈尔滨市实施了物业立法外，其他大多数依靠地方政府文件规范和指导物业服务产业发展，缺乏应有的力度和强度。比如对于私拆乱建、恶意欠费、企业服务不到位、企业恶意弃管等行为，都缺乏统一规范的法律法规予以管理规范。

（二）物业管理行业机制还不够健全

物业服务企业所需要的有效规范运行机制还不够完善，行业规模效益还没有形成。存在相关各方责任不清、配套的物业管理法规不健全、业主与物业服务公司之间责权利不清等状况，处置问题缺少明确的法律依据。在物业服务收费价格、税收等方面也未建立符合市场规律和客观需求的机

---

① 根据黑龙江省住房和城乡建设厅提供资料整理。

制，其综合实力以及群体功能也很难发挥出来。2016 年在 2823 家物业服务企业中，一级企业有 56 家，仅占 2.0%，二级企业有 163 家，占 5.8%，而三级企业有 2604 家，占比达 92.2%（见图3）。[①] 这种企业比例结构，导致整个行业缺乏竞争力，规模效益差，很多企业处在维持状态，甚至以降低服务水平维持生存。

存在物业服务合同还不够规范现象。物业服务合同可以分为前期物业服务合同和普通物业服务合同[②]，现在主要是通过招投标的途径选用物业服务企业，但选聘方式大都流于表面形式，招投标的过程不过是走一下过场、做个样子，这种情况下所签订的物业服务合同必然会存在不符合条件的情况及不规范现象。

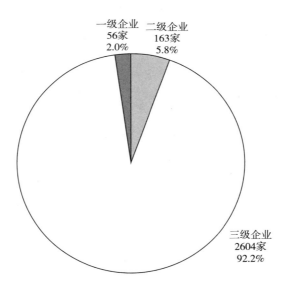

图 3　2016 年物业服务中一级企业、二级企业和三级企业数量及所占比例

---

① 根据黑龙江省住房和城乡建设厅提供资料整理。
② 闫翎：《论我国物业管理制度的完善》，硕士学位论文，华中科技大学，2010。

（三）物业收费难且服务质量不高

物业管理行业收费难的情况一直存在。目前全省物业费收缴率平均只有62.3%，相当一部分老旧小区的收缴率不到20%，劳动用工成本占物业费构成成本的比重在60%左右，有的已达到80%，诸多因素综合作用，致使整个行业处于微利甚至亏损状态。即便是业绩较好的物业服务企业，许多也不是靠物业收费来维持企业的正常运转，而是靠其他方面收入来维持企业运营。许多物业管理企业对自身服务定位不清晰，管理及服务方式缺少人性化，个别甚至粗暴简单，不注重服务质量。

专项维修基金使用问题。很多老旧小区设施急需保养维修改造，却没有专项维修基金。已办理了房产证的业主，他们不愿意再缴纳住宅专项维修资金，这就造成了一幢房屋或一个小区只有部分业主归集了住宅专项维修资金；开发企业不及时上交给房管局住宅专项维修资金，造成住宅专项维修资金的拖欠给后期物业管理带来困难；专项维修基金启用前提苛刻，审批流程烦琐，使用程序复杂、难度大（见表1）。截至2019年6月底，弃管的老旧小区有1539个，2452栋楼，建筑面积1001万平方米，涉及居民12.7万户。[①]

（四）业主委员会运作不规范

至2019年底黑龙江省成立业主委员会的小区有4800余个，占小区总量的21.45%左右。业主委员会应该在物业管理活动中起到重要的作用，然而在实际运行中，还存在很多问题，发挥不出业主委员会的应有作用，无法代表业主的意志，甚至影响了物业管理行业的规范运作。出现这类现象的原因，一是业主委员会在维权意识上就存在误区；二是业主大都对物业管理行业了解不够，对业主委员会的重要性和权能范围认识还不到位。有的甚至将业主委员身份当成对物业企业苛拿卡要的权利。

---

① 根据黑龙江省住房和城乡建设厅提供资料整理。

表1 2016～2019 年住宅专项维修资金情况

单位：万元

指标	2016 年	2017 年	2018 年	2019 年
一 归集情况	—	—	—	—
年末维修资金归集总额	808924.61	1012595.39	1221938.10	1525961.01
年末商品住宅维修资金归集数额	787354.87	990773.31	1200171.19	1497366.57
建设（房地产）主管部门或专门机构代管数额	785983.07	990773.31	1200171.19	1497366.57
物业服务企业和开发企业代管数额	1371.80	0.00	0.00	0.00
划转业主自管数额	0.00	0.00	0.00	0.00
年末售后公房维修资金归集数额	21569.74	21822.08	21766.91	28594.44
建设（房地产）主管部门或专门机构代管数额	21569.74	20629.03	21766.91	22836.27
财政主管部门代管数额	0.00	1193.05	0.00	5758.17
售房单位自管数额	0.00	0.00	0.00	0.00
二 使用情况	—	—	—	—
年末维修资金使用总额	84816.01	95783.57	99067.58	149601.38
年末商品住宅维修资金使用数额	73389.80	84132.36	87295.37	137678.17
年末售后公房维修资金使用数额	11426.21	11651.21	11772.21	11923.21
三 增值情况	—	—	—	—
年末维修资金增值总额	63891.37	81098.09	91365.06	131393.77
商品住宅维修资金增值数额	62978.37	80078.09	90388.06	130152.89
存储增值数额	62978.37	80078.09	90385.06	130149.72
购买国债增值数额	0.00	0.00	0.00	0.00
其他方式增值数额	0.00	0.00	3.00	3.17
年末售后公房维修资金增值数额	913.00	1020.00	977.00	1240.88
存储增值数额	913.00	1020.00	977.00	1240.88
购买国债增值数额	0.00	0.00	0.00	0.00
其他方式增值数额	0.00	0.00	0.00	0.00
四 代管机构账面情况	—	—	—	—
年末维修资金代管机构账面余额	786628.17	997909.91	1214235.58	1507753.40
年末商品住宅维修资金代管机构账面余额	775571.64	986719.04	1203263.88	1489841.29
年末售后公房维修资金代管机构账面余额	11056.53	11190.87	10971.70	17912.11

续表

指标	2016 年	2017 年	2018 年	2019 年
五 本年度归集情况	—	—	—	—
本年度维修资金归集总额	114789.06	157878.51	202316.13	190719.61
本年度商品住宅维修资金归集数额	114782.49	157793.97	202314.47	189447.20
本年度售后公房维修资金归集数额	6.57	84.54	1.66	1272.41
六 本年度使用情况	—	—	—	—
本年度维修资金使用总额	9784.31	10882.56	10351.72	15765.09
本年度商品住宅维修资金使用数额	9784.31	10765.56	10230.72	15626.60
本年度售后公房维修资金使用数额	0.00	117.00	121.00	138.49
七 本年度增值情况	—	—	—	—
本年度维修资金增值总额	14895.08	15350.47	16381.39	28624.77
本年度商品住宅维修资金增值数额	14865.08	15293.47	16300.39	28464.77
本年度售后公房维修资金增值数额	30.00	57.00	81.00	160.00

资料来源：黑龙江省住房和城乡建设信息网。

物业服务权责界限划分不够清晰问题。物业企业和业主对物业服务的认知角度有较大的差异，许多业主对物业服务的边际、物业和业主之间的权利义务区别等相关知识不是很了解，不清楚物业服务的内容具体有哪些，如遇到物业服务不规范问题时应怎样正确处理。[①] 之所以存在这类现象，一是有关部门宣传引导工作不到位，二是有物业公司刻意回避。

三 黑龙江省物业管理行业发展趋势预测与展望

（一）保持物业管理行业可持续发展

黑龙江省物业管理行业要确保在"十四五"时期可持续发展，先要从思想上树立以人为本的核心理念。不断满足人民物质、文化生活的需

---

① 曹雅维：《浅析我市物业服务行业的现状与发展》，《现代经济信息》2019 年第 13 期。

要，坚持把以人为本的服务思想融入物业服务活动中，提高客户满意度。目前黑龙江省物业服务企业中那些具备消费升级能力的企业就很受业主的欢迎，例如能提供餐饮服务、礼仪服务、家电清洗与维修服务的企业。物业管理行业怎样延伸服务，是要探究的课题，更是行业发展的大势所趋。

（二）物业管理行业集中度提升预测

从全国物业管理行业发展情势看，2018 年 500 强企业营业收入为 2831.76 亿元，占行业营业总收入的 40.2%；500 强企业物业管理项目 70403 个，面积 118.87 亿平方米，占 2018 年管理行业总面积的 42.56%。[①] 住宅物业是物业服务企业主要的布局业态，500 强企业中 95.6% 的企业布局了该业态；紧随其后的是写字楼物业和商业物业，500 强中分别有 93% 和 74% 的企业布局了上述两种业态。显示出物业管理行业集中度加快提升，头部企业强者恒强的趋势越来越明显。

黑龙江省现有物业服务项目的企业 3400 余家，集中度不断提升。2018 年，黑龙江省年营业收入 5000 万元以上的独立法人物业企业有 28 家，其中年营业收入过亿元的有 8 家，2018 年中国物业服务企业综合实力测评 TOP100 排行榜中，黑龙江省两家物业企业上榜，哈尔滨菱建物业排名第 74 位，和信行物业排名第 89 位。截至 2020 年 2 月末，哈尔滨市较大型的 89 家物业服务企业，管理面积约 1.34 亿平方米，占全市物业管理面积的 68%。物业管理行业的集中度仍有较大提升空间，未来头部企业将进一步提升管理面积和规模。

（三）物业管理行业信息化趋势展望

"十四五"规划和"二〇三五年远景目标"明确提出"加快数字化发

---

① 中国物业管理协会、上海易居房地产研究院中国房地产测评中心、中物研协：《抓住大时代大趋势下的黄金周期——〈2019 物业服务企业发展指数测评报告〉（节选）》，http：//www.doc88.com/p－41799098793868.html。

展"，在信息时代建立健全信息化管理不仅是客观需求和发展方向，更是物业管理行业可持续发展的需要。要改变过去劳动密集型的发展模式，向技术密集型与管理专业化密集型转型，要对员工进行系统化的专业技术培训，为开展信息化、智能化管理储备人才。应对激烈的市场竞争，物业管理的信息化无疑是企业增强竞争力，实现科学发展的好方法。物业管理要跟上信息化时代的步伐，高效率、高质量地完成工作。

（四）物业管理行业多元化趋势展望

随着物业管理市场化程度日趋加深，面临的竞争日渐激烈，社会对物业的管理需求日益呈现多元化和个性化，多元化经营越来越成为物业管理服务行业生存和发展的必然选择。[①] 物业管理服务必须结合行业自身的优势和特色，加强核心竞争力，实施多元化战略。掌握多元化经营的方法，开展多元化经营活动，运用先进的经营管理理念和方法，发挥自身优势，才能获得不断发展，才能通过拓展经营领域获取合法利润，才能实现社会效益与经济效益良性增长，顺应社会的发展趋势。

四 加强黑龙江省物业管理的对策措施

（一）针对性制定政策举措

强化业务指导和行业管理。要从政府机构角度出发，对物业管理行业有新的认识，针对性制定相关政策。政府主管部门应对物业管理企业压紧压实相关责任、强化责任担当。推进物业管理属地化进程，做强街道级物业管理综合管理平台，成立街道物业管理办公室、社区物业管理工作站，健全相关工作制度，理顺各部门在物业管理中的职责；健全物业管理法律体系。物业管理具有较强的综合性，需从多方面来协调开展管理工作。因此，相关部门

---

① 《亿展资产多元化经营发展的探索之路》，《中国物业管理》2016 年第 7 期。

需要不断对物业管理有关的法律法规进行完善，避免在沟通过程中产生不必要的问题；构筑行之有效的执业认证体系。建立从业职员诚信档案，实施物业管理人员资格认证制度，对物业管理人员的聘用标准、资质、素质等进行认证，以满足物业企业急需管理人员的需求。积极推动实行物业管理执业认证体系，能有效净化市场、规范市场；完善物业管理服务合同。合同协议书应涵盖现实中容易发生纠纷的领域，并完善相应的法律法规，做到有法可依、有法可寻；对于物业方面所涉及的服务、管理、维护所需费用，应制定统一的菜单式服务收费参考标准。

（二）物业管理企业要加强自我完善

从物业管理企业本身建设方面着手，努力提升物业服务本领。物业管理作为服务性行业，要凭服务赢得声誉，以服务谋求效益和发展。物业企业要有服务至上意识，提高服务质量，能为业主进行专业化、个性化、品牌化的服务；物业管理企业有经济组织运行发展的规律特点，很多成功的管理方法如法治化、市场化、标准化、规范化、职业化等都应在物业管理行业得到运用落实；要与企业其他发展战略统一协调，把多元化、规模化、集约化、网络化等行之有效的发展战略融入物业管理中，这将在可持续发展中发挥重要促进作用。

（三）创新商业模式，构建多种经营发展模式

物业服务企业必须转变思想，创新商业模式，不断适应市场发展需要。联系企业自身实际，增强企业核心竞争力，是施行多元化战略的根基。物业企业要做好多种经营模式、方法，抓住重点，运用先进的理念和方法，满足广大业主的服务需求，促进整个行业的进步和发展；作为具有综合性特点的服务业，物业管理具有薪酬服务的性质，要讲究收费的合理性、依据性、规范性和综合经济效益。物业管理行业应充分利用互联网、物联网的技术平台，促进物业管理行业的信息化发展，创新经营模式。借助社区O2O平台，在线上线下多措并举发展多种经营模式。通过手机App、微信公众号等信息

化手段打造一站式综合服务平台，为用户提供便捷、到位的高品格物业服务。[1]

（四）建立健全物业管理运行机制和监管机制

物业行业应当创建规范高效的运营机制。不断提高行业的自律、道德规范和管理标准，促进行业管理的规范化。物业企业明确定位发展方向，提供的服务应更加专业化。政府部门要强化管理，引入第三方评估监理机制，增加物业服务透明度；促使业主加深对物业管理的认知。业主必须认识到改善居住环境和提高管理水平必须以价格合理的物业费用为后盾，要知道物业和业主不应是矛盾的双方，而应是雇佣关系、合作关系。政府、物业管理部门、业主组织等，应该通过培训、宣传、调节等措施，让广大业主正确认识、理解、支持物业管理工作。在物业维修基金方面应加强制度建设，明确物业维修基金的支付时间、主体，基金管理者、使用人及使用情况等。应加大监管力度，确保管理规范、使用便捷，使用方式透明化；加强老旧小区的物业管理。要充分发挥社区党委核心作用，保证老旧小区物业管理工作顺利推进，建立和完善物业管理长效机制。

政府对物业管理市场应加大监管力度。[2] 政府相关部门应建立完善对物业企业检查、考评、年审、奖惩等相关制度，加强对物业企业的指导和监督，通过制度保障，使物业管理服务规范化；对业主委员会相关部门也应该进行正确的引导，使其能够体现全体业主的意见，并根据相关的规章制度做出决定。

---

① 中国物业管理协会：《2015 全国物业管理行业发展报告》，《中国物业管理》2015 年第 10 期。
② 左杰：《房地产物业管理相关问题思考》，《房地产导刊》2016 年第 8 期。

黑龙江省住建管理信息化发展的研究

刘文凯　许贵博　徐恩智*

摘　要：　"十三五"期间，黑龙江省住房和城乡建设厅贯彻落实习近平总书记关于网络安全和信息化系列讲话精神，以住房和城乡建设部"十三五"规划为统领，牢固树立和努力践行"创新、协调、绿色、开放、共享"的新发展理念，紧紧围绕"互联网＋政务服务""互联网＋监管"工作主线，锐意进取，改革创新，全省住房和城乡建设领域的网络安全和信息化工作取得新进展，为"十四五"工作的推进奠定了坚实基础。本报告即对黑龙江省住建管理信息化现有的成绩、面临的问题、发展的趋势、未来的规划等方面研究总结。

关键词：　政务服务　政府监管　网络安全

一　"十三五"期间住建管理信息化取得的成绩

（一）网络信息化基础设施保障能力大幅提高

黑龙江省住建厅现有容量 140T 机房两个，接入了政务外网、互联网和

---

* 刘文凯，黑龙江省城乡建设信息中心主任，高级工程师，主要研究方向为信息化；许贵博，黑龙江省城乡建设信息中心，工程师，主要研究方向为信息化；徐恩智，黑龙江省城乡建设信息中心，工程师，主要研究方向为信息化。

业务专线；建设完成了省、市、区（县）住建部门三级视频会议系统，并与部级和省级会议系统实现对接。建立了OA智能办公综合系统（见图1），实现了省、市、区（县）办公自动化，实现了利用网络传递手段，节约文件审签时间成本，真正做到无纸化办公，提高了工作效率，加强了协作精神；畅通了内部信息共享渠道；增强了监控能力。除所有办公事项在办公系统内运转外，办公系统内嵌个人工作考核系统功能，外联全省住建领域信访系统，实现了省、市、区（县）三级的协同办公。OA智能办公综合系统获2020年住建部优秀案例及行业信息化示范产品奖。

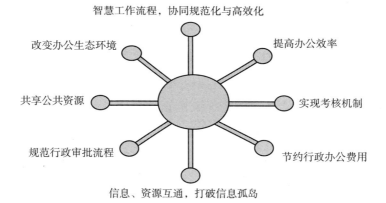

图1　OA智能办公综合系统功能展示

（二）住建领域网络信息化应用优势逐步显现

黑龙江省住建厅主要领导高度重视住建领域网络信息化的建设和发展，加大网络信息化的资金投入，实现了全省住建系统政务服务、行业监管、办公等工作的网络化、信息化。

1. 深化"互联网＋政务服务"功能，实现了政务服务的"三个一"

黑龙江省住建厅在广东省住建厅的大力支持和帮助下，按照"互联网＋政务服务"标准，实现了企业类许可"一网通办"，2020年1月颁发了东北地区第一张企业资质电子证书。7月初，在杨春青厅长的部署和指导下，进一步优化黑龙江省住建领域营商环境，黑龙江省住建厅对省级权限内部分行政许可事项试行了告知承诺制，实行全程网上承诺办理，办事时长从原来的 15 个工作日缩短为 2 个工作日。

2. 依托"互联网＋监管"，实现了黑龙江省住建领域监管方式的转变

黑龙江省住建厅依托"互联网＋监管"，建设完善了住建领域行业监管系统，在建筑业、城市管理、市政基础设施、房地产等方面对行业监管业务信息系统和数据加强整合归集，建立了监管数据推送反馈机制和跨地区、跨部门、跨层级监管工作协同联动机制，形成了纵向到底、横向到边的监管体系。

3. 实现了全省住建行业数据共享、业务协同

目前，黑龙江省住建厅已完成与黑龙江省政务网的数据对接，并与黑龙江省的信用信息共享平台对接，实现信用信息数据全省共享，全面动态记录、归集和共享奖惩信息。为实现人员证书电子化，现有人员信息库于 2020 年 6 月与公安部人员身份信息库联通，由系统自动将公安部身份信息与入库人员身份信息匹对，保证入库人员身份信息真实性。

（三）网络信息安全保障工作稳步推进

1. 严格落实网络安全责任制

黑龙江省住建厅制定了全省住建领域网络安全的管理制度。要求全省所有相关工作人员学习《中华人民共和国网络安全法》（以下简称《网络安全法》）和《网络安全等级保护条例》（以下简称《等保条例》）的相关条款。并加大日常宣传力度，贯彻落实《网络安全法》和《等保条例》的相关标准。

2. 严格按照《等保条例》要求采购服务

为了保证网络系统的安全，推进应用系统更加安全、稳定上云。黑龙江省住建厅专门购买了"私有云"服务，实现了部署虚拟化、资源弹性可伸缩化、基础设施标准化、管理运维统一化、防护功能服务化的应用防护。

3. 实现网络安全专业化服务

黑龙江省住建厅引进专业的网络安全公司，专门负责全省住建领域的网络系统安全防护工作，建立了网络安全应急体系，增强了网络攻击、漏洞修复、病毒防范等网络安全事件的处置能力。

4. 日常期间、重大时间节点、重点部位的网络安全防护工作日臻完善

黑龙江省住建厅严格加强全省住建领域日常期间、重大时间节点、重点部位的网络安全防护工作，并及时向各地市下发相关网络安全文件，及时警示网络系统安全漏洞和隐患，督促各地市提高网络安全意识，明确网络安全保护主体责任，采取敏感节点网络安全防范措施，建立了应急处置机制。

二　黑龙江省住建管理信息化面临的问题

（一）多系统并立，数据不同源

黑龙江省住建厅现有业务系统数量较多，数据来源不一，功能庞杂。各业务处室按照自身的管理职能及需求建设业务系统，因工作分工、重点、职能不同，以各自监管行业为出发点，相同类型的数据可能产生不同结果，数据不同源、不同根，失去准确性、时效性，降低了参考价值，增加了行业管理的困难，即使拥有庞大的数据量也很难整理出实用结果，无法利用大数据指导行业发展。

（二）多标准并行，数据共享困难

地市住建部门自主建设的系统与省厅统筹推进建设的系统、省厅内部各处室自建系统在数据标准上存在不一致的问题，业务系统之间数据标准不一，导致系统之间数据交换、共享数据困难。这就造成了事实上的"数据孤岛"，对数据无法充分利用，降低了信息化在政务服务管理中的作用，后期改造困难重重，耗时耗力，改造后也可能无法达到预期效果。

（三）数据价值挖掘不全

数据就是资源，就是矿藏，从纷繁复杂的数据类型中，以业务逻辑为骨架，找出关键数据，再通过计算机算法构筑业务模型，最后使数据结果可视化，通过深入挖掘数据找出数据价值。但以上研究还未有序开展。

（四）未建立有效的联动惩戒机制

因现有系统较多，对监管主体（企业、个人）进行惩戒时各系统之间缺少联动，将惩戒主体网上公示后，为其从业业务办理相关权限，如资质办理、投标办理，没有统一进行系统联动，从而限制了业务开展。或单独在每一个涉及的业务系统进行限制，或限制不全面，造成处罚不彻底，降低了监管主体犯错成本，重复的系统操作也增加了监管部门工作量。今后工作应考虑建立一个门户公示、一条结果推送、多个系统联动的有效惩戒机制。

三　黑龙江省住建管理信息化发展趋势

（一）加快住建领域基础数据库建设

加强顶层设计，建立健全政务数据统筹协调管理机制，构建完善住建领域数据资源目录和数据标准体系，编制全省住建行业政务数据资源目录，统一规定应用系统建设标准、数据及接口标准，与省"互联网＋监管"系统数据对接，建设完善建筑业、房地产业、城市管理等行业信息化管理系统，实现全省住房和城乡建设领域信息资源数据共享、业务协同。制定完善数据采集、管理、安全、共享交换等管理制度，以大数据、云技术、移动互联网、万物互联等信息化新技术为依托，加快住建领域基础数据库建设，加强数据治理，为住建领域治理体系现代化提供数据支撑。

（二）推动信息技术与行政管理工作深度融合

依托住建领域基础数据库信息，注重算法驱动，以"一屏总览"为目标，汇聚、整合全省住建行业数据信息，融合遥感信息、城市多维地理信息、建筑及地上地下设施的 BIM 信息、城市感知信息等多源信息，推进 BIM、CIM、物联网、人工智能、区块链等信息化新技术与行政管理工作广泛应用、深度融合，构建完善准确表达城市三维全空间要素 CIM 基础平台，为市场主体及从业人员提供快捷高效、泛在易用、个性化、数字化、智能化的政务服务，为行业监管提供全业务、全过程、数字化、可视化、智能化的信息化手段，逐步实现"一屏总览"，为治理能力现代化提供信息化保障。

（三）引领住建行业信息化建设和应用

引领推动住建行业以数字化、智能化升级为动力，让信息化为建筑企业赋能，鼓励、引导全省建筑企业运用互联网思维和信息化手段。以发展新型建筑工业为载体，围绕工程项目全周期，大力发展数字化设计、智能化建造、智慧化经营管理。加快信息化，为企业的项目获取、设计、实施、验收、交易、运维等各环节赋能，提升工程项目品质，提高企业竞争力，不断提升企业管理水平和盈利能力。积极参与新建造、新城建，成为龙江振兴新基建的主力军，助力住建行业高质量可持续发展。

四 "十四五"期间住建管理信息化发展对策

"十四五"期间，黑龙江省住建厅将以住建部"十四五"规划为引导，继续贯彻落实黑龙江省政府"数字龙江"发展战略，充分运用大数据、云计算、5G、物联网、区块链等新技术，推动黑龙江省"智慧住建"的建设，助力全省住房和城乡建设事业高质量发展。

（一）推进行业监管信息化、数字化

建设完善建筑业、房地产业、城市管理、勘察设计业等行业信息化管理系统，建设完善工程项目监管系统。持续推进"工地智能化"建设。

建设和完善棚户区、老旧小区、农村危房改造等重点工程信息化管理系统；建设和完善市政基础设施及运行数据监测系统，推进全省地市数字化城管平台建设。

（二）推进政务服务数字化、智能化

以"一网通办"为目标，整合从业企业和从业人员管理系统。升级改造政务服务管理信息系统，发放企业和人员电子证书，探索智能审批，建设城市管理行政审批信息系统，建设完善工程建设项目审批管理系统。

（三）推进"信用信息"数字化

建设完善黑龙江省住建系统行业监管系统信用信息，推进与国家、省级、地市信用数据共享，建立完善跨地区、跨部门、跨领域的信用数据共享机制，运用信息化手段实现联合奖惩，助力黑龙江省"法治住建"建设。

（四）推进"智慧住建"建设

汇聚、整合全省住建行业数据信息，推动全省住建行业大数据中心建设。编制全省住建行业相关系统数据标准及数据接口标准，规范统一数据标准。与省"互联网＋监管"系统数据对接，实现全省住房和城乡建设领域信息资源数据共享、业务协同。

（五）推动建筑节能减排信息化、数字化

推进全省绿色建筑平台的建设，进一步推动装配式建筑与绿色建筑、绿

色建材、智能技术深度融合，推进建筑信息模型 BIM 技术在规划、勘察、设计、项目建设、运营维护等环节的推广和应用。

（六）推动企业信息化建设和应用

鼓励、引导建筑企业运用互联网思维和信息化手段，在协同办公、建材设备采购、招标投标、项目管理、质量控制、安全监管、合同管理、工程担保、施工内业管理、BIM 应用等方面广泛采用信息化技术，提升企业管理水平和盈利能力，做大做强黑龙江省建筑业企业。

黑龙江省建设职业技术能力发展研究

赵曦辉*

摘　要：　"十三五"期间，黑龙江省住房和城乡建设领域各类建设职业教育转变方式、创新机制，以促进就业为导向，黑龙江省住建业务主管部门积极开展职业技术能力培训工作，注重就业群体技能提升计划实施，深化职业技能培训工作"放管服"改革，提高培训管理服务水平，推进职业技能培训与评价有机衔接。

关键词：　职业技能　建设培训　继续教育

一　黑龙江省建设职业技术能力发展概况

（一）国家关于职业技能提升相关政策引领

"十三五"时期是我国全面建成小康社会的关键时期，也是我国住房和城乡建设事业发展的重要战略期。2019 年 5 月 18 日国务院办公厅印发《职业技能提升行动方案（2019—2021 年）》，指出把职业技能培训作为保持就业稳定、缓解结构性就业矛盾的关键举措坚持需求导向，服务经济社会发展，适应人民群众就业创业需要，大力推行终身职业技能培训制度，面向

---

* 赵曦辉，黑龙江省建设工程咨询中心主任、黑龙江省建设教育协会秘书长，主要研究方向为建筑结构安全鉴定、可行性研究、职业技能培训研究等。

职工、就业重点群体、建档立卡贫困劳动力等城乡各类劳动者，大规模开展职业技能培训，加快建设知识型、技能型、创新型劳动者大军。

黑龙江省响应实施职业技能提升行动的政策措施有以下几个方面。一是对行业从业人员开展有针对性的职业技能培训。大力开展企业职工技能提升和转岗转业培训，对就业重点群体开展职业技能提升培训和继续教育。二是激发培训主体积极性，有效增加培训供给。支持企业组织职业技能培训，推动职业院校扩大面向职工、就业重点群体和贫困劳动力的培训规模，鼓励支持社会培训和评价机构开展职业技能培训和评价，如支持企业申报企业培训中心、技能工作室、实施企业新型学徒制、"名师带徒"计划等。三是完善职业培训补贴政策，加强政府引导激励。

（二）建设从业人员职业技能培训及继续教育情况

黑龙江省根据住房和城乡建设部的部署和行业发展需要，开展建筑业从业人员继续教育和培训工作，取得了不错的成绩，2015～2017 年，全省共组织 37708 名现场专业人员报名考试，其中 19653 人取得培训考核合格证书。2020 年受新冠肺炎疫情的影响，建筑业从业人员的职业技能培训及继续教育工作也深受影响，从而加大了企业和人员对行业培训需求量的递增，黑龙江省积极出台相关应对措施，解决企业和人员需求。如搭建"互联网＋"与建设职业教育培训相融合的线上培训平台，实现线上随时随地开展培训与测试工作，一站式获得行业证书，大大节约了学员的时间成本与经济成本，同时也为培训机构节约了大笔运维费用。

（三）建设从业人员职业技术能力现状

目前建筑行业的从业人员文化程度参差不齐，大部分从业人员基础较差，技术水平较低，安全意识差，所以建筑业的职业技术培训是关乎黑龙江省长远发展的重要问题。只有通过科学的制度设计，完善的教育培训内容，对从业人员进行教育培训，才能更好地提升人员的专业素养，以及施工技术的把握。

二 黑龙江省建设职业技术能力发展中存在的问题

市场化的不断深入加快了我国改革的步伐，促使农村富余劳动力向城市转移数量呈几何式增长，加快了城市的发展节奏，但随着社会的逐步发展，现代化建设充盈着社会各个角落，农民工原有的技能已经被社会新技能陆续淘汰，远远跟不上社会发展的步伐，国家为提高农民工的技能和素养，制定了多种培训方案，收益颇丰。但从整体来看，完成培训的人员数量及质量还需加强。积极开展职业技能培训对于农民工来说已是一件迫在眉睫的大事，更成为黑龙江省这一农业大省需要妥善处理的大事。然而，当前开展农民工职业技能培训工作中仍存在一些问题，需积极采取应对措施。

（一）客观因素对农民工培训的制约

1. 黑龙江省培训机构职能划分不明确

目前黑龙江省参与建设职业技术能力培训的部门众多，对农村劳动力的技术能力培训没有一套完整系统的培训监督机制，从而导致学员出现培训质量不高、完成学时数不够、学习后不能付诸实践等现象。

2. 培训时间及物力等因素的制约

培训时间上不够灵活，可选培训方式与时间选择性不强。农民工不能自主选择技能培训的上课时间，导致农民工担心参加培训而耽误务工，虽然有自主接收培训的意识但受到时间因素的限制从而影响到了培训效果。

在培训物力支撑方面，省内各地相关培训机构数不胜数，但在培训物力上存在很多不足：首先，在培训场地、培训师资、教学环境等方面没有形成统一的培训服务体系，加上个别培训机构运营不稳定等因素导致输出学员的质量良莠不齐，在培训内容上没有形成统一的培训大纲，导致部分培训内容的设计与农民工务工上岗相脱节，在培训内容上与农民的实际需求存在差距，理论与实践不符，实际操作性不强，达不到学以致用的效果，且面对农民工部分高层次技能发展需要的人群存在培训内容空白现象，这样就阻碍了农民工技能培训升华的可能性，同时也极大地阻碍了黑龙江省城市现代化建设的前进步伐。

其次，培训费用也是制约农民工参加培训的重要因素。农民工不能自主承担培训费用，所在务工企业又不愿耗费时间成本及经济成本来支持农民工参加技能培训，只能交由政府财政支撑来树起农民工技能培训的大旗，资金分散不能形成统一力量，各部门获得资金后各为所用，获得专项资金分配时间不及时等资金方面的问题深深制约着农民工技能培训的开展。

（二）主观意识对农民工培训的影响

黑龙江省部分地区对农民工技能培训工作的认识存在不足。导致农民工自身对参加培训学习的重要性认识不足，甚至因为自身素养不高、文化基础薄弱，认为学也学不明白，学明白也竞争不过城市里的专业技能人才，从而形成大面积农民工自主参加技能培训的意识薄弱，对培训目的认识不足，自主参加培训的积极性和主动性不高，滞后了黑龙江省建设职业技术能力培训在行业内普及的速度。

农民工作为黑龙江省加快建设步伐的重要劳动力，是改变黑龙江省整体建设行业素质的巨大力量，而社会和企业是催动农民工参加技能培训的催化剂，可以直接映射出员工是否积极主动参加到自我提升的队伍中来，因此黑龙江省应通过政策引领和财政支撑积极鼓励农民工参与培训，这将对保证行业的高质量发展以及社会的越发稳定产生深远影响，也是对我国全面建成小康社会的重要支撑。

（三）高端技术人才及执业注册人员的极度缺失

建筑业的专业方向划分清晰，所涉及行业众多，但黑龙江省建筑业内各行业注册执业人员存在普遍不足的现象，这也是国内各省存在的普遍现象。高端技术人才及执业注册人员极度缺失现象的同时，各企业相继竞聘人才，致使各相关企业在社会上开展争夺战术，过分捧高执业费用，那些没有争夺到人才的企业自然就达不到资质要求，导致企业虽有能力参加项目竞标，却没有合格资质依托不能参与到竞标中，最终导致大企业越做越强，小企业步履蹒跚，阻碍了行业的健康发展。在面临高端技术人才及执业注册人员严重缺失的同时，建筑行业人才的流动率也呈现逐年升高的趋势。面对这样的人才极度缺失与快速流动现象，黑龙江省相关部门应积极出台更多相应措施来冲抵客观因素的影响，充盈高端人才队伍。

三　促进黑龙江省建设职业技术能力发展对策

（一）强化"互联网＋"与建设职业教育培训融合

目前，随着我国网络技术的推广普及，网络在人们日常生活以及日常学习、工作过程中发挥着越来越大的作用。在网络时代，学员可以在平台得到较大程度上的问题自由、言论自由、参与平等。根据目前时代发展特色以及网络发展潮流，越来越多的人意识到网络对于职业教育教学的影响日益深远，网络教学被赋予了深层次的时代内涵。因此，职业教育工作者应当紧跟时代发展潮流，将校园文化与日常思想教育培训内容融合于网络平台，积极发挥网络的教书育人作用，在潜移默化中对使用网络的学员起到较好的引导作用。

"互联网＋"的本质内涵是"创新驱动"，通过倡导互联网与社会各要素全方位的跨界连接和深度融合，进而形成以创新驱动发展的社会新形态。"互联网＋"的价值导向是"以人为本"，借助互联网、云计算、大数据等正在从简单的工具快速成为整个社会的基础设施，进而促进个人价值的凸显与中心地位的回归。"互联网＋"实现途径是"开放协作"，以互联网作为基础设施，融合云计算技术、大数据技术、泛在网络技术，从而能够去中心化，降低信息不对称，重新解构了过去的组织结构、社会结构与关系结构，真正实现了分布式、零距离的关系建构和连接，促进其效率提升和组织变革。

"互联网＋职业教育"体系是以互联网为基础设施和创新要素，以云计算、大数据和泛在网络为支撑技术，形成信息通信技术深度融入职业教育招生决策、人才培养与职业发展的一体化的人才培养体系，构建"互联网＋职业教育"体系。"互联网＋职业教育"体系可以概括为"一个智慧平台、两个数据库、三项支撑技术、四类参与主体、五种服务功能"。"互联网＋"的快速发展及其在职业教育领域的逐步渗透，正在改变职业教育人才培养的生态环境和运作模式。在建设实践领域可以实现招生决策、人才培养和职业发展的创新应用。能够在一定程度上指导我国现代职业教育的研究与实践。随着全国各地"互联网＋职业教育"行动规划的制定及其推进，"互联网＋职业教育"体系的研究和实践正在不断地创新和发展。"互联网＋职业教育"体系还存在很多亟待解决的关键问题，包括"互联网＋"视域下数字化职业教育环境建设、智慧化职业教育教学业务的展开等，这也将是行业内不断努力的方向。

（二）激活培训主体，推进市场化改革

培训机构、用人企业、行业协会、政府部门是"互联网＋职业教育"体系的四类主要参与主体。"互联网＋职业教育"体系既要为各类主体提供参与职业教育的平台和途径，也要提供准确与便捷的服务。在建设职业技术能力的进程中，现代职业教育体系的构建是职业教育改革和发展的重中之重，适应市场经济发展方式转变和产业结构调整要求、体现终身教育理念、中等和高等职业教育协调发展的现代职业教育体系的要求，现代职业教育体系要能"满足人民群众接受职业教育的需求，满足经济社会对高素质劳动者和技能型人才的需要"。为完善现代职业教育体系建设，复合型人才的培养已是势在必行，既要激活培训主体，推进市场化改革，也要配套出台相应的管理机制，加强培训引导和管理，为建设职业技术能力的发展带来持续活力。

（三）完善职业技能培训跟踪体系

以"互联网＋职业教育"体系作为解决方案，通过主体间的"互联互通"，在管理层面共享人才培养相关的数据与信息，消除"信息孤岛"，完善职业技能培训跟踪体系，在教学层面，通过校企协作共建共享教学资源并基于泛在终端发布，消除"资源孤岛"，提供优质的信息聚合服务，通过大数据技术可以汇集数据完善跟踪服务。

综合利用互联网创新开放的优势，有效整合培训机构和用人单位的资源、平台和数据，从而形成以互联网为基础条件和协作平台，各类要素资源聚集、开放、共享和协同的网络众创空间，服务于职业教育学员的职业生涯发展。网络众创空间包括在线职业体验、就业推送与预警、创业培训与跟踪三个功能。创建职业体验中心的根本就是要提高学员的就业适应性，通过互联网构建在线职业体验中心，创设虚拟的职业情境，整合校企资源，形成通识岗位和专业岗位体验案例库，使学员在职业教练的指导下，完成体验并形成职能评价报告，进而辅助其职业生涯规划决策。基于互联网构建就业信息推送系统与监测预警系统，利用云计算与大数据技术，整合学员的求职信息与企业的岗位需求信息，实现基于职业体验的个人信息定制与推送，并对职业教育学员的就业情况动态监测，进而为培训机构的人才培养提供反馈与预警信息。结合企业发布的研究项目与技术攻关课题，构建跟踪与服务系统，从基于项目学习的学科素养培养到以项目学习为基础的创新能力培养来对学员进行创业培训，并对创新创业项目实时跟踪，为其提供终身规划跟踪服务，进而为学员提供全真的职业生涯支持与服务体系。

（四）加强职业技能发展评估

基于培养过程数据库，构建黑龙江省建筑行业职业技能培训数字管理系统，对学员的学习进程进行常态的跟踪与动态监测，对学员的学习状态进行评估和测试，并适时提出学习反馈和学习预警，以适应"技能发展评估由传统的纸质评估开始转向数字评估"的趋势，从专业知识、职业素养、职业能力三方面构成评估体系的评价指标，由此建立基于大数据、全过程、全方位的综合素质评估系统，为培训机构人才培养提供科学、全面的参考依据。

参考文献

刘杰、王要武：《中国建设教育发展年度报告（2019）》，中国建筑工业出版社，2020。

图书在版编目（CIP）数据

黑龙江住房和城乡建设发展报告："十三五"回顾
与"十四五"展望/王爱丽主编 . -- 北京：社会科学
文献出版社，2021.6
　ISBN 978 - 7 - 5201 - 8422 - 9

　Ⅰ. ①黑⋯　Ⅱ. ①王⋯　Ⅲ. ①住宅建设 - 研究报告 -
黑龙江省 - 2016 - 2020 ②城乡建设 - 研究报告 - 黑龙江省
- 2016 - 2020　Ⅳ. ①F299. 273. 5

中国版本图书馆 CIP 数据核字（2021）第 093987 号

黑龙江住房和城乡建设发展报告

——"十三五"回顾与"十四五"展望

主　　编 / 王爱丽
执行主编 / 李若冰
副 主 编 / 王　钢　孙浩进

出 版 人 / 王利民
责任编辑 / 胡庆英
文稿编辑 / 李小琪

出　　版 / 社会科学文献出版社·群学出版分社　（010）59366453
　　　　　地址：北京市北三环中路甲 29 号院华龙大厦　邮编：100029
　　　　　网址：www. ssap. com. cn
发　　行 / 市场营销中心　（010）59367081　59367083
印　　装 / 三河市龙林印务有限公司

规　　格 / 开 本：787mm × 1092mm　1/16
　　　　　印 张：19. 25　字 数：295 千字
版　　次 / 2021 年 6 月第 1 版　2021 年 6 月第 1 次印刷
书　　号 / ISBN 978 - 7 - 5201 - 8422 - 9
定　　价 / 98. 00 元

本书如有印装质量问题，请与读者服务中心（010 - 59367028）联系